KB036389

중국을 움직이는 100인

시진핑 정권의 주요 인물들

이 도서의 국립중앙도서관 출판예정도서목록(CIP)은 서지정보유통지원시스템 홈페이지
(http://seoji.nl.go.kr)와 국가자료공동목록시스템(http://www.nl.go.kr/kolisnet)에서 이용
하실 수 있습니다. (CIP제어번호: 2015025434)

중국을 움직이는 100인

시진핑 정권의 주요 인물들

미야자키 마사히로 지음
김동욱·정강민·이용빈 옮김

한울
아카데미

차례

이 25명이 중국을 움직인다!

중국의 권력중추 인물도

중국공산당 중앙정치국 상무위원회

장더장(張德江) 전임 충칭시 당 위원회 서기
(서열 제3위)

리커창(李克强) 국무원 총리
(서열 제2위)

류윈산(劉雲山) 당 중앙서기처
제1서기(서열 제5위)

시진핑(習近平) 당 총서기
(서열 제1위)

위정성(兪正聲) 전임 상하이시 당
위원회 서기(서열 제4위)

장가오리(張高麗) 전임 텐진시 당 위원회 서기
(서열 제7위)

왕치산(王岐山) 당 중앙기율검사위원회 서기
(서열 제6위)

＊ 현재 중화인민공화국 국무원 제1부총리이다. _옮긴이 주

＊ 전체 7명이다(후진타오 정권 시기에는 9명이었다). 시진핑, 리커창은 2013년 3월의 전국인민대표대회(전
국인대)를 거쳐서 각각 국가주석, 국무원 총리에 정식으로 취임했다. 당 중앙선전부장 류윈산은 류치바오
(劉奇保)로 교체될 가능성이 높다.

중국공산당 중앙정치국

마카이(馬凱)
부총리

왕후닝(王滬寧)
국무위원

류옌둥(劉延東)
제2부총리

류치바오(劉奇)
당 중앙선전부장

쉬치량(許其亮)
당 중앙군사위원회
부주석

쑨춘란(孫春蘭)
텐진시 당 서기

쑨정차이(孫政才)
충칭시 당 서기

리젠궈(李建國)
전국인대
제1부위원장

리위안차오(李源潮)
국가부주석

왕양(汪洋)
광둥성 당 서기

장춘셴(張春賢)
신장위구르자치구
당 서기

판창룽(范長龍)
당 중앙군사위원회
부주석

멍젠주(孟建柱)
당 중앙정법위원회
서기

자오러지(趙樂際)
당 중앙조직부장

후춘화(胡春華)
광둥성 당 서기

리잔수(栗戰書)
당 중앙판공청 주임

궈진룽(郭金龍)
베이징시 당 서기

한정(韓正)
상하이시 당 서기

* 전체 25명이다. 상무위원은 8쪽에 별기(別記)했기 때문에 제외한다. 리위안차오는 2013년 3월의 전국인대를 거쳐 국가부주석의 직책에 취임하게 될 가능성이 높다.

중앙정치국원 25명의 소속 파벌

시진핑파(태자당)

시진핑*   왕치산*   장가오리*

리커창파(공청단)

리커창*   류윈산*   리위안차오   왕후닝   류옌둥(여성)   류치바오   쉬치량
왕양   후춘화   리잔수   궈진룽   마카이   쑨춘란(여성)

상하이방(장쩌민파)의 영향 아래에 있는 인물

위정성*   장더장*   한정   멍젠주   쑨정차이

불명확하거나 중립

판창룽   리젠궈   자오러지   장춘셴

* 표시된 이는 상무위원이다.

일러두기

1. 이 책에서 외래어는 국립국어원의 외래어표기법 규정을 따랐다. 다만 일반적으로 쓰이는 관
   용어는 그대로 사용했다. 또한 홍콩 및 마카오 지역 인물에 대한 표기는 중국 표준어로 표시
   하되 괄호 안에 광동어(廣東語) 표기를 추가로 기재했다.
2. 이 책의 한국어판에는 일부 인물 사진을 추가로 수록했다.
3. 인물의 연령은 2015년 현재 시점에서 환산하여 부기(附記)했다.

프롤로그 시진핑의 권력중추

카리스마도 독창성도 없는 최고지도자

2012년 11월 8일부터 14일까지 개최된 제18차 당대회에서 중국공산당 총서기에 취임하며 중국의 최고지도자가 된 시진핑(習近平)은 외교적으로는 '대미(對美) 협조' 노선을 드러내고 있는 데다, 버락 오바마(Barack Obama) 정권에 양보하며 접근할 것이라고 밝혔다. 그렇지만 일본에 대해서는 강경 자세로 방향을 바꾸었다. 이에 따라 '대미 협조' 노선도 언제 파탄날지 알 수 없다.

시진핑은 마오쩌둥(毛澤東)과 같은 카리스마가 희박하고, 덩샤오핑(鄧小平)과 같은 강한 지도력도 없기 때문에, 정치국 상무위원회라는 집단 지도 체제 아래에서 권력기반을 서서히 굳혀갈 수밖에 없다. 따라서 시류에 휩쓸린다. 더군다나 후진타오의 조용한 '수렴청정'이 시작된다.

권력을 안정시키기 위해서는 당의 대세에 순응하고, 군의 돌출과 폭주를 어느 정도 묵인할 수밖에 없다. 시진핑의 독자적인 전략 행사는 바라기 어렵다. 즉, 사상이 없으므로 강경파에게 떠밀리는 것이다.

실각한 보시라이는 시진핑과는 소꿉친구이다. 보시라이는 시진핑 같은 사람이 최고지도자라는 것은 웃긴 일이라며, 시진핑에게 '유아두(劉阿斗)'[1] - 유비현덕(劉備玄德)의 바보 자식[2]이라는 뜻의 별명을 붙였다.

---

1 원문에는 유아투(劉阿鬪)로 표기되어 있는데, 문맥상 류아두가 정확한 표기이다.

시진핑을 어리석은 사람(愚公)이라고 빈정댄 것이다.

2011년 11월, 시진핑은 중국공산당 중앙당교(中央黨校) 추계 식전에서 강화를 행했다. 새해가 된 2012년 1월 5일, 시진핑은 당 중앙당교 제48기 성부장급 간부 연수회에서도 민중공작의 효과, 민중과의 접점을 계속 심화하여 "인민의 내부 모순을 처리하라"고 강조했다. 사회공학적 개량책보다 인민을 관리 아래 두는 노하우가 절박한 과제라는 것이다.

이러한 강연 내용으로 판단하면 시진핑은 국민을 탄압하고 봉쇄하고 힘으로 억누르는 머리밖에는 없는 것 같다.

2012년 2월 23일, 시진핑은 성간부급 회의에서 '사회 관리, 새로운 정책 혹은 시스템 구축'의 필요성을 다시금 연설하고, 폭동·항의 집회 등의 원인을 조사하여 어떻게 안정사회가 만들어질 수 있는가를 연구하라고 했다. 요컨대, 인민을 관리하는 방식에 새로운 시스템을 도입하라고 지시한 것이다. 동년 5월 16일 당 중앙학교 춘계 입학식에서 당 중앙당교 교장을 겸한 시진핑은 같은 강연을 했다.

이런 시진핑의 연속 강화에서 추정할 수 있는 것은, 신세대 차기 지도자들에게, 공산혁명의 유지와 사회 안정이 불가결하다고 강조하고 있는 것에 불과하다. 그러나 당 중앙당교에 들어간 예비 엘리트들이 당 테크노크라트(technocrat)로서 사회에 나올 때, 중국 국내는 사회 소요, 소란, 폭동의 장소가 되어 있을 가능성이 높은 것은 아닌가.

_옮긴이 주

2 촉한(蜀漢)의 효회제 유선을 지칭한다. 현대 중국어에서 아두(阿斗, adou)는 도움을 줘도 별 수 없는 멍청한 사람을 의미한다. _옮긴이 주

시진핑 시대의 중국은 이렇게 된다!

　지도자로서의 시진핑에게 결정적으로 부족한 요소는 무엇인가.

　제2차 세계대전 이전에 중국통 제1인자였던 나가노 아키라(長野朗)는 『지나의 진상(支那の眞相)』에서 다음과 같은 지적을 하고 있다.

　　지나의 혼란한 상태를 치유하기 위해서는, 가장 잔인한 사람이 나오지 않으면 안 된다. 지나의 어느 장군이 말하기를, 지금 대단한 덕을 가진 사람이나, 아니면 현재의 군벌(軍閥)보다 수십 배 잔혹한 자가 나오지 않으면 지나는 치유되지 않는다고 했는데, 지나가 치유될 때까지 막대한 수의 인간이 살해당하고 있다.

　당시 군벌보다 수십 배 잔혹한 마오쩌둥이 출현하여 군웅할거 상황에 놓인 중국을 탈취했지만, 장쩌민에서 후진타오로 이어진 정치 안정기에는 이런 난폭한 리더가 등장하지 않았다. 도요토미 히데요시(豊臣秀吉)의 천하 탈취가, 가토 기요마사(加藤淸正) 등의 무단파(武斷派)에서 관료 테크노크라트인 이시다 미쓰나리(石田三成)로 이행한 것과 같다.

　태자당(太子黨) 출신으로 '총주류파'[상하이방, 공청단(共靑團), 태자당의 연립 정권] 구조에서 시진핑이 뽑힌 것은, 현상 유지가 중국 정부의 최대 목표이기 때문이다.

　물론 정치는 한 치 앞이 보이지 않는 것이고, 정확한 근미래(近未來)를 예측하는 것이 불가능하지만, 현재까지 나온 인사 정보와 데이터로 판단해보면, 시진핑 시대의 중국은 대체로 다음과 같이 될 것이라고 예측된다.

　첫째로 후진타오·원자바오 체제는 세계적 시야를 가지고 미국과의 분쟁을 표면화하지 않았고, 게다가 한편으로는 민주화를 위해 노력한다는 인상을 주는 '개혁' 지향 체제였다. 그러나 시진핑 정권에는 형식적이라고는 해도 전향적이며 능력 있는 ― 대표적으로 원자바오와 같은 관료가 적다.

개혁파로 보이는 왕치산, 리커창, 리위안차오, 왕양 등이 정치국에 들어가 있지만, 서방이 요구하고 있는 것과 같은 '민주화'의 실천자라고는 생각되지 않는다. 다른 한편 장더장, 위정성과 같은 장쩌민파임이 분명한 수구파(守舊派)가 눈에 띈다.

왕치산과 장가오리는 태자당이며 리커창, 왕양 등은 공청단[공산주의 청년단, '단파(團派, tuanpai)'라고 한다] 출신이다. 이 때문에 정권 내에서는 대립관계에 빠지기 쉽다. 집행부 중추의 중심이 둘로 갈라져서 정치국은 하나로 통합되기 어렵다. 이것이 시진핑 정권의 '불균형 현상'의 본질이다.

둘째로 후진타오, 리커창 등이 이끌고 있는 공청단 인맥의 세력 확대는 일단락되었고, '제6세대'의 지도자로 남은 것은 정치국원에 추천된 후춘화(전 네이멍구자치구 서기, 현 광둥성 서기), 쑨정차이(전 지린성 서기, 현 충칭시 서기) 정도이다. 이 제6세대는 시진핑 정권의 요직을 차지하고 있지만, 시진핑에게는 면종복배(面從腹背)할 것이다.

개혁, 민주화에 대한 요구는 계속될 것이지만, 시진핑 정권에서는 실현되기 어렵고, 오히려 특권계급의 유지가 정치 목표의 최우선 순위에 놓일 것이다.

셋째로 공산당과 군 고관의 오직(汚職)과 부정부패가 끊이지 않고 있으며, 빈부격차에 대한 분노와 토지 수용을 둘러싸고 오직에 저항하는 민중 폭동이 계속 확산될 것이다.

넷째로 군에서 시진핑의 인기는 의외로 높다. 또 그의 부인인 펑리위안은 소장(少將)으로 군 소속 가수이다. 중앙군사위원회 위원에서는 빠졌지만 류위안은 시진핑의 어릴 적 친구이다. 머지않아 군 고관은 시진핑에게 충성을 맹세한 인맥으로 가득 차게 될 것이다.

즉, 근대적인 군의 '국군화(軍國化)'는 군 내에서도 당내에서도 전과 다름없이 금기시되며, 개혁파 군인과 반일(反日) 군인은 요직에서 교묘하게 배제된다. 이 때문에라도 시진핑에게 아첨하는 군인이 늘고, 동시에 시진핑은 군권을 장악하고자 국방비의 두 자릿수 증액 노선을 유지한다.[3] 군은 공산당에 종속되며, 국군이 아니기 때문에 군의 폭주는 센카쿠 열도(尖閣列島)/댜오위다오 근처 바다에서의 충돌 사건과 같이 강경 자세로 경도되지 않을 수 없다.

다섯째로 시진핑은 팔방미인형으로 결단력이 둔하다고 알려진바, 권력의 중추에 눌러앉아 있는 원로들의 권력투쟁이 격화되리라고 예상된다. 시진핑은 그를 발탁한 쩡칭훙(전 국가부주석으로 장쩌민의 오른팔이었다. 지금도 태자당의 보스이다) 등 장쩌민파(상하이파)의 원로를 중시한다. 매년 여름에 허베이성(河北省) 리조트에서 열리는 베이다이허(北戴河) 회의는 원로들의 모임이며, 중요 과제는 대부분 여기에서 결정된다.

그러나 원로 가운데 후진타오, 원자바오 등 '신(新) 원로 그룹'이 탄생했기 때문에 장쩌민, 자칭린(賈慶林) 등 '구(舊) 원로 그룹'과의 연속적인 대결관계가 이어질 것이다. 이에 더해 그 위의 쑹핑(宋平) 등 '최고 원로'들 사이에서 큰 외풍이 일어날 것이다.

---

3 매년 10% 이상씩 증가하고 있다. _옮긴이 주

정치국 상무위원 '톱 세븐(Top 7)'은 공청단파가 열세

제18차 당대회에서는 베이징 시내 경비에 140만 명이 동원되었다. 국민의 대표가 서민과 유리되게 공안과 경찰로부터 보호받는다는 것은 애시당초 이상하다.

첫 번째 이변은 '노해(老害)'였다.

중앙 계단식 좌석의 후진타오 옆으로 장쩌민이 나타나자 회장에서 "오!-"하는 소리가 들렸다.

장쩌민을 제외하고는 정치국 상무위원회의 서열대로 — 우방궈(吳邦國), 원자바오, 자칭린, 리장춘(李長春), 시진핑, 리커창, 허궈창(賀國强), 저우융캉 순으로 착석했다.

정치국원의 순서도 서열대로였다. 왕강(王剛), 왕러취안(王樂泉), 왕자오궈(王兆國), 왕치산, 후이량위(回良玉), 류치치(劉淇棋), 류윈산, 류옌둥, 리위안차오, 왕양, 장가오리, 위정성, 쉬차이허우, 궈보슝. 여기까지가 제18차 당대회의 정치국원이다(보시라이가 실각했으므로, 상무위원을 더해 24명이다).

그다음은 '응원단'과 같이 은퇴한 전 지도자들이 계단식 좌석 후방에 진을 쳤다. 비척비척한 노인 가운데는 기력이 정정한 이도 있었는데, 장쩌민이 계단식 단상 중앙에 털썩 앉은 것만이 깜짝 놀랄 일은 아니었다. 마치 '흘러간 멜로디 대회'처럼 리펑(李鵬), 주룽지(朱鎔基), 리루이환(李瑞環), 쑹핑, 웨이젠싱(尉健行), 리란칭(李嵐淸), 쩡칭훙, 우관정(吳官正), 뤄간(羅幹)이 나란히 있었다. 특히 후진타오의 은인인 쑹핑이 등장한 것이 놀라웠는데, 공청단의 보호자인 것처럼 행동하고 있었다.

새롭게 군사위원회 부주석에 취임한 쉬치량과 판창룽에 더해 허융(何勇), 링지화, 왕후닝, 즉 차기 중앙서기처, 중앙판공실의 간부가 늘어섰다. 이 서열과 참가자 면면을 볼 때, 시진핑 정권의 성격을 간단히 예측할 수 있다. '학부모회(PTA)' 같은 것은 아닌가.

두 번째 이변은 후진타오가 연설에서 '소득배증'을 말한 것이었다("빈부격차가 2배가 된다"를 잘못 말한 것이 아닌가?). 그리고 자신들의 정치 강령 '과학적 발전관'을 몇 번이고 강조했다. 이는 과거 10년의 정책 실패를 뒤집어 시사한 것은 아닌가. 실제로 인터넷상의 비판은 "신선미가 아무것도 없다"는 것 일색이었다.

그리고 11월 15일 제18기 1중전회에서, 다음과 같은 새로운 집행부가 탄생했다.

· **중앙정치국 상무위원** 시진핑, 리커창, 장더장, 위정성, 류윈산, 왕치산, 장가오리
· **중앙정치국 위원** 마카이(馬凱, 국무위원), 왕후닝(국무위원), 류옌둥(국무원 부총리), 류치바오(劉奇葆, 당 중앙선전부장), 쑨춘란(톈진시 당 서기), 쑨정차이(충칭시 당 서기), 리젠궈(李建國, 전국인대 부위원장), 리위안차오(국가부주석), 왕양(국무원 부총리), 장춘셴(張春賢, 신장위구르자치구 당 서기), 쉬치량(중앙군사위원회 부주석), 판창룽(范長龍, 중앙군사위원회 부주석), 멍젠주(당 중앙정법위원회 서기), 자오러지(趙樂際, 당 중앙조직부장),[4] 후춘화(광둥성 당 서기), 리잔수(당 중앙판공청 주임), 궈진룽(郭金龍, 베이징시 당 서기), 한정(韓正, 상하이시 당 서기)

---

4 원문에는 신장위구르자치구 서기로 되어 있으나 오기로 보인다. _옮긴이 주

이것을 파벌에 따라 정리해보면 다음과 같다(별표는 상무위원).

- 시진핑파(태자당) 시진핑*, 왕치산*, 장가오리*
- 리커창파(공청단파) 리커창*, 류원산*, 리위안차오, 왕후닝, 류옌둥(여성), 류치바오, 쉬치량, 왕양, 후춘화, 리잔수, 궈진룽, 마카이, 자오러지, 쑨춘란(여성)
- 상하이파(장쩌민파의 영향이 강하다) 위정성*, 장더장*, 한정, 멍젠주, 쑨정차이
- 불명 혹은 중립 판창룽, 리젠궈, 장춘셴

후진타오는 '보이지 않는 수렴청정'을 깔아두었다

이리하여 상무위원 톱 세븐은 상하이파+태자당이 다수를 형성하고, 공청단파는 소수파가 되었다. 게다가 공청단파의 떠오르는 별이라고 불렸던 왕양, 리위안차오, 류옌둥 중 누구도 상무위원회에 들어가지 못하고 정치국원인 채로 남았다. 제6세대의 챔피언인 후춘화, 쑨정차이는 정치국에는 진입했지만, 저우창이 제외되어 최고인민법원장으로 임명된 것도 의표를 찌른 인사였다. 또한 예측했던 것처럼 후진타오가 '가슴에 품은 칼'이었던 링지화도 정치국원에서 제외되었다.

그렇지만 정치국 전체 25명을 살펴보면, 리커창이 이제부터 통솔하게 될 공청단파가 다수파를 점하고 있는 것을 알 수 있다.

후진타오가 '보이지 않는 수렴청정'을 폈다고 여겨지는 점이 있다.

첫째로 정치국 상무위원인 왕치산, 류원산, 장가오리, 장더장, 위정성 5명은 60대 후반으로 '다음'이 없다. 5년 후에 초점을 맞췄다고 한다면, 다음 5년간 중국의 정치 결정, 정책을 주도하는 것은 정치국의 중견

들이다. 즉, 리커창 이하의 공청단으로 리위안차오, 류옌둥, 왕양이라는 '세 날개 까마귀'(모두 정치국 상무위원은 되지 못했다)에 더해, △수도 베이징의 서기를 맡은 궈진룽, △중앙판공청 주임이 되어 시진핑의 비서실장 역으로 일하는 리잔수, △현역 군인의 사실상 리더(부주석[5])가 된 쉬치량, △군과 연락조정 역이라는 중추를 맡은 류치바오이다. 이들 모두가 공청단파이며, 5년 후에는 갑작스레 같은 파의 '제6세대 챔피언' 후춘화를 부상시킨다는 비전이 있는 것은 아닌가.

둘째로 4대 도시인 베이징·상하이·톈진·충칭과, 중국 안에서도 현저하게 번영한 광둥성에서 전부 공청단파 인맥이 자리를 잡았다.

셋째로 후진타오가 당 중앙군사위원회 주석에서도 내려온 것이 장쩌민의 수렴청정에 종지부를 찍기 위한 물귀신 작전이었다고 한다면, 장식용 주석이 된 시진핑의 주위를 둘러싼 것은 후진타오파뿐이다. 부주석인 쉬치량이 주도권을 쥐고, 총참모부(總參謀部)와 총정치부(總政治部)도 공청단파이다. 예산을 생각한다면 제2포병부대(전략미사일군)도 모두 공청단파 주도가 될 수밖에 없을 것이다.

군 내 태자당의 거물인 류위안과 장하이양(張海陽)이 중앙군사위원회 진입에서 제외되었고, 시진핑에 가까운 태자당은 총후근부와 총장비부(總裝備部)에 임명되었다. 국방부장이 된 창완취안은 장쩌민파이지만 군 내에서 국방부장은 장식에 불과하다. 실제 힘은 총참모부장, 총정치부 주임에 비하면 상당히 낮다.

후진타오 전 정권이 '공청단+상하이방'의 연립 정권으로, 다수파 공

---

5 원문은 부주임이나, 다른 곳과의 통일성을 기하기 위해 부주석으로 바꿨다. _옮긴이 주

작을 위해 태자당을 두고 서로 싸웠듯이, 실력중추에서 치열한 주도권 다툼은 계속 이어진다. 그렇다면 14억 명의 인민을 이끌 중국의 지도자는 누구인가?

이 책은 종합적인 견지에 입각하여 '차기 중국을 움직일 100인'을 선정한 것이다.

이 책의 제목은 비유적인 것으로 등장하는 인물은 100인 이상이다.

제1장

시진핑 정권의 핵심 인물

시진핑
習近平

주체성이 없으며 각 계파가 떠받들기 쉬운 허수아비

1953년생. 2012년 11월 제18차 당대회를 거쳐 당 총서기에 취임. 중국의 최고지
도자. 국가주석 취임은 2013년 3월.

'유아두'[1]라고 조롱당하는 남자

충칭시 부시장(겸 공안국장)이었던 왕리쥔(王立軍, 2012년 9월 징역 15년으로 복역 중이다)은 실각 전 보시라이(당시는 충칭시 당 서기 겸 정치국원)와 나눈 대화를 비밀리에 녹음 테이프에 담아두었다.

거기에는 9명의 정치국 상무위원에 대한 평가가 있었는데, "그들은 머리가 나쁘고 무능한 모임"이며, 장쩌민은 자희태후(慈禧太后), 후진타오는 한(漢)나라 헌제(獻帝)[2]라고 했다. 그리고 보시라이가 시진핑에게 유아두(劉阿斗)라는 별명을 지었던 것이 밝혀졌다.

충칭에 본거지를 둔 마피아를 퇴치하여 칭찬을 받았던 보시라이의 뒷모습은 '중국 최대의 부패한 고관'이었다. 미국, 캐나다, 영국, 프랑스에 80억 위안(元)을 분산하여 예치해놓은 것으로 알려졌는데, 이는 시진핑의 가족, 친족도 마찬가지이다. 이런 부정부패는 중국인의 유전자이며 바꿀 수 없는 체질이다.

장쩌민을 자희태후라고 한 것은 서태후(西太后)[3]에 빗댄 것이다. 동치제(同治帝) 사망 후 서태후는 여동생의 아들인 광서제(光緒帝)를 옹립하여 궁정의 실권을 쥐고 수렴청정을 펼쳤는데, 장쩌민이 후진타오를 세우고 수렴청정한 사실을 시사하는 것이다.

서태후

---

1 원문은 아투(阿鬪)이나, 설명상 유선의 아명인 아두(阿斗)로 보인다. _옮긴이 주
2 한나라 헌제(181~234): 후한(後漢) 최후의 황제. 후한의 혼란에 농락당하고 조조(曹操)의 비호를 구해 괴뢰가 된다. 조조가 죽은 후 그의 아들인 조비(曹丕)에게 제위를 빼앗긴다['선양(禪讓)'의 어원].
3 서태후(1835~1908): 청대 말의 권력자. 동치제의 모친. _옮긴이 주

후진타오가 한나라 헌제로 비유된 것은 (그가) 후한 최후의 황제로 조조에게 조종당했고, 이윽고 정실부인도 모살되어 조조의 딸을 처로 맞았기 때문이다. 조조가 죽은 후 헌제는 조조의 아들 조비에게 황위를 양보하지 않을 수 없게 되었고, 후한은 멸망한다. '선양'이라는 말은 헌제가 조비에게 자리를 양보한 것에서 기원했다. 즉, '한나라 헌제'는 후진타오가 권력을 장악할 수 없는 상태로 장쩌민에 의해 움직인, 공청단파[4]인 리커창에게 선양을 할 수 없었던, 비참한 정치 환경을 상징한다.

'유아두'는 촉(蜀)나라 초대 황제인 유비(劉備)의 아들, 유선(劉禪)[5]을 가리킨다. 그는 유비현덕이 죽은 후 제2대 황제가 되지만, 위(魏)나라에 패해 투항하고 안락공(安樂公)에 봉해져 일생을 마친 바보 같은 인물이다. '아두'는 중국어로 멍청이라는 뜻이다. 보시라이가 시진핑에게 유아두라는 별명을 붙인 것은, 시진핑이 심약하고 유선(劉禪)과 같이 멍청한 자라는 의미로 실로 무시무시한 비유가 아닐 수 없다.

보시라이가 정말 이런 비유를 했는지는 확실하지 않지만, 절묘한 권력 상황을 적절하게 시사하는 것으로 볼 수 있다. 현재 중국의 리더십이 강력하지 않고 집단 지도 체제에 기댄 것이라고 한다면 그 집행부, 즉 권력중추를 맡은 인물들에 대해 알아둘 필요가 있다.

---

4 공청단파: 중국 공산주의청년단파의 약칭. 후진타오파라고도 불린다. 공청단은 미래의 당 간부를 육성하는 교육기관으로 14~28세 청년들이 공청단을 거쳐 입당하고 젊은 엘리트 당원으로 나아간다. 공청단파는 공청단 출신자들이 연대하고 있는 파벌이다.
5 유선(207~271): 촉나라의 제2대 황제이다.

이례적인 출세를 이뤄낸 배경

시진핑은 1953년생으로 62세이다. 시중쉰 전임 부총리의 아들이며, 아버지의 실각으로 고향 산시성(陝西省)의 농촌으로 7년간 하방(下放)되었다. 이때의 정신적 트라우마로 타인과의 다툼을 싫어하고, 처참한 투쟁을 피하며, 팔방미인형인 온화한 성격을 형성했다고 한다. 장기로 비유하자면 정석밖에 두지 않는 타입으로 다음 수를 읽기 쉬운 정치가이기도 하다.

바로 이런 점 때문에, 경제적 번영과 안정기를 누리고 있는 중국에서는 시진핑이 권력을 가진 귀족계급의 특권을 최대한 보호해주리라는 기대감이 생겨났고 시진핑에게 '유지회장(維持會長)'이라는 별명이 붙었다. 이 남자라면 풍파는 일지 않으리라는, 장쩌민파[6]의 기대에서였다.

덩샤오핑

시진핑 총서기는 혁명원로 세대와 덩샤오핑[7]과 같은, 피를 피로 씻는 내부 투쟁이나 살육과는 거의 연이 없는 세대이다. 그는 문혁(문화대혁명) 후기에 두각을 드러냈고, 하방된 곳의 농업생산대대(農業

---

6 장쩌민파: 상하이파, 상하이벌(상하이방)이라고도 부른다. 제5대 국가주석 장쩌민은 상하이시 당 위원회 서기였기 때문에 당 총서기에 취임하자 상하이 시절의 부하들을 측근으로 등용해 권력기반을 굳혔다. 그 때문에 장쩌민파는 상하이파라고 불리게 되었다. 석유, 통신, 금융을 중심으로 각종 산업에 강한 영향력을 행사한다.

7 덩샤오핑(1904~1997): 중국에서 최고지도자를 의미하는 국가주석과 당 총서기에는 취임하지 않았지만 1978~1992년 15년간 최고지도자로 군림했다. 문혁으로 실각하지만, 저우언라이(周恩來)의 후원으로 복권되었다. 4인방에 의해 재실각되지만 4인방 체포 이후 복권되어 최고지도자에 오른다. 당초에는 민주화를 표방했지만 차차 반동화된다. 경제발전의 중요성을 강조하고, 개혁개방 노선을 열었다.

生産大隊)에서 당 서기를 지냈다. 1976년에 칭화대학(淸華大學) 공학부에 입학을 허가받아 1979년에 졸업하고 국무원 판공청(辦公廳)에서 부총리 비서를 경험했다.

그 까닭에 군에 널리 알려졌으므로, 군력(軍歷)이 있는 것 같은 인상이 있다. 푸젠성(福建省)에서 출세 코스에 올라 샤먼시(廈門市) 부시장, 푸저우시(福州市) 당 서기를 거쳐 2000년에는 푸젠성 성장(省長)이 되는 등 이례적인 스피드로 위를 향해 걸어간 인생이다.

16년에 걸친 푸젠성 시기의 시진핑은 타이완의 기업을 유치하는 데 열심이었고, 초혼은 영국 대사의 딸인 커링링(柯玲玲)과 했다. 재혼 상대로 군대의 디바인 펑리위안(육군 소장)을 추천한 것은 모친인 치신으로, 시진핑의 독자적인 의사는 아니었다. 부부 간에 있는 외동딸 시밍쩌(習明澤)는 저장외국어학원(浙江外國語學院)을 거쳐 하버드대학을 졸업했다.

49세로 저장성(浙江省) 당 서기, 그로부터 4년 후에 상하이시(上海市) 당 서기에 돌연 발탁되었고, 2007년에 갑자기 정치국 상무위원[8]으로 2단계 특진했다. 이것은 장쩌민파가 무리하게 후원한 결과이다. 2012년의 당대회에서는 후진타오의 후임 자리를 보증받게 되었다. 장쩌민의 오른팔로 태자당[9]의 보스이기도 한 쩡칭훙(전 국가부주석)이 배후 조정

---

8 정치국 상무위원회: 중국공산당의 최고의사결정기관인 중앙정치국 상무위원회의 멤버. 제18차 당대회에서 7명이 상무위원회에 들어갔다. 후진타오 정권 때에는 9명이었다.

9 태자당: 당 간부 자제들의 그룹. 부모가 쌓은 인맥과 재산, 특권적 지위를 세습하는 경우가 많다. 시진핑도 태자당이다. 파벌 중 하나로 주목받지만, 부모의 정치 신조, 정치 그룹의 차이로 인해 굳건한 조직이지만은 않다고 한다.

자인데 그가 원로 및 간부에게 사전 교섭을 하여 준비를 끝냈다.

2008년에 국가부주석, 2010년 10월에는 당과 국가 양쪽의 군사위원회 부주석이 되어, 문자 그대로 후진타오의 후계자로서 내외에 공인되었다. 그 후에 방일하여 천황(天皇)을 만나고, 방미하여 오바마 대통령과 회견한다.

정쟁(政爭)의 과정으로 말한다면, 후진타오 등 공청단파가 차기 총서기로 리커창(당시 부총리)을 앉히려고 준비하고 있던 당시의 암묵적 정치 환경을 일거에 깨부수고 상하이파가 흐름을 바꾼 것이기 때문에, 시진핑은 공청단에게 좋은 인상을 줄 리가 없었고, 또 출세가 너무 빨랐기 때문에 태자당의 동지들로부터도 질투를 받았다.

2008년 베이징 올림픽 때에는 귀빈석에 진을 쳤던 리커창과 나란히 앉아 서로 다른 쪽을 바라보고 있었다. 올림픽의 성공으로 자신감을 얻은 중국은 이내 교만한 자세가 외교에서도 두드러지게 되었고, 동시에 동남아시아 여러 국가와 영토·영해 문제로 군사적 긴장감이 높아져 미국과도 대결 자세를 드러내게 되었다. 시진핑은 자신의 생각이 희박하고 주위의 사전 준비대로 움직이는데, 그 때문에 군의 강경파와 반일 시위를 억누를 정치력이 없다.

2012년 9월 19일 시진핑은 인민대회당(人民大會堂)에서 리언 패네타 (Leon Panetta) 미국 국방장관과 회담하고, 일본 정부의 센카쿠 열도 국유화를 '웃기는 짓'이라고 비판했다.

그 후 패네타 장관에게 "미국은 평화와 안정의 대국(大局)에서 언동을 신중히 하고, 댜오위다오(釣魚島)의 주권 문제에 개입하지 않기를 희망한다"고 말해버렸다. 이것은 시진핑이 경직된 중국 정부의 견해를 단조롭게 내리읽은 것이지만, 그와 동시에 문혁으로 하방되었던 '무교양

세대' 시진핑이 국제정세와 역사에 얼마나 무지한지를 세간에 드러낸 것이라고도 볼 수 있다.

남미 방문 때에도 중국 비판에 대해 "배부르고 할 일 없는 외국인들이 혁명 수출도 그만둔 중국을 비판하는 따위에는 웃음을 참을 수 없다"고 말했다.[10]

시진핑에게는 앞으로도 강경파에 끌려다니는 권력 운영밖에는 전망할 수 없기 때문에 중일관계는 악화될 것이다.

---

10 "소수의 배부르고 할 일 없는 외국인들이 중국의 일에 함부로 이러쿵저러쿵 말하면서 간섭하고 있다", "첫째로 중국은 혁명을 외국에 수출한 적도 없고, 배고픔과 빈곤을 수출한 적도 없으며 외국을 흔들거나 괴롭힌 적도 없다"고 한 발언을 지은이가 합성한 것으로 보인다. http://www.yonhapnews.co.kr/bulletin/2011/01/24/0200000000AKR20110124130300009.HTML _옮긴이 주

리커창

李克强

시진핑과의 최고지도자 다툼에서 패한 공청단파의 에이스

1955년생. 제18차 당대회를 거쳐 서열 제2위에 올랐다. 후진타오를 대신하는 공청단파의 리더. 2013년 3월에 국무원 총리에 취임했다.

후진타오와 마찬가지로 '유혈 탄압'으로 두각을 드러내다

리커창은 1955년생으로, 안후이성(安徽省) 딩위안(定遠) 출신이다. 베이징대학(北京大學) 법학 및 경제학 박사학위를 갖고 있다. 태어난 고향인 안후이성은 후진타오와 같다.

베이징대학의 공청단 서기를 시작으로 공청단 중앙상무위원회, 학교 부부장(副部長) 겸 전국학교연합회 비서장 등을 거쳐, 1985년에 공청단 중앙서기처 제1서기가 되었다. 1998년부터 허난성(河南省) 당 부서기, 1999년에는 허난성 성장. 2002년에 허난성 당 서기, 2004년에 랴오닝성 (遼寧省) 당 서기로 영전해, 중앙위원[11]을 맡아왔다.

리커창은 대체로 정력적인 인상이지만, 어둡고 음침한 면도 있음을 부정할 수 없다.

특히 리커창이 허난성 서기였던 시절에는, '에이즈(AIDS)현(縣)'이라고 불릴 정도로 에이즈 만연에 대책이 없었다. 그뿐만 아니라, 에이즈를 고발한 여의사를 감금하고, 국제 NGO의 허난성에서의 활동을 철저히 방해하는가 하면 취재도 하지 못하게 했다.

하지만 티베트자치구 당 서기 시절에 유혈 탄압을 감행하여 중앙 정계에 좋은 평판을 얻은 후진타오처럼, 에이즈 만연을 기밀로 지정해 보도를 억제한 '공적'이 있다.

리커창의 아내는 문학소녀였다. 독재국가에서는 가족의 구성원조차

---

11 중앙위원회: 중국공산당 중앙위원회. 임기는 5년이며 당대회에서 선출된다. 중앙위원회에 들어가야 중앙정치국, 그 위의 상무위원회에도 진입할 수 있다. 시진핑 정권에서 중앙위원의 수는 205명(그중 95%가 대졸, 14%가 박사이다), 중앙위원 밑에 약 170명의 후보위원이 있다.

외부에 확실하게 밝히지 않는다. 김정일에게 3명의 아들이 있었다는 것을 3년 전에는 아무도 알지 못했다.

마찬가지로 후진타오가 공처가였던 것, 시진핑의 딸이 하버드대학 유학 중이라는 것 등이 중국에서는 상식이다. 리커창 부인의 이름은 청홍(程虹)이며, 허난성 정저우시(鄭州市) 출신이다. 청홍의 아버지는 청진루이(程金瑞, 전임 허난성 공청단 부서기)이다. 그의 모친은 류이칭(劉益清)으로 신화사(新華社)[12] 기자를 하고 있다.

즉, 부인이 태자당이며 엘리트였기 때문에 문혁 중 하방 경험이 있다. 청홍은 베이징대학에서 영문학을 전공했으며, 학생이던 26세에 결혼했다. 미국 문학에 조예가 있어 미국 브라운대학(Brown University)에 객원교수로 초청된 일도 있다. 베이징수도경제무역대학(北京首都經濟貿易大學) 교수를 역임했고, 미국 문학 소설을 번역하기도 했다. 리커창도 영어에 능숙하며, 오자와 이치로(小澤一郎)의 자택에 홈스테이했던 경험도 있다.

그의 외동딸은 미국에서 유학 중이다(이름과 유학 중인 대학교는 불명이다). 즉, 리커창도 순수히 밑바닥에서 올라온 공산주의자라고는 말할 수 없는 것이다.

---

12 신화사: 신화사통신. 국무원 직속의 통신사. 있는 그대로 말하면 '중국공산당' 공인의 통신사라고 할 수 있다. 정보기관이라고 인식되는 경우도 많다.

장더장

張德江

보시라이 실각 후의 충칭重慶을 일으켜 세우다

1946년생. 제18차 당대회를 거쳐 정치국 상무위원이 되었다. 상하이파. 충칭시 당 위원회 서기. 북한에 유학했던 경험이 있다.

후진타오의 공청단파와는 뜻이 맞지 않는다

예상외의 출세가도를 기다시피 겨우 올라온 장더장(전 충칭시 서기)이다. 그는 상하이파이며, 틀림없는 장쩌민의 부하이다.

장더장은 지금의 랴오닝성 안산시(鞍山市) 관할의 가난한 촌동네[랴오닝성 타이안현(臺安縣) 환둥진(桓洞鎭)]에서 태어났다.

18호밖에 없는 한적한 농촌에서 20km를 더 가야 옆마을에 당도할 수 있다. 도로는 진창이고, 심하게 울퉁불퉁한 도로를 버스로 40분 걸려서야 마을 관공서에 도착할 수 있는 벽촌이다.

같은 마을에서 장씨(張氏) 일가의 일을 아는 사람은 거의 없고, 장더장의 이력으로 판명된 것은 1972년에 지린성(吉林省) 왕칭현(汪淸縣)[13] 혁명위원회 선전부 간부로 등장하여, 연변대학(延邊大學) 조선어과 학생이 된 것뿐이다(연변대학은 현재 동북3성에서 엘리트 대학이다). 1975년에 같은 대학 조선어과 지부의 부서기가 되었고, 그다음 해에는 당의 당무위원, 이윽고 부교장으로 출세했다.

1978년 장더장은 북한에 유학한다. 유학을 간 곳은 김일성종합대학[14] 경제학부이며, 당시 유학생위원회 서기를 맡았다. 이런 경력 때문에 장더장은 한족이 아닌 조선족이라는 설이 있다.

김일성종합대학

---

13 원문은 왕성현(王生縣)이나, 오기로 보인다. ―옮긴이 주
14 김일성종합대학: 북한의 대학. 김일성의 지시에 따라 1946년 평양에 설립되었다.

그는 2년 후 귀국하여 연변대학 당 위원회 상임위원이 되고, 1983년에는 지린성 연길시(延吉市) 당 부서기, 1985년에는 지린성 연변(延邊) 자치구 당 부서기가 된다. 이후 순조롭게 출세를 이뤄 1990년 지린성 당 부서기, 1995년 지린성 당 서기가 되었고, 1998년에는 전국인대 상임위원회 주임을 겸무한다. 같은 해 9월에는 저장성 당 서기로 전출된다. 변경 지역에서 상하이시 주변에 있는 경제번영구로 인사 이동되는 것은 큰 영전이다.

그리고 2002년, 장더장은 중앙정치국위원, 광둥성(廣東省) 당 서기가 된다. 광둥성 당 서기라고 하면, 상하이에 버금가는 경제 중심지이다. 번영의 메카 깊숙이 낙하산으로 내려온 의미는 크다. 이는 장쩌민의 후원에 의한 것이다.

장더장 이전의 광둥성 서기는 정치국 상무위원이었던 리창춘이다. 그는 산둥성(山東省) 당 서기 시절 파룬궁[法輪功] 탄압에 공적이 있어 장쩌민으로부터 인정을 받았다. 티베트 탄압으로 덩샤오핑에게 인정받은 후진타오와 장쩌민파로서는 어떻게든 화남(華南)의 거점인 광둥성을 억누를 필요가 있었다. 광둥성 출신자는 반(反)중앙의 정치색이 강하고, 동시에 혁명의 선구적 존재이다[쑨원(孫文)과 예젠잉(葉劍英) 모두 광둥인이다]. 광둥성에 집중된 제조업의 부를 억누르는 것도 파벌 역학상 빠질 수 없는 조건이다.

장더장은 광둥성 당 서기로서 주하이(珠海) 삼각지대 구상을 현실화하기 위한 정책을 강제로 실천하여 마카오, 주하이, 선전(深圳)의 삼각지대가 연동된 경제발전에 진력했다. 그런데 2003년 사스(SARS) 발생과 공장 파업, 광둥성 남부의 폭동 빈발 문제에 직면한다. 이 때문에 민완(敏腕)해 보이는 정치력 뒷면에 대해서는 의문도 남지만, 제17차 당대회에서는 부총리에 발탁되었다.

후진타오, 리커창 등 공청단파는 장더장과는 서로 뜻이 맞지 않는다.

정치국원인 부총리였지만, 장쩌민파였기 때문에 '사고 처리' 전문 부총리로서 국내에서 발생한 많은 사고를 수습하는 데 분주했다. 같은 시기에 왕치산도 '소방관'이라는 별명이 붙을 정도로 금융위기, 베이징 올림픽에 대응했지만, 장더장이 맡은 사건은 2009년 헤이룽장성(黑龍江省) 허강시(鶴崗市)에서 일어난 폭발 사고, 허난성 항공기 사고, 2011년 7월 온저우(温州) 고속철도 대형 사고 등이었다.

이들 일련의 사고 처리 실적으로 평가받아, 보시라이 실각 후 충칭시 당 서기가 된다. 그런데 저장성 당 서기, 광둥성 당 서기를 경험했던 부총리가 벽지인 충칭시 당 서기로 급파되는 것이니 좌천이라고 할 수도 있다. 여기에서 한 가지 더 말하자면, 장더장의 부인은 신수썬(辛樹森)이다. 1983년 창춘(長春) 야금건축학원(冶金建築學院)의 공업건축학과를 전공하고 동북재경대학(東北財經大學)을 졸업했다. 그녀는 중국건설은행(中國建設銀行) 간부로 인사부 부주임이라는 고위직에 있으며, 중국정치협상회의 위원이자 상급 이코노미스트이다. 이름을 보아 조선족이라는 설이 있다.

장더장의 배경에는 부친 장즈이(張志毅)의 빛나는 군 경력이 있다. 부친은 1912년생으로 1931년에 항일 게릴라 전투에 가담했고 1936년에는 난징(南京)의 포병부대에서 훈련을 받았다. 이후 군대에서는 포격을 특기로 했다. 1938년에 팔로군(八路軍)[15]에 편입되어 같은 해 중국공

---

15 팔로군: 중일전쟁 때에 중국 북부에서 탄생한 공산당군의 일부. 인민해방군의 전신에 해당한다. 민중 사이에 녹아든 게릴라전을 잘했다. 군복을 착용하지 않는

린뱌오

산당에 가입하고 옌안(延安)으로 향했다. 국공내전(國共內戰) 시절에는 동북민주연합군(東北民主聯合軍)의 후방 참모장, 제2포격부대장에서 제4야전군의 부참모장[린뱌오(林彪)[16]의 부하], 쓰핑(四平), 지린(吉林), 랴오양(遼陽), 안산을 전전하고 중화인민공화국 성립 후에는 무단(牡丹) 포병훈련기지 사령관(기지의 최고지도자)이 되었다. 제4포술학교 교장으로 수많은 훈장을 받고 소장(少將)이 되어 1997년까지 살았다.

제17차 당대회에서 장더장은 정치국원에 아슬아슬하게 들어갔다. 그리고 2012년 11월 제18차 당대회에서 상무위원, 차이나 세븐(China Seven)의 일각에 진입했다. 그렇지만 이미 69세로 젊지는 않다.

더구나 장더장은 보수파로 구(舊)장쩌민파를 대표하므로 공청단파로서는 환영하는 멤버가 아니라고 한다.

한국어가 가능하므로 계속해서 북한 대책과 관련해서 활약할 것이다.

스타일은 편의병(便衣兵)이라고도 불렸다.

16 린뱌오(1907~1971): 국무원 부총리, 국방부장 등을 역임했다. 군학교를 거쳐 대장정에 참가했다. 군부에서 마오쩌둥의 오른팔로 두각을 드러낸다. 1969년 제9차 당대회에서 마오쩌둥의 후계자로 지명된다. 그러나 마오쩌둥과의 관계가 급속히 악화되고 1971년에는 마오쩌둥 암살 쿠데타를 계획한다. 계획이 노출되어 소련에 망명을 시도하지만 가는 길에 비행기 사고로 사망했다고 전해진다.

위정성
俞正聲

장쩌민파의 아성 '상하이'를 지킨다

1945년생. 제18차 당대회를 거쳐 정치국 상무위원이 되었다. 그의 부친은 중국공산당 초기에 황징黃敬이라는 이름으로 활약했던 위치웨이俞啓威이다. 상하이파.

시골인 후베이성 당 서기에서 이례적으로 대출세한 인물

왕치산과 같이, 젊은 집행부 안에서는 연상, 형뻘이다.

위정성은 상하이파의 얼굴이다. 이전에 오직으로 실각한 천량위(陳良宇)[17]의 뒤를 이어 상하이시 당 서기가 된 것이 시진핑이었다. 그리고 시진핑이 베이징 중앙으로 2계급 특진하자마자, 중국공산당 중앙은 후임 상하이시 당 서기에 위정성 후베이성(湖北省) 당 서기를 임명했다.

위정성은 상하이파인 동시에 전형적인 '태자당' 일원이기도 하며, 부친은 초대 톈진시(天津市) 시장을 맡은 위치웨이이다. 그는 저장성 샤오싱(紹興) 출신으로 저우언라이, 루쉰(魯迅)과 같은 '샤오싱 인맥'이다. 위정성은 2002년부터 정치국원이었다. 제17차 당대회 직전에는 상무위원으로의 승격 가능성이 높다는 소문이 돌았다.

위정성은 하얼빈군사공정학원(哈爾賓軍事工程學院)을 졸업한 이후 전자공업부와 산둥성의 공장에서 근무한 경험이 있다. 옌타이시(煙台市) 당 서기, 칭다오시(靑島市) 당 서기, 중앙정부의 건설부장(建設部長)을 맡았으며 2001년 후베이성 당 서기로 승격하여 2007년에 정치국원이 되었다.

전임지인 후베이성은 성도(省都)는 우한(武漢), 북쪽은 허난성, 동쪽은 안후이성, 동남부와 남부는 장시성(江西省), 서쪽으로는 충칭시, 북서부는 산시성(陝西省)과 인접하고 있으며, 이에 더해 양쯔강(長江), 한강(漢江)이라는 2대 수계에 걸쳐 수리(水利)에 혜택을 입었고, 경제발전

---

17 천량위(1946~): 상하이에서 출생했으며, 중국인민해방군 후근공정학원(後勤工程學院)을 졸업했다. 상하이시 시장, 상하이시 당 위원회 서기 등을 역임했다. ― 옮긴이 주

이 현저하다.

후베이성에서 상하이시 당 서기로의 발탁은 정치적 의미상 '대출세'에 준하며, 하물며 상하이라는 경제 우등생, 장쩌민파의 아성을 다스리는 이상 흑막인 장쩌민, 쩡칭훙의 신임이 두텁다는 것이다. 위정성은 70세이다.

위정성은 일찍부터 상무위원이 될 가능성이 높았지만, 공안부(公安部) 소속 간부였던 그의 형[18]이 기밀을 가지고 미국에 망명하는 등의 스캔들로 타격을 입어 10년 동안 정치국원에 머물렀다.

---

18 위창성(俞强聲)을 지칭한다. _옮긴이 주

류윈산

劉雲山

공청단 4대천왕의 일각으로 대출세!

1947년생. 오랫동안 네이멍구內蒙古자치구에서 활동. 중앙에서는 당 선전부 분야에서 시종일관 종사해왔다. 당 중앙서기처 제1서기. 공청단파.

아들은 중국 최대 생명보험의 투자 부문 책임자

류윈산은 선전부 담당 직위를 리창춘으로부터 이어받았다. 류윈산은 종래 '상하이파'라고 여겨져 왔다. 그러나 미국에 본부를 둔 중국어 미디어인 보쉰신문망(博訊新聞網)에 따르면 류윈산은 '공청단파', 그것도 후진타오 직계라고 한다. 하지만 상하이파와도 가깝다.

류윈산은 1947년생이다. 네이멍구자치구 지닝사범대학(集寧師大學)을 졸업하고, 변경으로 자원하여 교육에 임했다. 이윽고 선전 능력을 인정받아 신화사 기자가 되었다. 동시에 공청단에서 활약을 시작해 네이멍구자치구의 공청단 부서기에 발탁되었다. 38세로 중앙위원 후보가 되어 선전 부문에서 능력을 발휘한다. 1992년에 통신교육으로 중앙당교를 졸업하고, 2002년부터 딩관건(丁關根)의 뒤를 이어 당 중앙선전부장[19]이 되는데 보스는 리창춘이다. 제16·17차 당대회에서 정치국원이 된다.

후진타오에게 발탁되어 왕양, 리커창, 리위안차오와 더불어 공청단 4대천왕의 일각으로 뛰어올랐다. 기본적으로 당의 선전 담당은 사상적으로 보수 노선이 맡는다. 과거에 선전 담당에서 정치국 상무위원이 된 예는 드물며, 후야오방(胡耀邦) 시절의 주허우쩌(朱厚澤),[20] 장쩌민 시절의 리창춘 2명 정도밖에 없다.

---

19 당중앙선전부: 신문, 라디오, TV를 통해 사상교육, 통제, 당의 선전을 행한다. 인터넷을 비롯한 여러 미디어의 규제와 관리도 담당하고 있다. 현재 선전부장은 류치바오(劉奇葆, 정치국원)이다.

20 주허우쩌(1931~2010): 구이저우성에서 출생했으며 1949년 구이양사범학원(貴陽師範學院)을 졸업했다. 구이저우성 당 위원회 서기, 중국공산당 중앙선전부장, 국무원 농촌발전연구센터 주임 등을 역임했다. _옮긴이 주

그렇다고는 하지만 류원산은 극히 평판이 나쁘다. 왜냐하면 아들인 류러페이(劉樂飛)[21]가 약관 42세로 불가사의한 비즈니스를 전개하고 있기 때문이다. 류러페이의 부인은 자리칭(賈麗靑)으로, 자춘왕(賈春旺, 전임 인민최고검찰원 검사장)의 딸이다. 말하자면 태자당이라는 상류사회 간의 결혼이다.

심각한 문제는 정략결혼의 인맥도가 아니다. 류러페이는 현재, 중국인수보험(中國人壽保險)[22]의 투자 부문 책임자이다. 이 회사는 말할 것도 없이 중국 최대의 생명보험회사이다. 매월 들어오는 보험료는 방대하다기보다도 천문학적이다. 일찍이 일본생명(日本生命)과 메이지생명(明治生命)은 보험료를 신중히 모아두고, 맡겨진 재산을 열심히 운용해 그 이익을 보험 프리미엄으로서 보험 가입자에게 환원해왔다. 일본의 생명보험은 안전을 확보하기 위해 주식에는 투자하지 않는다. 환차손 우려가 있는 외국채권에도 투자하지 않고, 안전제일의 국채, 사채, 부동산에만 투자했다. 그 이후 일본의 생명보험은 자본시장 자유화를 겪지만 금융 규제 완화 이전까지는 주식상장은 인정되지 않는 상호회사였으므로, 이 정도로 '안전 조업'을 하는 기업은 없었다.

중국에 생명보험이라는 개념이 등장한 것은 10년 남짓이다. 그 이전까지 중국에는 의료보험, 사회보험, 복지도 없었다. 사회주의 체제하의 국민에게 보험은 불필요하며, 중국 국민을 요람에서 무덤까지 돌봐주는 것은 중국공산당이라고 했다.

---

21 원문에 러(樂)가 둥(東)으로 되어 있으나 오자로 보인다. _옮긴이 주
22 중국인수보험: 국유기업인 생명보험회사. 2003년 설립되어 2007년에는 홍콩, 상하이, 뉴욕에서 상장(上場)되었다.

냉전이 종식되고 사회주의는 파탄났다. 개혁개방의 파도를 타고 중국에 갑자기 생명보험 비즈니스가 도입되자, 은퇴 이후의 생활과 노후에 불안함을 느낀 사람들이 우르르 가입했다. 이렇게 되자 쌓여가는 보험 대금과는 대조적으로, 보험기업의 투자 대상에는 확실하고 안전한 것이 없게 되었다. 갑자기 주식 투자가 허가되고, 잇따라 환상품에 대한 투자에도 승인 사인이 떨어졌다. 게다가 주식시장에 상장하고 있는 것이다.

류윈산의 아들, 류러페이가 운용하는 자금은 5000억 위안(약 82조 원), 이에 더해 매년 보험료 수입에 의한 원자본의 증가는 1000억 위안(약 16조 원)이다.

2012년 6월 11일 자 보쉰신문망에 따르면, 류윈산 일족은 이 거대 투자 자금을 그들과 관계 깊은 네이멍자치구의 석탄 관련 기업 주식에 투자하는 등의 자의적 선택으로 부동산을 대량 구입했다.

산시성(山西省) 상인은 예로부터 차(茶) 행상인 휘상(徽商)[23]과 더불어 진상(晉商)[24]이라고 불릴 만큼 신용이 있는데, 산시성 출신인 류윈산 일가는 석탄 관련 산업과 관련성이 깊고, 그들의 친척이 경영하는 디벨로퍼(developer) 개발[25]식 부동산 투자에 자금을 쏟아넣었을 터이므로,

---

23 휘상: 휘주(徽州, 현재의 안후이성 남부) 출신 상인의 총칭. 명(明), 청(淸) 시대에 진상과 세력을 양분했다. 휘상은 결속력이 강해 구성원 간에 규칙과 불문율이 있었다고 한다.

24 진상: 산시성(山西省) 출신 상인이나 금융업자의 총칭. 기원전 진(晉)나라가 있었기 때문에 산시성은 진(晉)이라고도 불린다. 당시 산시성은 경지가 적고 인구가 과밀했기 때문에, 금융업을 하거나 각지에 타관벌이를 하러 가는 사람이 많았다. 이것이 '진상'의 유래이다.

명백한 기율 위반일 것이다. 덧붙이자면 류러페이는 경제학 전공도, 금융공학 전공도 아니며 — 솔직히 말하면 이류 대학 출신이다. 정말로 이런 남자에게 투자를 맡겨도 좋은 것인가? 보험 가입자가 아니더라도 몹시 걱정거리일 것이다. 이는 동시에 류원산의 두통거리이기도 하다.

25 부동산에 대규모로 투자하여 그 잠재력을 개발하고, 택지의 조성·분양, 주택의 건설·판매를 행하는 것. —옮긴이 주

왕치산
王岐山

구미 각국이 기대하는 희망주
금융통으로 민완함도 높게 평가받아

1948년생. 금융 전문가로서 두각을 드러냈다. 2004년에 베이징시 시장, 2007년
제17차 당대회를 거쳐 정치국원이 되었다. 태자당.

미국 고관과의 채널이 풍부

주룽지

왕치산은 주룽지[26] 전임 총리만큼은 아니라고 해도, 민완한 재상이 될 수 있는 인물이다.

구미는 금융의 프로이기도 한 이 국제파 정치가에게 주목하고 있다.

제18차 당대회 전까지 "다음 총리로 누가 걸맞은가?"라고 물으면, 구미가 주목하는 인사는 왕치산(부총리)이지 리커창이 아니었다. 그러나 새 인사로 기율검사위원회에 임명된 왕치산은 오직과 부정부패 적발을 맡게 되었다.

일본에서는 리커창이 지일파(知日派)이며, 일찍이 오자와 이치로의 자택에 홈스테이를 한 경험이 있기 때문에 차기 총리로서의 활약을 기대했다. 그러나 경제 방면에서의 활약을 기대하는 구미는 리커창의 행정 능력에 물음표를 붙인다. 그 대신 등장한 이름이 왕치산인 것이다.

2010년 서울에서 G20 회의를 마친 티머시 가이트너(Timothy Geithner) 미국 재무장관이 귀국 도중, 갑작스럽게 남하하여 산둥성 칭다오(靑島)의 비행장으로 날아갔다. 2010년 10월 23일은 일요일이었다. 칭다오 공항에서 가이트너를 기다리고 있던 것은 카운터파트인 중국 재무부장도 리커창도 아닌 바로 당시 부총리였던 왕치산이었다.

이때 이미 리커창은 영향력이 희박할뿐더러 존재감마저 가벼웠다.

---

26 주룽지(1928~): 제5대 국무원 총리. 상하이시 당 위원회 서기 시절에 장쩌민의 오른팔로서 후임으로 상하이시 서기가 된다. 1993년 제1부총리(경제 담당)에 취임한 후 경제 개혁에 민완을 발휘한다. 1997년 총리에 취임하자 국유기업 개혁, 금융 개혁, 정부기구 개혁이라는 3개 개혁에 착수했다.

소식통 사이에서는 왕치산이 구원(relief) 총리가 될 것이라는 설이 부상했다. 왜냐하면 왕치산 쪽이 단연 경제 및 금융정책에 밝고, 구미 금융 관계자 사이에서 평가가 높았기 때문이다. 2012년 5월에 베이징에서 개최된 '한중일 정상회담'에서도 중국 측을 대표하여 발언한 것은 왕치산이었다. 왕치산은 태자당으로 야오이린(姚依林)[27] 전임 부총리의 사위이다. 경제에 굉장히 밝고, 과거 수년간, 특히 가이트너가 미국 재무부 장관이 되고 나서는 매회 방중 때마다 중앙은행 총재 등을 제치고 대응했다. 왕치산은 정치국원에서 순탄히 정치국 상무위원회에 진입했지만, 이제까지는 오로지 금융계에만 있었다. 중국인민은행(中國人民銀行) 부행장, 중국건설은행 행장을 거쳐 광둥성 부성장(副省長), 하이난성(海南省) 당 서기를 역임했다.

왕치산은 '소방수'의 운명을 가진 것처럼 위기관리 능력이 탁월해서, 2003년 사스 소동 때에 베이징시 시장 사임 사태 당시에도 세계적 판데믹(pandemic, 전염병)을 능숙히 처리하며 베이징시 시장의 구원 투수로 일했다. 그 이후에는 정치가로서 크게 인정받았으나 이전만 해도 금융 전문가, 이코노미스트 이상으로 평가되지 않았다. 베이징 올림픽 준비 막바지에도 책임자로서 대응했고, 상하이 엑스포가 지연되었을 때에도 구원 투수로 나서 진두지휘했다.

왕치산은 1948년생, 산시성 출신으로 2002년 하이난성 서기, 2003년부터 베이징시 시장으로도 일했다. 다만 반일파(反日派)이다.

---

27 야오이린(1917~1994): 홍콩에서 출생했으며, 중화인민공화국 국무원 부총리, 중국공산당 중앙판공청 주임, 당 중앙정치국 상무위원 등을 역임했다. ―옮긴이 주

장가오리

張高麗

타이완과의 무역을 추진하는 핵심 인물

1946년생. 샤먼대학厦門大學 경제학부 졸업. 선전시 당 위원회 서기, 톈진시 당 위원회 서기 등 요직을 역임했다. 태자당이지만 공청단파와도 가깝다.

'이권 소굴'인 톈진은 권력 게임의 요충지

≪인민일보(人民日報)≫ 2012년 5월 27일 자는, 톈진시 중국공산당 위원회가 당 서기에 장가오리를 재임명했다고 보도했다. 동시에 장가오리는 위정성, 왕치산과 나란히 고령(당시 66세)이지만, 1기만 재임하는 가능성으로 정치국 상무위원회 진입이 예측되었다.

톈진에는 저우언라이가 공부했던 난카이대학(南開大學)이 유명한데, 같은 시내에는 '저우언라이 기념관'도 있다. 톈진외국어학원(天津外國語學院)에는 일본인 유학생이 눈에 띈다. 일찍이 상하이와 견줄 수 있는 금융 센터이기도 했다.

친일 정치가로는 리루이환(李瑞環, 목수 출신으로 제16차 당대회까지 정치국 상무위원)[28]이 있다. 원자바오 총리도 '톈진 파벌'에 속한다.[29]

리루이환

톈진은 베이징 옆에 자리 잡은 무역 항구로서, 지정학적으로 도쿄-요코하마(橫浜)의 관계와 닮아 있다. 즉, 이 톈진의 탕구(塘沽, 청일전쟁 시기의 주요 항구)로부터 동쪽을 메꿔 조성된 해안공업특구에는 일본 기업이 대거 진출해 있으며, 그 이후 타이완 기업, 한국 기업도 들어왔기 때문에 대(大)공업단지로 약진했다. 도요타도 이곳에 진출했다. 베이징과 톈진 사이를 30분 만에 연결하는 고속철도를 통해 1일 6회 이 탕구를 왕복하는 정기 노선이 개설되어 있다.

28 리루이환(1934~): 가난한 농가 출신으로, 토목 기술자에서 정치국 상무위원까지 올라간 입지전적 인물.
29 자세한 내용은 『출신지로 이해하는 중국인(出身地でわかる中國人)』을 참조.

베이징의 정권 수뇌부에게 톈진 확보는 이권 투쟁의 측면에서 중요하다. 장가오리는 톈진에 부임하기 전까지 광둥성 부성장, 이어서 선전경제특별시[30]와 산둥성 당 서기를 역임하고, 2007년 3월부터 톈진시의 1인자가 되었다.

장가오리는 장쩌민에게 아첨하면서 갑자기 출세했기 때문에 상하이 방으로 꼽혔다.

주목해야 할 포인트 중 하나는 장가오리의 출신지이다. 그는 푸젠성 푸장(普江)이 고향으로, 샤먼대학 경제학부를 졸업했다. 푸장, 스스(石獅), 취안저우(泉州), 샤먼(廈門) 일대의 건너편은 타이완이다. 장가오리는 타이완어(민난어, 閩南語)에 능하고, 타이완 비즈니스맨과 '우호'적인 관계를 맺고 있는 것으로 알려져 있다. '대상(臺商)'은 타이완 기업이 파견하는 비즈니스맨으로 푸젠성, 광둥성에 엄청난 수가 진출해 있다.

중국 전토에 6만 개나 되는 타이완 기업이 진출해 있고, 주재하고 있는 타이완인은 100만 명 이상이다.

중국에 진출한 타이완 최대의 기업 폭스콘(Foxconn)은 대륙 내에서만 80만 명을 고용하고 있다. 샤프(シャープ)의 사카이 공장에 출자한 궈타이밍(폭스콘의 사장, 273~276페이지에 상세하게 소개되어 있다)은 타이완인이지만 가계는 산시성(山西省)이다. 즉, 외성인(外省人)이기 때문에 대륙에서 간이 크게 대담한 전개를 할 수 있는 것이다.

---

30 선전경제특별시: 광둥성 선전시는 중국을 대표하는 국제금융도시로 행정 수준에서는 '부성급시(성과 동급의 도시)'의 위치에 있다. 대폭적인 자치가 인정되며 베이징시, 상하이시, 광둥시에 이은 중국 제4의 도시이다. 홍콩과 인접한 경제특구(외국의 자본·기술 도입이 가능)이기도 하다.

텐진 특별시의 당 서기에 재임한 장가오리는 텐진에서 '텐진·타이완 명품 박람회'를 개최할 정도로 타이완과의 비즈니스 발전에 힘을 기울였으며, 중국과 타이완의 자유무역협정(FTA)

유출된 어선 충돌의 동영상

추진파이다. 타이완으로서는 장가오리가 정치국 상무위원회에 진입하면 타이완에 대한 비즈니스 빈도가 계속 증가할 것이라며 환영하는 분위기이다.

베이징 정부로서도 이제는 타이완 기업을 정면으로 적대시할 수 없고, 정치가 중에는 타이완 상인과의 관계가 깊은 인물도 눈에 띈다. 그 중에서도 특히, 이 장가오리와 총서기가 된 시진핑은 타이완에 대한 이해가 깊다. 시진핑 역시 16년간 푸젠성에서 근무했다.

게다가 장가오리의 고향은 푸젠성 남부의 진장(晉江)이다. 돌이켜보면, 이곳은 2010년 9월 센카쿠 열도 앞바다에서 해상보안청의 순시선에 충돌했던 폭력 선장 일동이 선단을 조직해 출항한 어촌과 가깝다. 나는 2011년 3월 진장에서 택시를 타고 폭력 선장의 어촌[선후항(深滬港)]으로 갔던 적이 있는데, 이 주변은 타이완 기업의 투자가 현저하게 많으며 섬유, 방적, 의류 공장이 죽 늘어서 있다. 북상하면 마르코 폴로(Marco Polo)가 왔다고 하는 전설도 남아 있는 취안저우시(泉州市)이다.

또한 최근에 장가오리는 공청단파와도 친밀한 관계라는 것이 밝혀졌다. 전형적인 박쥐 같은 정치가일지도 모른다.

리위안차오

李源潮

리커창의 라이벌이었던 '숨은 태자당'

1950년생. 공청단파의 희망주라고 여겨졌는데, 태자당이기도 하다. 2013년 3월
전국인대에서 국가부주석에 취임.

공청단의 이미지가 강하지만 부친은 당 간부

리위안차오는 1950년 장쑤성(江蘇省)에서 출생했다. 상하이사범대학(上海師範大學)에서 수학을 전공하고, 푸단대학(復旦大學)에서 교편을 잡을 정도의 인텔리이다. 1996년 문화부 부부장, 2002년 장쑤성 당 서기가 되었고, 2007년부터는 정치국원[31]이다. 이 시점에서 2계급 승진을 통해 나란히 정치국원이 된 왕양은 후배이다. 부친인 리간청(李幹成)은 장쑤성 창저우시(常州市) 제1부서기에서 시작해 상하이 부시장을 역임했으므로 그 역시 태자당이지만, 공청단을 대표하는 리커창의 라이벌은 오랫동안 리위안차오라고 여겨졌다.

정치국원에 머무른 리위안차오는 '당 중앙조직부장' 경험이 있다. 리위안차오는 분명 리커창과 나란히 '내일의 지도자'로 기대받던 시기가 있었다. 후진타오가 초기부터 기른 2명의 라이벌, 차기 총서기 레이스의 주인공으로 예상되었다. 그러나 리위안차오는 공청단의 엘리트이자 '태자당'이기 때문에, 공산당 간부 상층에 청년 시절부터 널리 알려진 경력도 겸비했다.

리위안차오가 장쑤성 당 서기이던 시절, 타이호(太湖)의 녹조 오염으로 세상이 떠들썩했다. 아름다운 호수와 관광자원이 모두 오염되어 악취가 나고 아무도 접근하지 않았다. 그러나 리위안차오는 이 책임을 전혀 추급당하지 않고 안정적으로 출세할 수 있었다. 당의 고관들 중 지인이 많아 서로 감싸주는 '태자당' 일원이었기 때문이라고 하겠다.

---

31 정치국원: 중앙정치국의 위원. 정치국위원은 현재 25명. 이 중 7명이 최고 권력의 상징인 상무위원(68세가 정년)이다. 중앙위원회 전체 회의에 의해 선출된다. 정치국원이라 함은 차기 상무위원 후보라는 의미이다.

후야오방

단지 리위안차오는 공청단 인맥이라는 인상
이 강하며 후야오방,[32] 후치리(胡啓立), 톈지윈
(田紀雲) 등의 사고방식(개혁파)과 가깝다.

그러므로 상하이방으로부터도 태자당으로부
터도 반발은 없다. 말하자면 공청단 인사라고
하기보다는, 공청단-상하이방-태자당의 3파연립(三派聯立)을 위한 타협
의 산물이라고 할 수 있다.

그가 장쑤성 제1부서기로 있던 시절, 여러 일본 기업이 장쑤성에 진
출했기 때문에, 일본인 비즈니스맨 중에서도 지인이 많다.

리위안차오는 2013년 3월 전국인대에서 국가부주석에 취임했다.

32 후야오방(1915~1989): 초대 당 총서기. 자오쯔양(趙紫陽)과 함께 마오쩌둥의 문
혁을 청산하려고 하는 덩샤오핑을 보좌했다. 중국을 대표하는 개혁파 정치가.
1980년 티베트를 시찰하고 그 참상을 인정해 당의 정책을 사죄했다. 또한 중국
에서는 희소한 지일파이기도 했다. 민주활동가, 지식인, 학생으로부터의 지지도
강했다. 1989년 그의 죽음은 제2차 천안문 사건의 계기가 되었다. 원자바오 전
수상은 후야오방을 스승으로 삼고 있다. 또한 공청단의 상징적 존재이기도 하다.

왕양
汪洋

공청단파의 얼굴이 된 개혁파의 기수

1955년생. 공청단파의 희망주로 후진타오의 인도를 받아 2007년 정치국에 진입했지만, 제18차 당대회에서의 상무위원 진입은 좌절되었다.

빈곤한 가정에서 태어나 갑자기 출세하다

왕양은 민주 개혁의 기수로 떠받들어져, 한때 공청단파의 대명사였다. 1955년생이므로 왕치산보다 일곱 살이나 젊으며, 이것이 강점이다.

제18차 당대회에서는 정치국 상무위원회 진입을 이루지 못했다.

고등학교 졸업조차 할 수 없었던 빈곤한 가정에서 태어나, 식품 공장의 노동자로 일했다. 1981년에 공청단의 안후이성 쑤현(宿縣) 부서기로 발탁되었으며, 2007년 2단계 특진으로 정치국원, 광둥성 당 서기로 발탁되었다.

공청단의 두터운 지지 아래 후진타오, 리커창은 과거 5년간 한 번도 충칭을 시찰하지 않았지만, 왕양이 서기를 맡고 있는 광둥성에는 자주 들러서 "경제발전의 모델", "광둥의 방법을 본받자"고 예찬했다. 실제로 광저우시(廣州市)의 1인당 GDP는 1만 달러를 넘었다.

그러므로 보시라이 실각 이후, 왕양에게는 '내 세상의 봄'이 올 터였다. 왜냐하면 보시라이가 충칭시로 향하기 직전까지 충칭의 서기를 맡고 있던 이가 왕양이며, 보시라이가 '개혁'이라고 칭하며 대치한 충칭의 수구파 중 다수가 왕양파였기 때문이다.

일찍이 광저우는 '전국 모델'이라고 불렸고, 광둥성의 핫머니는 중국인 전체가 동경하는 대상으로, 많은 외지인들이 광둥으로 흘러들었다. 광저우시 주변에는 도요타(豊田), 혼다(本田), 닛산(日産)이 진출했고, 하청과 재하청 부품 메이커는 대거 광저우 교외로 진출했기 때문에 일대 생산 중심지가 되었다. 그러므로 물가는 뛰어오르고, 인건비는 비약하며, 전기·전자부품·정밀기계부품 등의 제조사도 운집했기 때문에, 큰 번영이 이루어졌다.

이 경제성장은 우연한 요행이며, 광둥성 서기인 왕양의 개인적 역량

선전의 마천루

과는 연관이 없다.

그러나 왕양은 '부의 분배'도 중요하다는 듯이 '개혁'이라고 부르면서, 실제로는 고급 관리의 수를 늘리는 데 부지런히 힘썼다. 광둥성 부성장이 10명. 그중에서도 랭킹 3위인 부성장에 부하인 주샤오단(朱小丹)을 앉히고, 더욱이 포산시(佛山市)의 1개 국(局)에는 19명의 '부국장'과 7명의 '상임부국장'을 두는 등 인사 면에서 큰 잔치를 벌였다.

고참 간부로부터의 압력도 있고, 당내에서의 인기를 높이고자 했던 것으로 여겨진다. 선전에서는 홍콩으로 이어지는 뤄후구(羅湖區)³³ 옆, 빠르게 발전한 푸톈구(福田區)를 관청가로 삼았지만, 정작 주변에는 5성 호텔만 있는 건축 허가를 냈다. 그 결과 5성 호텔이 난립하게 되었고, 마천루 풍경은 장관이지만 가동률은 5~30%에 지나지 않는다.

요컨대 너무 지어댄 것이다. 선전은 비즈니스 손님들의 출장은 많지

---

33 원문은 뤄푸구(羅府區)이나 오기로 보인다. __옮긴이 주

만, 관광자원이 희박하기 때문에 관광객이 오지 않는데도 말이다.

한편 선전의 인구는 현재 1450만 명이다!(호적인구로 베이징을 앞지르고 있다. 광저우의 정식 호적인구는 740만 명이며, 홍콩은 790만 명이다)

2011년 7월의 고속철도 사고에서, 제일 먼저 타격을 입은 것은 선전과 광저우를 잇는 고속철도 개업의 지연이었다. 같은 해 8월, 개업이 두 번째로 연기되어, 겨우 동년 섣달에야 개업했다. 하지만 선전 북역에서 멈춰 선 채 뤄후구에 직결되지 않아, 예정되어 있던 홍콩으로의 고속철도 환승은 계획만으로 그치는 것이 아닌가 하는 이야기가 들려왔다.

광둥의 경기가 먹구름에 습격당한 것처럼 갑자기 그늘이 졌다. 특히 반일 시위가 격화된 2012년 9월부터 광둥의 불황이 표면화되었다.

왕양은 광둥성의 경제 개혁에 의욕을 나타냈으며, 그와 동시에 임금 인상 및 처우 개선을 요구하는 노동자들의 파업을 묵인하는 리버럴한 노선을 유지했다. 이는 '충칭 모델'과 대비되어 '광둥 모델'이라고 불렸고, 조건반사적으로 '보시라이의 라이벌'이라고 매스컴에 보도되었다.

상하이방과 거리를 두고 후진타오를 예찬

왕양은 연안 지역의 지식인과 중산계급에게 인기가 높지만, 광둥성에서는 '낙하산 지도자'로 인식되어 처음에는 지방의 고참 간부 등으로부터 외면을 당했다.

애당초 광둥성은 혁명의 요람이자, 반(反)중앙의 의식이 강해 오랫동안 베이징의 의향을 거슬러왔다. 1980년대에는 '광둥 패왕(覇王)'이라고 불리고, 지방의 보스였던 예젠잉의 아들 예셴핑(葉選平)이 덩샤오핑에게 발탁되어 광둥성에서 베이징으로 부임지를 옮겼고, 그 후에는 리창춘, 장더장 등 장쩌민 직계가 광둥의 부와 이권을 확보했다. 후진타오는 가만히 기다리다가 2007년에 간신히 자신의 파벌인 왕양을 보낸 것이다. 그리고 왕양의 후임으로는 후춘화를 보낸다.

중국은 민주주의국가가 아니기 때문에 선거가 없다고는 해도, 미디어 조작으로 포퓰리즘(populism)을 이루고 있으며, 이에 더해 요즘에는 인터넷 여론이 있다. 중국 정부는 페이스북과 트위터가 형성하는 여론을 무시할 수 없어졌고, 종래의 철권 제재와 무력 탄압을 자제하게 되었다.

2011년 8월에 다롄에서 일어난 항의 집회에서, 주민들이 독성 물질을 폐기하는 화학공장의 이전을 요구하며 연좌했고, 마침내 다롄시(大連市) 당 서기가 철거를 약속했다. 처음으로 민주적 항의 행동이 열매를 맺어, 이 '다롄 모델'이 전 중국으로 퍼져 노동자의 사범이 되었다. 2011년 9월부터 광둥성 우칸촌(烏坎村)[34]에서 민주 선거를 하게 한 민주 소동은 '광둥 모델'이 되었고, 이는 '창훙타흑(唱紅打黑)'[35]을 주창하고 마오쩌둥주의(毛澤東主義)로 돌아가자고 하는 '충칭 모델'과는 달랐다.

그럼에도 왕양의 상승 지향에는 일점의 동요도 없다.

왕양(광둥성 당 서기)은 2012년 8월 24일 자 ≪인민일보≫에 "광둥 특색의 과학 발전의 길을 달린다[走廣東特色的科學發展之路]"라는 글을 기고했다.

후진타오 정권의 10년을 예찬하고, 후진타오의 경제발전 기초 이론

---

34 원문은 우칸촌(烏坎村)이나, 오기로 보인다. _옮긴이 주
35 창훙타흑: 마오쩌둥 시대의 '훙(공산주의 혁명)'을 예찬하는 것과 함께, 부패의 원인인 '흑(마피아 등)'을 박멸한다는 슬로건. 충칭시 당 위원회 서기였던 보시라이가 주창했다.

인 '과학적 발전관'[36]을 격찬하며, 이 노선을 충실히 지켜 노력한 결과 광둥은 '광둥 행복'을 이루었다고 자화자찬하는 내용이었다. 글의 일부를 보면 "경제의 산업 분야별로 요철은 있고 국제금융위기에도 직면했지만, 광둥은 견고하게 '과학적 발전관'에 의거하여 일치단결하고, 통일사상 아래에서 진취적인 정신을 받아들인 결과, 순조로운 경제발전을 달성했다"고 말한다.

성공의 원인은 "① 개혁개방 사상의 옳음, ② 중국적 사회주의 시장의 견지, ③ 산업의 전환에 역점을 둠, ④ 인민의 복지를 유념, ⑤ 당의 근간이 기업 관리를 해왔기 때문"이라고 했다. 내용이 추상적이고 애매하여 글을 음미해보려고 해도 무엇을 말하고 있는지 잘 알 수 없다. 아니, 이것이야말로 '왕양 특색의 과학적 발전관[汪洋的特色的科學的發展觀]'일지도 모르지만, 이 글에서 왕양은 후진타오를 격찬함으로써 확실히 상하이방과의 거리를 명확히 했다.

또한 당대회 중인 2012년 11월 9일에는 내외 기자와 회견하여 '일본과의 우호 재개'에 전향적인 발언도 했다.

---

36 과학적 발전관: 후진타오 전 총서기가 제17차 당대회에서 제창했다. 정치, 경제, 사회, 문화 등 여러 분야에서 중국의 근대화를 이끄는 이론으로, '지속가능한 발전'이 테마이다. 2012년 11월 제18차 당대회에서는 마르크스·레닌주의, 마오쩌둥 이론, 덩샤오핑 이론, 3개 대표론(三個代表論)과 나란히 당의 행동 지침이 되었다.

류옌둥
劉延東

파벌의 바다를 자유자재로 헤엄치는 여성 투사

1945년생. 공청단파라고 여겨지지만, 각 파벌과의 관계가 양호. 당 중앙통일전선
공작부장과 전국정치협상회의 부주석을 역임.

보시라이 부인의 영국인 살해 사건 때에 영국 방문

류옌둥은 여성 투사이다. 중국공산당 중앙정치국 위원, 전임 당 중앙통일전선공작부장[37]이다. 그녀는 유능하면서 이렇다할 정적(政敵)이 없다. 게다가 장쩌민과 후진타오와도 친한 팔방미인형으로 인맥이 광범위하며, 태자당이면서 공청단이다. 다중(多重) 파벌의 전형인 여성 정치가이다.

"그녀의 부친[38]은 일찍이 농업부 부부장을 지냈고, 또 그녀는 칭화대학에서 엔지니어링을 전공했는데, 이 점에서 시진핑과도 친해졌다. 부군인 양(楊) 모 씨[39]도 태자당이고, 외동딸은 미국 유학 중이다"라고 영국 신문 ≪텔레그래프(The Telegraph)≫가 인물평을 냈다.

2012년 7월 런던 올림픽 직전에 류옌둥은 영국을 방문했다. 당시는 중국 정계를 진동시킨 보시라이 부인의 영국인 살해 사건이 크게 보도되던 시기로, ≪텔레그래프≫ 등이 충칭에 특파원을 상주시키고 있었다.

일본을 들끓게 했던 센카쿠 열도 문제처럼, 런던에는 영국인 살인 사건에 대한 해명이 필요했다. 류옌둥은 런던에 정보를 선물할 필요가 있었다.

류옌둥는 보시라이 부인에게 살해된 영국인 닐 헤이우드에 관한 새로운 정보 중에서 "그는 2011년 11월 6일에 베이징에서 친구를 만나 식사하면서 충칭으로 갈 계획을 말하지 않았다. 그러므로 누군가의 간계

---

37 중앙통일전선공작부: 당 중앙위원회의 직속 조직. 중국공산당 이외의 정치 단체 (표면상 중국은 일당독재가 아니다)와의 제휴를 목표로 하는데, 전국정치협상회 의와 제휴하는 경우가 많다. 티베트, 타이완에 대한 공작도 주도한다.

38 류루이룽(劉瑞龍)이다. ＿옮긴이 주

39 양위안싱(楊元惺)이다. ＿옮긴이 주

로 급히 호출되어 호텔에서 혼자가 된 채 살해된 것은 11월 14일이 아닐까"라고 말했다고 한다. 이 영국인은 윈스턴 처칠(Winston Churchill)도 다녔던 명문학교 해로 스쿨(Harrow School) 출신이므로, 보시라이의 차남을 해로 스쿨로 유학시킬 때 인맥을 이용해 편의를 도모했던 것이다.

헤이우드가 친구들에게 했던 이야기를 종합해보면, 그가 자신의 위험을 감지한 것은 죽기 2년 전쯤이다. 특히 보시라이의 부인인 구카이라이(谷開來)가 신경쇠약과 같은 정신 불안증 증상을 보여, 보시라이 일가에 충성을 서약하라거나, 부인과 헤어지라는 등 영문을 알 수 없는 소리를 하곤 했던 모양이다. 헤이우드는 안전에 신경을 쓰면서 신경이 과민해졌고, 담배를 피우기 시작했다. 또한 이 2년 동안 털이 많아졌다고 한다. 이런 가십이 류옌둥의 영국 방문 시 매일같이 영국 미디어에 등장했지만 류옌둥 자신은 의외로 인기가 있었다.

류옌둥은 1964년 7월 중국공산당에 입당했고, 1970년 칭화대학[40]을 졸업했다. 그리고 지린대학(吉林大學)에서 정치학 박사 학위를 취득했다. 1982년부터 1991년까지 공청단 중앙서기처 서기, 그 이후 중화전국청년연합회(中華全國靑年聯合會) 주석을 역임했다. 1995년부터는 통일전선공작부 부부장, 2002년 통일전선공작부장으로 승진했다.

뒤이어 전국정치협상회의[41] 부주석으로서 화교(華僑) 사이에 얼굴을

---

40 칭화대학: 1911년에 베이징에 설립된 중국을 대표하는 종합대학. 이과가 중심이다. 중국에서는 베이징대학에 이어 랭킹 2위이다.
41 전국정치협상회의: 중국에는 공산당 이외에도 정당이 몇 개 존재한다. 이것은 중국이 일당독재가 아님을 드러내기 위한 대외적 퍼포먼스의 성격이 강하다. 이런 비공산당 계열의 각종 정당과 각계를 대표하는 식자, 문화인, 탤런트 등이 소속된 단체가 중국인민정치협상회의이다. 말하자면 통일전선의 형성(공산당에 의

량전잉

알리고, 2008년에는 부총리급 국무위원(교육, 과학 기술, 문화·미디어, 체육, 홍콩·마카오 담당), 제17기 중앙정치국 위원이 되었다.

최근의 성공 사례로는 후진타오의 명령을 받아 2012년 2월에 선전에 진을 치고, 홍콩의 선거인단을 닥치는 대로 불러내서 홍콩의 행정장관 선거에 개입하여 마침내 상하이방으로 분류되는 탕잉옌(唐英年, Henry Tang)을 누르고 공청단파인 량전잉(梁振英, Leung Chun-Ying)[42]을 역전 승리시킨 업적이 있다.

제18차 당대회에서도 정치국원에 머물렀다.

한 회유)으로서 기능하고 있다. 전국정치협상회의는 그 중앙 조직이다.

42 량전잉(1954~): 홍콩특별행정구를 감독하는 행정장관. 후진타오파(공청단파). 2014년 9~10월의 홍콩 민주화 시위에서 퇴진 요구 대상이 되었고, 오스트레일리아 기업으로부터 거액의 자금을 받고도 신고하지 않았다는 의혹을 받아 퇴진했다. ―원주에 옮긴이 주 추가

후춘화

胡春華

노장파 비위 맞추기에 능한, 공청단파가 떠받드는
미래의 허수아비

1963년생. 공청단파의 희망주. 광둥성 당 서기. 베이징대학 졸업 때부터 2006년
까지 오랫동안 시짱자치구 일에 종사해왔다.

후춘화는 베이징대학을 졸업한 이후, 티베트에서 당 관료로서 20년 동안의 경력을 쌓아올렸다. 티베트에서 공청단 서기를 지낸 후 허베이성 성장으로 영전해, 2010년에 네이멍구자치구 당 서기가 되었다. 아직 52세로 젊다. 이 이례적인 고속 출세는, 허베이성 성장 기간이 불과 1년반으로, 곧 네이멍구자치구의 당 서기로 영전한 것에서도 알 수 있다. 리커창도 허베이성 성장 시절을 조금 거친 후 랴오닝성 서기로 이동했고, 경력을 쌓아올리며 지방을 경험했다는 '이유'로 정치국에 진입할 수 있었다. 후춘화도 똑같은 길을 걷고 있는 것이다.

필시 다음에 "후춘화는 광둥성 서기나 베이징 서기로 특진하고, 제18차 당대회에서 정치국 진입을 이루게 될 것이다"라는 예측이 있었다. 이것은 들어맞았다.

후춘화는 광둥성 서기가 되었다.

후춘화는 보시라이 실각 직후, 네이멍구자치구 당 위원회에서 "후진타오에게 절대적 충성을 맹세한다"고 선언했다. 후진타오가 1988~1992년에 티베트 서기 근무를 마치면서 덩샤오핑에게 충성을 맹세하고 티베트 민족 탄압[43]에 '공헌'하여 중앙이 기억해 마지않을 정도로 감탄했던 것과 같이, 후진타오는 후춘화를 특별히 총애해왔던 것이다.

후춘화도 자신에게 이목이 쏠리고 있는 사태를 객관적으로 분석하고 있고, 공적인 장소나 내밀한 간부 모임에서 두드러진 퍼포먼스를 몹시 조심하고 있다. 기자회견에서도 특별히 눈에 띄는 발언을 피하고, 중앙

---

43 티베트 민족 탄압: 중국은 1949년 건국 이래, 티베트 병탄 정책을 취했다. 티베트에 대한 무력 침공을 시작으로, 티베트 민족 학살, 문화 파괴, 한화(漢化) 정책을 일관되게 펼쳐오고 있다. 후야오방이 이런 만행을 고치려고 했지만 실각했다.

기자회에서는 "네이밍구에 관한 질문에만 답한다"고 하는 등 이목을 끄는 발언을 삼가며, 앵무새처럼 "당의 단결, 사회의 안정, 조화로운 사회의 실현" 등과 같은 후진타오가 들으면 좋아할 답만 했다. 분명히, 원로들 사이에서 인기가 없는 원자바오의 방식을 기피하고 있다.

동시에, 리버럴 노선을 지향하면서 젊은 관료와 서민 사이에서 인기를 모으고 있지만, 원로들로부터 차가운 눈초리를 받고 있는 왕양 광둥성 서기와는 거리를 두고 있음을 알 수 있다.

쑨춘란
孫春蘭

제18차 당대회에서 정치국에 진입한 여걸

1950년생. 제18차 당대회를 거쳐 톈진시 당 위원회 서기에 이례적으로 발탁되었다. 여성으로서는 처음으로 직할시의 최고지도자가 되었다.

5년 후에는 정치국 상무위원 진입 가능성도 있어

지금까지 쑨춘란(제18차 당대회 직전까지 푸젠성 서기)은 무명의 여성 정치가였다.

그런데 느닷없이 대도시인 톈진시[44]의 최고지도자로 발탁되어 중국 정계에 등장했기 때문에 전 세계 매스컴이 주목했다.

쑨춘란은 허베이성 출신이며 철강과 석탄의 고을 안산(鞍山)에 있는 공업기술학교를 나왔다. 65세이다. 1969년부터 시계 공장에 근무하며, 국영방직공장의 부공장장에 발탁되었다. 1988년에 안산시 부인연합회 주임, 1993년에 랴오닝성 부인연합회 주석이 되었고, 1994년에는 랴오닝성 총공회(總工會) 주석으로 약진했으며, 그 후 2001년에는 다롄시 당 위원회 서기에 이례적으로 발탁되었다.

쑨춘란은 랴오닝성에서 오래 일했으며, 다롄시 당 위원회 서기가 된 이후에는 노조의 전국 조직인 '중화전국총공회(中華全國總工會)' 부주석을 역임했고, 이 중책을 잘 해내서 2009년에 푸젠성 당 위원회 서기가 되었다. 이 자리는 일찍이 자칭린, 시진핑이 맡았던 중요한 자리이다.

쑨춘란은 제18차 당대회에서 정치국원으로 승격했다. 여성 정치국원은 류옌둥 국무위원(70세) 등 2명뿐이다. 중앙위원급에서는 후보를 포함한 378명 중 33명이 있다.

영국 신문 ≪인디펜던트(The Independent)≫ 2012년 11월 21일 자는,

---

44 톈진시: 베이징, 상하이, 충칭과 어깨를 나란히 하는 직할시[도시의 최고위로 성(省)과 동급인 1급 행정구역]. 수(隨)나라 당시 운하가 개통된 이래로 중국 북방에서 최대의 개방항이다. 하구인 탕구에 대규모 항만과 컨테이너 터미널, 공업지대가 형성되어 있다. 최근 중국 최고의 경제성장률을 자랑하고 있다.

쑨춘란이 "5년 후에는 확실히 정치 역량을 쌓아올려 정치국 상무위원이 될 가능성이 있다"고 했지만, 실적에 대해 구체적으로 상술하지는 않았다.

단지 톈진이라고 하면 국제금융시장이며, 빈하이(浜海) 공업단지는 도요타 등 세계적 기업의 진출 거점으로, 정치국 상무위원으로 승격한 장가오리가 2012년 10월까지 서기를 맡고 있었던 중요 거점이다.

주식 및 외환 거래에서는 상해(上海)와 선전에 뒤지지만, 제2차 세계대전 이전에는 일본 조계(租界)와 국제 금융가로 유명해서 '동양의 월스트리트'라고 불렸다.

쑨춘란에게 어느 정도의 민완함을 기대할 수 있을까? 톈진은 일본 기업과 관계가 깊기 때문에 주시할 필요가 있다.

쑨정차이
孫政才

실각한 보시라이의 아성이었던 충칭시 최고지도자에 취임

1963년생. 농학 박사. 직할시인 충칭시 당 위원회 서기에 발탁되었다. 처세술에 능한 제6세대의 희망주.

아부에도 능한 정치 센스는 발군인가

정치국원이 된 쑨정차이는 장더장의 뒤를 이어 충칭시 서기가 되었고, 갑자기 낙하산 인사로서 문제의 지역으로 향했다. 벽지로 급파되어 불쌍하다는 설이 있는 반면, 보시라이 및 장더장의 후임이므로 정보를 잘 모아 공작하면 5년 후에는 분명히 정치국 상무위원이 될 것이라는 낙관적인 예측이 혼재하고 있다.

중국통에 따르면 쑨정차이에 관한 평판은 좋지 않은 것이 많은 편이다. "속이 검고 무엇을 생각하는지 알 수 없다. 보기 싫은 아첨을 떠는 남자의 전형이다"라는 악평을 가는 곳마다 들었다. 그러나 이름대로 '정(政, 정치)'의 '재(才, 재능)'가 발군이다. 즉, 중국에서 정치가로서 출세하기 위해서는 타인을 밀어내고, 권력자에게 아부하고, 뇌물을 건네야만 하는 것이다.

≪니혼게이자이신문(日本經濟新聞)≫ 2012년 11월 8일 자는 "쑨정차이는 농업 전문가이다. 베이징시 간부 시절에 중앙지도자의 눈에 들어, 43세의 젊은 나이에 농업부 부장에 발탁되었다"고 보도했다.

그것도 그럴 것이, 쑨정차이는 베이징대학 농림화학대학원을 수료한 농업 박사이다. 졸업 이후에는 베이징대학 과학원을 다녔고, 그곳의 당 부서기가 되어 정치가로 변신했다.

중국공산당 순이현(順義縣)의 당 위원회 부서기를 시작으로, 같은 현 부현장(副縣長), 현장을 거쳤다. 그리고 순이현이 베이징에 합병되어 '구(區)'로 승격되자[45] 같은 구 부서기, 구장(區長), 구 서기(書記)를 차례로

---

45 중국의 행정구역: 중국은 22성과 5자치구[광시좡족(廣西壯族)자치구, 네이멍구자치구, 닝샤후이족(寧夏回族)자치구, 신장위구르(新疆維吾爾)자치구, 시짱(西

역임하고, 제10기 전국인대에서 농림부 부장으로 발탁되었다.

　2009년 지린성 서기가 되어 전출되었는데, 너무나도 젊어 공청단파의 후춘화, 저우창과 함께 '제6세대[46] 챔피언'으로 평가되었다. 하지만 정치색에서는 중립인 듯하면서도, 장쩌민파에 찰싹 달라붙어 있다고도 할 수 있을 만큼 카멜레온 같은 면이 있다. 기본적으로 '공청단파'와는 뜻이 맞지 않는 듯하다.

藏)자치구, 4직할시(베이징, 충칭, 상하이, 톈진), 2특별행정구(홍콩, 마카오)로 33개의 거대 행정구획이 존재한다. 규모로는 성(省)급, 지(地)급, 현(縣)급, 향(鄕)급이 있으며, 현 밑이 촌(村)이다.

46　제6세대: 중국공산당의 지도자는 세대로 분류되며, 세대별로 약 10년 차이가 있다. 제1세대는 마오쩌둥·류샤오치·저우언라이, 제2세대는 덩샤오핑, 제3세대는 장쩌민·리펑·주룽지, 제4세대는 후진타오·원자바오, 제5세대는 시진핑·리커창, 제6세대는 후춘화·저우창·쑨정차이 등으로 구분될 수 있다.

왕후닝
王滬寧

장쩌민·후진타오 양 정권의 브레인

1955년생. 국제정치가 전공인 학자 출신으로 제18차 당대회를 거쳐 정치국원이 되었다. 당의 중요 이론의 기초起草에 관계하고 있다. 태자당과 가깝다.

---

47 현재 중앙전면심화개혁영도소조 판공실 주임 겸 비서장이기도 하다. __옮긴이 주

중국판 헨리 키신저인가?

학자가 정치국에 진입하는 경우는 드물다. 외교 전공으로 국제관계론 저작도 많은 학자 출신의 왕후닝은 현재 중국공산당 중앙정책연구실(中央政策研究室) 주임이다.

역대 정권의 브레인으로서 장쩌민의 '3개 대표론'[48]과 후진타오의 '과학적 발전관', '조화로운 사회'의 집필에도 참여했다. 장쩌민의 꾀주머니[智囊]라고 불렸지만, 후진타오의 꾀주머니로 이행해서 외교 연설의 초안을 작성하는 데 수완을 발휘했다. 사토 에이사쿠(佐藤榮作)의 정책 브레인이었던 와카이즈미 게이(若泉敬)와 같은 역할일 것이다.

왕후닝은 장쩌민이 상하이 서기였던 시절에 소장파 학자로 데뷔했다. 최초로 왕후닝을 주목했던 자는 장쩌민의 오른팔 쩡칭훙이었다. 여러 차례 함께 다과회를 거듭한 끝에 서로 의기투합하여, 정권의 핵심 브레인으로 여겨지기에 이르렀다.

2002년에 중앙위원, 2003년부터 정책연구실 주임 자리를 얻어, 중국의 외교정책 전반에서 정책 입안에 기여했다. 2007년에는 중앙서기처[49] 서기가 되어 덩리췬(鄧力群)의 후임이 되면서, 크게 조명을 받았다.

후진타오의 외유를 수행하는 일이 많았던 데다, 이전에 수석보좌관

---

48 3개 대표론: 장쩌민이 국가주석이던 2000년에 발표되었다. ① 중국의 선진적인 사회 생산력의 발전 요구, ② 중국의 선진적 문화의 전진 방향, ③ 중국 인민의 근본적 이익이 그 핵심이다. 장쩌민이 추진한 사회주의 시장경제 정책에 의해 분출된 모순을 호도하는 이론이다. 핵심은 자본가의 당내 참가를 인정하는 것이다.
49 중앙서기처: 중국공산당 중앙서기처. 최고지도기관인 중앙위원회, 중앙상무위원회의 사무 처리를 행하는 조직. 중앙정치국 및 상무위원회와 삼위일체를 형성하는 중요 기관.

역할이었던 링지화가 사실상 좌천되고 나서, 2012년 7월 홍콩 방문, 그이후 유럽 방문 및 9월의 유엔(UN) 총회, 아시아태평양경제협력체(APEC) 블라디보스토크 회의에도 후진타오와 동행하며 조언자 역할을 맡았다. 왕후닝은 수년 내에 상하이 서기로 전출될 가능성이 있다.

전임 상하이 서기는 위정성인데, 그는 정치국 상무위원에 들어갔고, 시장이었던 한정이 요직인 상하이 당 서기 자리에 앉았다.

【 무장인민경찰을 통솔하는 장쩌민 제자의 제자 】

멍젠주(孟建柱) ㅣ 당 중앙정법위원회 서기(정치국원)

멍젠주는 1947년 장쑤성 출생으로 1991년 상하이에 부임해 1993년 부시장을 거쳐 2001년부터는 장시성 서기에 취임했다. 장쩌민의 부하로서 이미 작고한 황쥐(黃菊, 상하이 시장 및 정치국 상무위원 역임)[50]에게서 상하이 부임 시절에 훈도를 받았다.

멍젠주

제18차 당대회를 거쳐 범죄, 특히 오직과 부정부패 단속을 책임지는 당 중앙정법위원회 서기가 저우융캉에서 멍젠주로 교체되었다. 앞으로는 멍젠주가 국내 치안 대책의 현장 책임자가 된다.

---

50 황쥐(1938~2007): 제16기 중앙정치국 상무위원, 부총리. 상하이 당 서기 천량위가 부정부패 혐의로 체포되고, 상하이 출신의 갑부 저우정이(周正毅)의 스캔들이 폭로되면서 그 배후 인물로 지목되었다. 처벌은 받지 않았으나, 췌장암으로 사망했다. ─원주에 옮긴이 주 추가

황쥐

【 공청단파 최초의 수도 최고지도자 】

궈진룽(郭金龍) | 베이징시 당 위원회 서기(정치국원)

___

궈진룽은 1947년 난징에서 출생했다. 25년 동안 쓰촨성(四川省)에서 근무했고, 시짱자치구 서기를 거쳐 2007년에 베이징시 시장이 되었다.

공청단파에서 착실하고 성실하게 일해온 정치가이

궈진룽

다. 왕치산이 구원 투수를 맡았던 베이징시 시장을 지내고, 2012년 여름에 돌연히 베이징시 당 위원회 서기에 발탁되었다. 공청단에서 최초로 나온 수도 베이징의 최고지도자이다.

링지화

令計劃

정치국위원 승격을 앞둔 순간에 악운을 맞은 후진타오의 비서

1956년 출생. 당 중앙위원. 후진타오가 애지중지하는 부하로서 당 중앙서기처 서기, 중앙판공청 주임을 역임했지만 실각했다.

상하이파의 보시라이 사건 보복

공청단파의 떠오르는 스타 중 한 사람으로서 장래가 기대되던 링지화는 커다란 기회를 놓쳤다.

당대회 개최까지 2개월이 남은 마지막 순간에도 정치의 내부 암투는 계속되었다. 중국의 권력투쟁은 일본의 민주당 대표 선거와 자민당 총재 선거처럼 어수룩한 싸움이 아니다. 피로 피를 씻는 정쟁이다.

후진타오는 보시라이 실각에 대한 상하이파의 보복으로 인해 비서인 링지화를 강등시켜야 하는 처지에 빠졌다.

보시라이가 실각하게 된 직접적인 원인은 보시라이 부인의 영국인 살해였다. 가족의 범죄로 연좌된 것이다. 하지만 링지화도 중앙판공청[51] 주임에서 통일전선공작부장으로 좌천되었다. 이 강등 인사의 내력은 2012년 3월로 거슬러 올라간다.

베이징 제4순환도로에서 페라리가 사고를 일으켰다. 페라리를 운전하던 남성이 사망하고 동승자 여성 2명도 중상을 입었다. 사고 현장의 사진은 인터넷에서 바로 삭제되었기 때문에 사고를 일으킨 자가 누구인지에 대한 억측이 불거졌다.

9월 3일 자 ≪사우스 차이나 모닝 포스트(South China Morning Post)≫가 폭로한 바에 의하면, 이 교통사고를 일으키고 죽은 이는 링지화의 아들이었다. 9월 5일 자 ≪인디펜던트≫에서 보도가 이어졌다. 3월 18

---

51 중앙판공청: 당중앙위원회 직속. 총서기의 비서 업무를 수행하는 사무 기관. 총서기 이외에도, 상무위원을 비롯한 주요 당 최고위 간부의 비서 업무를 맡는다. 신변 경호도 담당한다. 당 최고 간부들의 상세를 파악할 수 있기 때문에 큰 권한을 가진다. 중앙판공청 주임을 맡았던 사람은 상무위원이 되는 경우가 많다.

일 오전 4시에 일어난 사고에서 나체로 발견된 남성은 사망했고, 중상을 입은 여자 2명은 전라와 반라 상태였다. "두 여자는 티베트계로, 섹스 게임이 한창인 때였다"고 ≪인디펜던트≫는 전했다.

크게 파손된 페라리는 '458 스파이더'라고 불리는 신형 차종으로, 링지화가 연간 벌어들이는 수입의 50배에 달하는 금액이다. 상하이파는 당대회 직전인 인사 항쟁의 마지막 순간에 이 비밀을 정치적 카드로서 후진타오에게 들이댔던 것이다.

후진타오는 오른팔을 빼앗긴 형국이 되고, 링지화는 상하이파에 의한 보복의 희생물이 되었다.

이로써 링지화는 정치국 위원 승격 전망도 잃어버렸다. 보쉰신문망 9월 4일 자는 "최종적으로는 휴직 중인 정치협상회의 부주석으로 낙착될 것"이라고 예측했다.[52]

【 무당파에서 대두한 자수성가형 인물 】

귀성쿤(郭聲昆) | 광시좡족자치구 당 위원회 서기[53]

귀성쿤

광시좡족자치구의 당 서기를 맡은 귀성쿤은 1954년 장시성 출생이다. 1974년 공산당에 가입했으며, 베이징과학기술대학(北京科學技術大學)에서 경제관리학을 공부했고, 제16·17차 당대회에서 중앙위원 후보가 되었다. 국유기업 수개 회사의 감사 및 총경리를 역임

52 2015년 7월 링지화는 당적과 공직이 박탈되었다. __옮긴이 주
53 2012년 12월 중화인민공화국 공안부장으로 이동했다. __옮긴이 주

하고, 2004년에 광시좡족자치구에서 정계로 전출했다. 광시좡족자치구 인민정부 부주석(부성장에 해당함), 2008년부터 광시좡족자치구 당 서기, 더불어 전국인대 상무위원회 주임을 겸해 '광시왕[廣西王]'이라고 불렸다.

귀성쿤은 하방된 '지식청년[知靑]'[54] 경험도 있지만 공청파도 상하이방도 아니며 고위층의 비호가 없기 때문에 지금까지 견제를 받지 않았다.

오히려 무파벌이기 때문에 조직부장에 최적이라는 호평을 받았으며, ≪명경월간(明鏡月刊)≫은 "차기 조직부장에 발탁인가?"라고 전한 적이 있다.

【 사법의 최고직위로 옮겨진 공청단파의 신성 】

저우창(周强) ┃ 최고인민법원 법원장[55]

후난성(湖南省)이라고 하면 마오쩌둥, 류샤오치(劉少奇), 후야오방, 주룽지 등이 태어난 혁명의 메카이다. 그 후난성 서기가 저우창이었다.

저우창

2010년 왕러취안의 실각과 함께 신장위구르자치구의 당 서기에는 후난성 당 위원회 서기인 장춘셴(張春賢)이 전출되었고, 그 후임에 저우창 후난성 성장이 정해졌다. 저우창은 1960년생이므로, 55세로 젊다.

저우창은 '제6세대'의 챔피언 중 1명이다. 후진타오 국가주석과 같이

---

54 지식청년: 일찍이 농촌·산촌으로 하방된 중졸·고졸 청년, 학생.
55 원문에서는 차기 최고인민법원장 후보. 2013년 3월 취임했다.

공청단파를 대표한다.

'공청단' 출신인 저우창은 제1서기의 경험자이다. 또한 성장에서 당서기로의 출세는 단순한 횡적 이동이 아니며, 중국공산당 서열로 보면 2단계 특진에 상당한다.

저우창의 라이벌은 후춘화 네이멍구자치구 당 위원회 서기와, 쑨정차이 지린성 당 위원회 서기라고 여겨진다.

저우창은 후베이성 출생으로 서남정법대학(西南政法大學)에서 석사학위를 취득해 사법에 밝다. 1998년부터 2006년까지 공청단파의 제1서기를 맡아 두각을 드러냈고, 후난성 성장으로서는 경제 방면에서도 수완을 발휘했다고 한다. 당 중앙위원을 겸했다.

저우창은 한결같이 법률통의 길을 걸어왔다. 충칭남서대학(重慶南西大學)에서 법률을 전공하고, 법무부에서 1985년부터 1995년까지 경력을 쌓아온 후, 공청단 본부 서기를 2006년까지 맡았다.

하지만 저우창은 세 살 연하인 라이벌 후춘화에게 크게 밀리고 있다.

마오쩌둥

저우창이 "장더장의 뒤를 밟아 차기 충칭시 서기에 취임할 것으로 보인다"는 린허리(林和立, 홍콩 시사평론가로 세계적인 중국통)의 예측도 있었지만, 이는 빗나갔다.

후난성은 마오쩌둥[56]의 고향이다. 저우창은 '레이펑(雷鋒)[57]에게 배워라'는 시대착오적인 캠페인을 열심히

---

56 마오쩌둥(1893~1976): 말하지 않아도 유명한 중화인민공화국 건국의 아버지. 중국공산당 창설 당원 중 1명. 대장정, 대일전쟁, 국공내전을 거쳐 중국의 최고지도자가 되었다. 죽을 때까지 최고지도자로 군림했지만 대약진 정책, 문혁으로 중국에 처참한 혼란을 불러왔다.

57 레이펑(1940~1962): 동료를 구하려다 순직한 인민해방군 병사. 그가 모범적인

진행하는 한편, 영원한 가치(공산주의)를 새삼스럽게 중시하며, 애국정신이 가장 중요하고, 레이펑의 당에 대한 충성이 필요하다는 등 출세를 염두에 둔 발언을 반복하고 있다. 저우창은 따라서 후춘화와는 대조적으로 기자회견 등에서도 적극적으로 발언하며 미디어로부터도 높은 평가를 얻었지만, 제18차 당대회에서 정치국에 들지 못하고 최고재판소 수장(최고인민법원 법원장)으로 자리를 옮기게 되었다.

병사로 선전에 이용되게 된 계기는, 사후 그가 매일 마오쩌둥의 어록을 공부하며 "녹슬지 않는 혁명의 나사못이 되고 싶다"고 써놓은 일기가 발견된 것이다. 1963년 3월 5일에 마오쩌둥이 직접 '레이펑 동지에게 배우라[向雷鋒同志學習] 운동'을 지시하면서, 문혁 중 수없이 인용되는 인물이 되었다. 현재도 3월 5일은 레이펑 기념일로 지정되어 있으며, 2012년에는 50주기를 맞아 공산당 중앙선전부가 '레이펑 정신 실천 캠페인'을 실시했다. ―원주에 옮긴이 주 추가

제2장

계속 암약하고 있는 '원로 군단'

장쩌민

江澤民

상하이방의 수장으로서 수렴청정을 지속,
25년에 걸쳐 중국을 지배한 남자

1926년 출생. 제5대 국가주석. 덩샤오핑 은퇴 이후 최고지도자. 최근 권세에 그림
자가 드리우고 있지만, 아직 은연중의 실력자이다.

'권력 시장화'에 의한 부패의 만연

1926년 장쩌민은 장쑤성 양저우시(揚州市)에서 태어났다. 양저우라고 하면 일본에서는 간진(鑑眞) 화상의 출신지로 유명하지만, 아쿠타가와 류노스케(芥川龍之介)는 중국의 강남(江南) 지역을 여행했을 때에 양저우를 방문하고 "어쩐지 기분 나쁜 곳이다"라는 글을 남기기도 했다.

부친은 장스쥔(江世俊)으로 일본 특무 기관의 협력자였다. 장쩌민은 그런 연유로 1943년에 난징중앙대학(南京中央大學)에서 일본어를 전공했다. 그 이후 이 대학이 상하이교통대학(上海交通大學)으로 편입되어 장쩌민은 상하이교통대학을 졸업했으며, 졸업 전 해에 중국공산당에 입당했다.

잠시 식품 공장 등에서 일하며, 1953년에 제1기계공업부 상하이 제2계획분국 과장, 1954년에 제1차동차[第一汽車]로 이적하고 모스크바 연수에 파견되었다. 그래서 러시아어도 할 수 있다. 엔지니어 출신이며, 엔지니어로서 평범하게 인생을 마칠 터였다.

마오쩌둥이 사망하고 덩샤오핑의 시대가 되자 경제의 현대화, 산업의 근대화가 제창되었고, 엔지니어가 존중받아 당 간부에도 발탁되는 시대가 도래했다. 장쩌민도 이 흐름에 올라타서 1980년에 국가외국투자관리위원회 비서장, 1982년에 중앙위원, 1983년 전자공업부 부장을 지냈으며, 1985년에는 왕다오한(汪道涵)[1]의 추천 아래 이

왕다오한

---

1 왕다오한(1915~2005): 고참 당원. 상하이 시장 등을 역임. 1991년에 해협양안관계협회[중국의 대(對)타이완 교섭 창구]가 창립되자 초대 회장에 취임했다. 1990년대의 양안(兩岸)관계를 주도했다.

레적으로 상하이 시장에 발탁되었다.

1987년에는 상하이 서기가 되었다. 이 자리를 얻으면 정치국원이 될 수 있다. 그리고 1989년 천안문(天安文) 사건으로 공석이 된 총서기 자리에 기적적으로 발탁되었다.

이는 장쩌민이 후야오방을 예찬하는 기사가 게재된 ≪세계경제도보(世界經濟導報)≫를 폐간시키는 등 중앙의 원로들이 좋아할 만한 조치를 가장 먼저 실천하고, 처세에 강한 면모를 베이징 정계에 과시했기 때문이다. 그러나 동시에, 자유를 갈망하는 지식인으로부터는 사갈과 같이 미움을 받았다.

덩샤오핑은 상하시 서기인 장쩌민을 베이징으로 불러들였다. 장쩌민은 당시 베이징 정계에서 신참, 새 얼굴이었다. 오른팔인 쩡칭훙과 둘이서 베이징으로 향하기 전날 밤에는 잠을 이루지 못했다고 하는데, 좌천에 대한 공포심이 절반이었다고 한다.

맨 처음에는 원로, 고참 간부에 둘러싸여 조금씩 조금씩 총서기 임무에 매진했다. 장쩌민은 가만히 괴롭힘을 견뎠고, 덩샤오핑의 비호 아래 다음 기회를 기다렸다.

장쩌민의 경제 정책은 덩샤오핑 노선을 답습하면서, 자파를 살찌우는 '권력 시장화'였으므로 부패가 끊임없이 심화되었다.

중국공산당 고관 중 오직을 들켜도 체포·기소되는 경우는 빙산의 일각이다. 어지간히도 운이 나쁘거나, 정적이 걸어온 싸움에서 패하는 경우 정도이다.

일반적으로 정치적 비호 아래 행해지는 고관들의 오직은 상호 감시가 아닌 상호 묵인, 전체의 암묵 속에서 전개된다.

군부를 회유하고 반일 카드로 국내를 통제

덩샤오핑은 생전에 장쩌민의 주위를 군의 원로급 인사들로 공고히 하여 정권 안정에 기여했다. 그러나 장쩌민에게 킹메이커로서의 정치력까지는 주지 않고, "차차기는 후진타오"라고 지명했다.

최고권력자로서 장쩌민은 군을 회유하고, 돈을 여기저기 뿌리며 자석으로 끌어당기듯이 각 파의 이권을 배분했으며, 노회한 장악력으로 인사를 통제했다. 이를 위해 장쩌민은 '일본'(반일)을 정치 카드로 이용했다. 정권의 안정과 내부 모순의 바꿔치기이다.

군에 대한 파격적 우대 정책은 이러한 정치적 의도에서 시작되었으며, 장쩌민 수렴청정을 포함한 23년간 연속 국방예산 두 자릿수 증가라는 광기 어린 군비 확장을 실현시켰다. 장쩌민 배후에 있으면서 이 노하우를 실천한 흑막은 쩡칭훙(전임 국가부주석 및 전임 정치국 상무위원)이었다.

중국은 야마토 다마시(大和魂, 일본 정신)를 학살이라는 허위 선전으로 세뇌하고, 야마토 다마시를 다시는 부흥하지 못하게 하기 위해 여러 가지 책략을 쓰고 있다. 이것은 중국뿐만 아니라 미국과 유럽에도 공통되는 외교적 이익이며, 장쩌민은 지일파이기 때문에 이런 특성을 잘 알고 있었다.

반일 목적의 선전 전쟁을 주도한 장쩌민은 이 과정에서 권력기반을 쌓아올렸다.

중국공산당은 장쩌민의 '3개 대표론' 이후 부르주아지, 사업가, 재계 인사들에게도 당적을 인정하기 시작했다. 고관이 해외에 부동산, 예금을 가진 것은 이제 상식이며, 그들은 자식을 구미로 유학 보내고 있다.

장쩌민 정치의 4반세기는 중국의 부정부패를 낳았다. 베이징의 장쩌민 집무실이 폐쇄[2]된 것은 2012년 10월이다. 현직 13년, 중앙군사위원회 주석에 눌러앉은 것이 2년, 후진타오를 노려보며 '수렴청정'한 햇수가 10년. 이 합계 25년간 중국은 '장쩌민의 시대'로, "커다랗고 처치 곤란한 쓰레기＝장쩌민"이라고 불렀다.

장쩌민은 경제 혼돈과 부동산 버블의 기초 조건을 만들어내고, 군에 바짝 다가서서 반일을 무기로 민족주의(nationalism)를 선동하고 일류 국가의 지도자로 가장했다. 그는 일본인이 중국을 싫어하게 만든 원흉이었다. 궁중 만찬회에 인민복을 입고 등장해 "역사를 거울로 삼으라 [以史爲鑑]"는 연설을 하며 으스댔다.

장쩌민의 건강 불안설이 난무한 것은 2011년 초 봄부터이다. 초여름에는 '사망' 소식이 전해져 ≪산케이신문(産經新聞)≫은 호외까지 발행했지만 대오보였다. 장쩌민은 2011년 7월 기념행사에 등장해서 계단식 좌석에 나란히 앉아 후진타오와 악수했다.

이때 무대 뒤에서는 상하이방 대 공청단의 암투가 계속되고 있었다. '상하이방'은 장쩌민, 쩡칭훙 등이 통솔하는 장쩌민 정권에서 비대해진 이권 집단과 거기에 도움을 준 정치가를 지칭한다. 또한 공청단은 당 테크노크라트를 양성하는 엘리트 출신의 인맥으로 후진타오, 리커창, 왕양 등이 대표적 인물이다.

거짓말의 집대성을 패널 전시한 '애국교육기지'라는 시설이 중국 전

---

2 장쩌민의 집무실 폐쇄: 2012년 11월 제18차 당대회 직전, 중앙군사위원회 건물에 설치되어 있던 장쩌민 집무실의 폐쇄 사실이 밝혀졌다. 오랫동안 중앙군사위원회 주석을 맡아왔을 뿐만 아니라, 군에 커다란 영향력을 행사한다고 여겨졌던 장쩌민인 만큼, 이는 충격적인 뉴스였다. 당대회 전에 발표된 군지도부 인사에서 장쩌민 파였던 장군들이 모두 은퇴했는데, 집무실 폐쇄는 그 상징적인 사건이었다.

역에 266개소 존재한다. 장쩌민 정권이 지방정부에 명령했고, 예산도 할당했다. 역사 박물관이나 향토 역사관과 비슷한 건물에 병설·편승해서 제멋대로인 역사를 전시했으며, 신설한 설비도 있다. 이 중 208개소가 이른바 '반일 교육시설'이다. 그리고 중국 정부는 "부정확한 전시로 중일 우호를 훼손한다"는 일본 측의 항의를 못들은 체하며, "중국에 반일 기념관은 없다. 있는 것은 애국교육기지뿐이다"라고 큰소리쳤다.

중국인에게 '역사 인식'이나 "역사를 거울삼으라"는 수상쩍은 대사는, 독재자가 말하는 엉터리 역사를 "너희들은 삼가 명심하여 지켜라"는 엄명이나 다름없다. 장쩌민은 이렇게 해서 권력을 유지한 것이다.

쩡 칭훙
曾慶紅

시진핑을 뒤에서 지탱하는 노회한 군사軍師
지금까지도 태자당의 흑막

1939년생. 장쩌민이 상하이시 당 서기였던 시절부터 오른팔로 활약. 전임 중앙정
치국 상무위원.

시진핑의 이례적 발탁에 암약

천량위

장쩌민의 흑막으로 철저하게 권력기반을 강화하고, 그것을 지킨 군사(軍師)이다. 이어서 시진핑 배후에 진을 치고, 지휘봉을 휘두른 노회한 군사로 남았다.

제17차 당대회 직전, 인사 항쟁 막판에 장쩌민과 쩡칭훙이 공청단의 발을 걸고, 차기 후계자로 정해져 있던 리커창의 싹을 밟아버렸다. 상하이방은 상하이 서기인 천량위[3]가 실각한 공백을 전광석화의 솜씨로 – 무명의 남자 시진핑을 발탁하여 – 채웠던 것이다.

그러나 시진핑은 태자당조차 하나로 통합하지 못하고 있었다. 야이타 다키오(矢板明夫)는 『시진핑: 공산중국 최약의 제왕(習近平-共産中國 最弱の帝王)』에서 다음과 같은 분석을 전개했다.

시진핑은 태자당이라는 파벌의 중심인물로 여겨져 왔지만, 위로는 태자당의 정신적 지도자 쩡칭훙이 있고, 파벌 내에는 보시라이 충칭시 서기라는 강력한 라이벌이 있다. 공산당 서기에 취임하고부터, 태자당을 하나로 통합하는 데만 수년이 걸릴 것이다. 태자당과 대항하는 공청단 안에는 리커창 부총리, 리위안차오 당 중앙조직부장, 왕양 광둥성 서기 등 실력자가 있다. 그들은 후계자 투쟁에서 시진핑에 패했지만, 경마로 치자면 코나 머리 정도의 근소한 차이로 졌다. 속으로는 '시진핑 부모의 후광에는 필적하지 못하지만, 정치가로서의 능력과 개인적인 매력이라

---

3 천량위(1946~): 제16기 중앙정치국원. 2002년에 상하이시 당 위원회 서기에 취임했다. 2006년에 상하이시 간부와 기업 간부가 상하이시 사회보험기금을 횡령해 사적으로 유용한 것이 발각되었다. 천량위는 이 사건에 연좌되어 실각했다. 이듬해 8월에 체포되었다.

면 절대 지지 않는다'고 생각하고 있다.

그 때문에 반(反)태자당인 공청단이 "어느 정도 진심으로 시진핑 체제를 지탱할지가 문제지만, 거기서 흑막이 되는 것이 쩡칭홍이라고 생각한다".

쩡칭홍은 1939년 장시성 지안현(吉安縣)에서 태어났다. 부친은 쩡산(曾山)으로 홍군(紅軍) 간부였으며, 이후에 상하이시 부시장,[4] 국무원 내무부 부장을 역임했다. 모친은 덩류진(鄧六金)으로 대장정에 참가했고, 화둥보육원(華東保育院) 원장을 지냈다. 그러므로 쩡칭홍은 말할 것도 없이 태자당이다.

쩡칭홍은 베이징공업학원(北京工業學院) 자동차 전문과를 졸업하고, 엔지니어로서 정부 기관에서 일했다. 1984년에 상하이시 당 조직부장, 비서장을 역임하고, 천안문 사건에서 학생들을 지지했던 《세계경제도보》를 정간시켰다.

양상쿤

장쩌민이 총서기에 취임하자 당 중앙판공청 부주임이 되었다. 1992년에는 군에 영향력을 가진 양상쿤(楊尙昆)[5] 형제를 은퇴시켰고, 오직 사건을 폭로함으로써 최대의 정적이자 장쩌민의 방해꾼이었던 천시퉁(陳希同)[6]을 실

---

4 원문에는 시장으로 되어 있으나 오기로 보인다. 쩡산은 중국인민혁명군사위원회의 임명으로 1949년 5월부터 12월까지 상하이시 부시장을 지냈다. _옮긴이 주

5 양상쿤(1907~1998): 8대 원로 중 1명. 정치국원, 중앙군사위원회 부주석을 역임했다.

6 천시퉁(1930~): 문혁으로 하방되지만, 1971년에 복귀해 국무위원을 맡는다.

각시켰다. 그다음 샤먼 밀수 사건[7]에서는 류화칭(劉
華淸, 당시 군부의 수장)[8]을 은퇴의 길로 끌어들였다.
그뿐만 아니라 리루이환[9]을 정치국 상무위원에서
끌어내렸다.

이는 모두 장쩌민의 독재 권력을 확립하기 위한
모략으로, 쩡칭훙이 군사 및 음모가(陰謀家)라고 불
리는 이유이다.

천시퉁

2003년에는 국가부주석, 서열 제4위가 되었지만,
실질적으로는 2인자 자리에 있었다. 일본 외무성(外
務省)은 쩡칭훙의 실력을 간파하고, 일본으로 초대
하여 각별히 대접했다.

류화칭

은퇴 후에도 시진핑을 이례적으로 발탁한 음지의 주역이며, 한편으
로 저우융캉, 허궈창 등 이른바 '석유파(石油派)'를 애지중지했다. 쩡칭
훙은 자리에 구애되지 않고, '실력'을 추구하는 현실주의자(realist)로 알

1989년 천안문 사건에서는 학생들의 탄압을 실행했다. 1997년에 오직 의혹으로
당적을 박탈당했다.

7 중국 혁명 후 최대 규모의 밀수 사건. 사건의 흑막은 자칭린이라고 한다.

8 류화칭(1916~2011): 중국 해군의 아버지로 불린다. 일관되게 해군 근대화에 진력
했다. '제1열도선' 개념과 '항공모함 보유'를 제창한 인물이다. 해군사령원, 당 군
사위 부주석, 정치국 상무위원 등 요직을 역임했다.

9 리루이환(1934~): 중화인민정치협상회의 전 주석으로, '개혁파'로 분류된다. 제16
차 당대회에서 전국인민대표회의 주석으로서 2인자가 될 것이라고 예측되었으나,
돌연 퇴진했다. ≪대기원시보(大紀元時報)≫의 보도에 따르면, 쩡칭훙이 리루이
환의 나이에 맞춰 정치국 상무위원 은퇴 기준을 68세로 만들었다고 한다. _옮긴
이 주

려져 있다.

　역으로, 시진핑을 직접 섬기는 참모역이 없는 것도 이 쩡칭훙의 존재가 너무 크기 때문일 것이다.

후진타오
胡錦濤

공청단파의 세력을 크게 확대시켜
지금부터 조용히 '수렴청정'을 펼치다

1942년생. 제6대 국가주석, 공청단파 약진의 주역. 2012년 11월 제18차 당대회에서 당 총서기, 중앙군사위원회 주석 자리를 시진핑에게 물려줬다.

저우언라이의 비서였던 쑹핑이 추천하다

1942년생으로 만년 청년의 풍정도, 백발이 늘어 노화가 느껴진다.

후진타오는 공식적으로 안후이성 출생이라고 되어 있지만, 실제로는 상하이 출생이고 장쑤성에서 자랐다. 후진타오 가문은 증조부 시기부터 안후이성에서 찻집을 경영하며 차 행상도 하고 있었다. 그러나 가업이 기울면서 가난에 허덕이게 되었고, 후진타오는 이 역경을 도약의 발판으로 삼아 학문에 몰두함으로써 초등학교와 중학교에서 신동 같은 능력을 발휘했다.

빈곤한 가정 출신이지만 두뇌가 우수하다는 평가를 받아 칭화대학에 진학했다. 전형적인 우등생이었다. 그런데 대학에서 후진타오가 선택한 것은 엘리트 코스가 아니라 '수력학부'였다. 그는 말주변도 없고 적극적이지 않았으며, 학교에서는 기껏해야 노래와 춤을 즐긴 정도였다. 엔지니어는 사람 사귀는 것을 잘 못한다.

그러나 춤을 추다 알게 된 동창생 류융칭(劉永淸)과 연애결혼의 길이 열렸다. 후진타오도 장쩌민과 같이, 일개 엔지니어로 인생을 마칠 터였던 것이다.

처음에 후진타오가 배속되었던 곳은 변방 지역인 데다 오지인 간쑤성(甘肅省)의 댐 건설국 813국이었다. 그는 란저우(蘭州)에서 100km 떨어진 오지의 댐 건설 현장에서 엔지니어로 일했다. 란저우는 서유기(西遊記)의 출발지이며, 현지에서 황허(黃河)에 놓인 중산

간쑤성의 댐 건설국 813국

차오(中山橋) 곁에는 금빛으로 번쩍이는 거대한 서유
기 기념물이 있다.

쑹핑

1970년에 813국의 정치공작 담당자가 되고, 요령
좋은 보고서 작성 업무를 맡는다. 이때 상사의 눈에
들어 간쑤성 건설위원회로 영전했다. 덩샤오핑이 젊
고 유능한 인재의 발탁을 요망하고 있던 시기였다. 당
시 간쑤성 서기였던 쑹핑[10]이 후진타오를 주목하고 중
국공산당 중앙당교로 보내 '정치가 육성' 훈련을 받게
했다. 쑹핑은 중국에서 드문 청렴결백한 원로로, 저우
언라이[11]의 비서를 지냈다.

저우언라이

이윽고 개혁파의 영수, 후야오방이 젊은 후진타오
의 재능을 발견해, 그에게 중앙에서의 역할을 맡기도
록 덩샤오핑에게 강하게 천거했다. 후진타오는 1982
년에 공청단 중앙서기였던 왕자오궈[12]의 조수로 베이
징에 부임하여, 1984년에는 공청단 제1서기가 되었

왕자오궈

고, 1985년에는 간쑤성 서기에 이례적으로 발탁되었다. 1988년 티베트

---

10 쑹핑(1917~): 간쑤성 서기 시절에 후진타오, 원자바오를 발굴했다. 제14차 당대
   회에서 은퇴할 때 장쩌민의 후계로 후진타오를 천거했다. 전임 정치국 상무위원.
11 저우언라이(1898~1976): 1949년의 중화인민공화국 건국 때부터 죽을 때까지 총
   리직에 있었다. 중소분쟁으로 소련과의 사이가 얼어붙자, 일본 및 미국에 접근해
   리처드 닉슨(Richard Nixon), 다나카 가쿠에이(田中角榮)의 방중을 실현시켰다.
   문혁 시기에는 마오쩌둥을 계속 따랐다.
12 왕자오궈(1941~): 공청단 중앙서기처 서기 시절, 후진타오가 부했다. 똑같이 제
   4세대의 정치가로서 절차탁마했지만, 왕자오궈는 장로들의 노여움을 사 실각했
   다. 그 이후, 부활을 이뤄 정치국 상무위원까지 지냈다.

서기가 되어서는 당의 지시대로 라싸에 계엄령을 선포하고 티베트 인민을 탄압했다. 이를 계기로 덩샤오핑의 총애를 받아, 기적적인 출세가도를 달린다.

1992년에는 정치국 상무위원에 진입하고, 2002년에는 총서기가 되었다. 총서기가 되기 전까지는 장쩌민을 모시며 견뎠다. 결코 다른 사람의 머리 너머로 주목받으려 하지 않고 주위를 안심시켰다. 그리고 그는 노인에게서 호감을 사는 데 능한 인물이었다.

후진타오는 원래 심지가 약하고 말주변이 없다. 게다가 공처가이다. 공부만 잘하는 엘리트는 수라장을 헤쳐 나갈 담력이 없는 경우가 왕왕 있다. 게다가 후진타오는 킹메이커는 되지 못하고, 그렇다고 해서 장쩌민과 같은 어둠의 실권자도 아니고, 원로와 실력자에게 휘둘렸다.

후진타오는 일본을 다섯 차례 방문했다. 그런데도 인상이 흐릿하고, 히라바야시 다이코(平林たい子)가 나카소네 야스히로(中曾根康弘) 총리를 "대팻밥처럼 가볍다"고 평했던 것처럼, 존재감이 강하지 않다.

마지막까지 장악하지 못한 군부

중국을 지배하는 독재자는 국내의 여러 가지 모순으로부터 국민의 시선을 떼어놓기 위해 '애국' 등 싸구려 민족주의를 부르짖고, 늘 일본을 적대시하여 통치의 정당성을 얻고자 기를 쓴다. 겉으로는 싱글벙글 웃는 중국이, 국내에서는 노회하고 교활하게 악의에 가득 찬 반일 교육을 계속하고 있는 것도 그 때문이다. 말하자면 '반일'이란 국민을 결속시키기 위한 목적으로 구사하는 무기[무라카미 하루키(村上春樹)는 이것을 '싸구려 술'[13]이라고 불렀다]이며, 정치가 입장에서 쉽고 편리한 아편과도 같은 것으로, 후진타오도 이 고질병에서 벗어나지 못했다.

이리하여 후진타오 시대란, 달리 표현하면 '장쩌민의 수렴청정 시대' 였다.

2002년의 제16차 당대회에서 후진타오는 덩샤오핑의 유언에 기초해 중국공산당 총서기로 선출되었다. 2003년의 전국인대에서 국가주석, 그리고 2004년, 겨우 당 중앙군사위원회 주석이 된다. 그러나 장쩌민의 개입과 방해가 있어, 후진타오는 군권을 좀처럼 장악하지 못했고, 후진타오 색깔을 전면에 드러내는 것도 불가능했다.

후진타오가 통솔하는 공청단파는, 천천히 각지의 부시장, 부성장 자리를 얻었다. 네이멍구자치구에 후춘화, 광둥성에 왕양, 후난성에 저우창, 구이저우성(貴州省)에 리잔수가 당 서기로 취임했다. 그들 중 다수는 제18차 당대회에서 모두 약진했다.

그렇다고는 해도 다수의 지방정부 수장은 여전히 상하이파, 보수파, 지방 토호, 태자당이 차지하고 있다. 이것이 후진타오 정권 10년의 성과이다. 그리고 정권의 끝자락이던 2012년 7월에야 간신히 상하이방, 태자당, 보수파의 아성이었던 베이징에서 자파인 궈진룽을 당 서기에

---

13 村上春樹, "領土巡る熱狂「安酒の醉いに似てる」", ≪朝日新聞≫ 2012年 9月 28日. 해당 대목은 다음과 같다. "국경선이라는 것이 존재하는 이상, 유감스럽게도 (라고 말해야 하리라) 영토 문제는 피해갈 수 없는 이슈이다. 그러나 이것은 실무적으로 해결 가능한 안건일 터이고, 또한 실무적으로 해결 가능한 안건이어야만 한다고 생각한다. 영토 문제가 실무적 과제를 넘어서, '국민감정'의 영역에 발을 들여놓게 되면, 그것은 왕왕 출구가 없는 위험한 상황을 출현시키게 된다. 이것은 싸구려 술에 취하는 것과 비슷하다. 싸구려 술은 정말 몇 잔 안 되어 사람을 취하게 하고, 피가 거꾸로 솟게 만든다. 사람들의 목소리는 점점 커지고, 그 행동은 난폭해진다. 논리는 단순화되고, 자기 반복적이 된다. 그러나 시끌벅적하게 떠든 이후, 날이 밝아오면 남는 것은 기분 나쁜 두통뿐이다." ─옮긴이 주

앉히는 데 성공했다. 권력중추인 베이징을 후진타오가 오랫동안 확보할 수 없었던 것인데, 10년 걸려 이룬 성과가 이렇게 빈곤한 까닭은, 공산당 시스템의 변질에서도 찾을 수 있다.

2013년 3월의 전국인대로 국가주석 자리도 내려놓은 후진타오는 앞으로 어떤 수렴청정 정치를 펼칠 수 있을까?

원자바오
溫家寶

중국판 '입만 산 사람'
표리부동하지만 일반인에게는 맘씨 좋은 할아버지

1942년생. 지질학 전문가였지만, 후야오방의 발탁으로 중앙판공청 주임으로 활약하며 출세의 실마리를 잡는다.

수상쩍은 패밀리 비즈니스

2003년에 원자바오가 국무원 총리가 된 것은, 전임자였던 주룽지와의 연줄에 의한 것이다. 민완 총리라고 불렸던 주룽지는 금융 해방을 과감하게 처리했기 때문에, 외국인 투자가들은 원자바오에게도 동일한 행정 수완을 기대했다. 원자바오는 한동안 서민으로부터 인기가 높았고, 또한 사실은 '입만 산 사람'이지만 서방식 민주주의를 주장해서 서방 매스컴의 평판도 좋았다.

그러나 실태는 이와 크게 동떨어져 있다.

2012년 7월 14일 자 둬웨이(多維)는 "일본의 대표적 친중(親中) 미디어로 알려진 ≪아사히신문(朝日新聞)≫에 따르면"이라고 서두를 열고, 원자바오 총리의 대저택이 베이징에 있다고 전했다. 그 주소를 "천안문의 동쪽에 옛날부터 열렸던 후통(胡同) 안의, 둥자오민샹(東交民港) 17호. 예전에는 프랑스 대사관이 있던 장소"라고 폭로했다.

해당 대저택은 방이 수십 개 이상으로, 철문으로 닫혀 있고 가까이 다가가면 경비하는 군인이 "누구야, 무슨 용무야, 저리 가라"고 말하며 촬영을 금지했다. 부근 주민에게 대저택에는 누가 살고 있는지를 묻자 아무래도 원자바오인 듯하다는 답이 돌아왔다.

2012년 3월 14일, 전국인대 후 기자회견에서 "45년 동안 하루 3시간만 자면서 국가를 위해 심혈을 기울이며 노력해왔지만 아직 다하지 못한 일이 있다"고 발언한 원자바오의 요설. 그에게 '입만 산 사람'이라는 별명이 붙은 것은 부인과 자식에 대한 추문 때문이다.

원자바오의 부인 장페이리(張蓓莉)는 보석 비즈니스계의 대모로, 중국 보험 업계 2위인 핑안보험(平安保險)의 특별 고문이며 강한 유착관계를 지적받았다. 이 당시 원자바오는 일시적인 꾀병으로 입원하고 나서 위장 이혼했다고 전해졌다. 원자바오도 광산학부를 졸업해, 보석 감정에 남다른 재능이 있다.

그의 아들 원윈쑹(溫雲松)은 '베이징 유니허브(Unihub) 총재'로, 주식시장에서 활약하며 내부자 거래의 흑막으로 불린다. 2012년 봄 중국위성통신 사장에 취임한 것으로 알려졌다.

이들의 스캔들[14]을 ≪뉴욕타임스≫가 2012년 11월 2회에 걸쳐 폭로했는데, 이는 보수파의 누설이자 보시라이 잔당에 의한 보복이었다.

【 군부의 원로들 】

쉬차이허우(徐才厚) ｜ 전임 중앙군사위원회 부주석

쉬차이허우

쉬차이허우는 하얼빈군사공정학원에서 전자공학을 배우고, 지린군구(吉林軍區) 3연대를 시작으로 군인으로서 외곬 인생을 걸었다.

선양군구(瀋陽軍區)에서 두각을 드러내 1990년에 소장, 1993년에 중장(中將)에 올랐다. 모두 장쩌민 시절이다. 1996년에는 지난군구(濟南軍區) 정치위원, 정치부 부주임에 발탁되었고, 1999년에 상장을 달았다. 2002년에 총정치부 주임, 2004년에 중앙군사위원회 부주석에 취임했다. 그보

---

14 원자바오의 금전 스캔들: 제16차 당대회 전, 2012년 10월 26일 자 ≪뉴욕타임스 (The New York Times)≫는 원자바오 총리의 모친과 부인, 동생, 장남 등 친족이 27억 달러(약 2조 9000억 원) 상당을 축재한 것으로 보도했다. 친구와 지인 등 제3자가 개입된 복잡한 투자 방법으로 금융, 귀금속, 관광개발, 통신 등의 기업 주식을 보유하고 있었다고 한다.

다 연령상 위인 궈보슝(당시 70세), 량광례(당시 71세)와 함께 2012년 가을에 은퇴했다.[15]

【 군부의 원로들 】

궈보슝(郭伯雄) | 전임 중앙군사위원회 부주석

궈보슝

궈보슝은 산시성(陝西省) 출생으로 1963년에 입당했다. 군국소년[16]으로서, 그 역시 군인으로서의 외골수 인생을 살았다. 1981년에 육군 19군 55사단 참모장에 취임하고, 이후 란저우군구(蘭州軍區)에서 참모장, 1993~1997년에는 베이징군구(北京軍區) 부사령관을 지냈다. 즉, 궈보슝도 장쩌민과 가깝다. 1999년에 총참모부 부주임, 중앙위원이 되었다. 중앙군사위원회 부주석을 겸임하고, 2003년부터 정치국원을 맡았다.[17]

---

15 2015년 3월 감옥에 사망했다. _옮긴이 주
16 군국소년(軍國少年): 군국주의 교육을 받으며, 장래에 군인이 되어 국가를 위해 죽을 것을 의심하지 않고 자라난 소년을 말한다. —옮긴이 주
17 2015년 7월 뇌물 수뢰 등의 혐의로 당적이 박탈되었다. _옮긴이 주

량광례(梁光烈) ┃ 전임 국방부장

국방부장이었던 량광례는 쓰촨성 출생으로, 10대
시절부터 군국소년이었다. 1970년에 우한(武漢)사령
부 참모가 되어 두각을 드러내고, 1983년에 육군 20
군의 부사령관, 1995년에 베이징군구 사령관. 1997년
선양군구 사령관, 1999년 난징군구(南京軍區) 사령관

량광례

을 역임하고, 2002년에 참모장, 중앙위원을 겸임했다. 2008년부터 국
방부장이 되었다. 이 직함으로 일본에 방문하여 하토야마 유키오(鳩山
由紀夫) 당시 총리와 면담했다. 군 간부의 일본 방문은 드물지만, 국방
부는 중국 제도상 행정 분야이며, 국방부장의 존재감은 가벼운 편이다.
결코 미국 국방부 장관 등의 자리와 같지 않다.

쉬차이허우, 궈보슝, 량광례의 선배격인 전 국방부장 차오강촨(曹剛
川) 육군 상장은 량광례 직전의 국방부장으로 중앙군사위원회 부주석
을 맡았다. 그의 선배격이 츠하오톈(遲浩田)이었다. 그들은 앞으로 '원
로'로서 발언권을 가지게 되겠지만, 영향력은 약하다.

천빙더(陳炳德) ┃ 전 총참모부 총참모장

리지나이(李繼耐) ┃ 전 총정치부 주임

70대 군 수장

천빙더 전임 참모장과 리지나이 전임 총정치부 주임은 70대 군 수장
이다. 천빙더는 장쑤성 난퉁(南通) 출신으로, 상하이의 북쪽이라는 지

천빙더

리지나이

연으로 장쩌민 시대에 난징군구 사령관, 2002년 상장으로 승격하고 총장비부 주임, 2007년부터 참모장이 되었다. 제15차 당대회부터 중앙위원이다. 천빙더는 이스라엘 등 외국 방문이 돋보이는데, 이는 무기 기술의 획득 교섭이 목적이다.

리지나이는 산둥성 출신으로 73세이다. 하얼빈 공업대학(哈爾賓工業大學)을 졸업했고, 포병(미사일부대)에서 총정치부 부주임까지 기다시피 올라와 이후에는 순조로운 출세가도를 달렸다. 1993년 중장, 2004년부터 총정치부 주임이다. 저치 노선, 사상, 전략 입안의 중추에서 포병 출신의 기술통답게 과학기술의 발전을 중시하고, 신병을 이공계 대학 졸업자에서 대량 채용하는 방침으로 바꾼 중심인물 중 1명이다. 리지나이와 천빙더는 친구였는데, 모두 은퇴했다.

여기에서 서술한 군의 실력자는 전부 장쩌민을 배경으로 군의 요직에 있었지만, 그들이 은퇴하고 나면 대일(對日) 강경파인 류위안과 류야저우가 군부의 중심에서 강경 노선을 주창할 것이다.

【 보시라이를 감싸 수명이 얼마 남지 않은 거물 】

저우융캉(周永康) Ⅰ 전임 정치국 상무위원

18개의 저택에 여러 명의 애인설도

보시라이의 처분을 둘러싸고 저우융캉은 마지막의 마지막까지 후진타오와 격론을 벌이며 보시라이를 감쌌지만 결국 고립되었다.

저우융캉은 애당초 '석유파'의 자금 지
원을 받고 톱 나인(Top 9, 정치국 상무위원)
으로 올라섰고, 공안 분야를 좌지우지했
다. 미국연방수사국(FBI) 국장인 존 에드
거 후버(John Edgar Hoover)가 두려운 존

저우융캉

재였던 것은 정치가의 스캔들을 모두 쥐고 있었기 때문이다. 마찬가지
로 간부 약 3300명의 프로필을 쥐고 있는 저우융캉을 두려워해, 누구도
손을 내밀지 않았던 것이다.

저우융캉은 이런 상황을 마음껏 자기에게 좋게 활용하고 싶어 했다.
예를 들면 "쓰촨성 서기 시절에 애인이었던 여자와 함께하기 위해 처를
죽인 것 같다"[명경신문망(明鏡新聞網), 2012년 4월 12일]. "저우의 아들은
부친의 후광으로 간쑤성 마피아 2인자를 형무소에서 보석으로 풀려나
게 만들었다. 대신 2억 위안을 냈다"(보쉰신문망, 2012년 4월 12일 자).

저우융캉은 치명적 실수를 범했다. 추문에 말려들었고 특히 영국인
을 살해한 부인을 둔 보시라이(당시 충칭시 서기)를 막판까지 옹호한 것
은 정치국 상무위원으로서 있을 수 없는 언동이었다. 보쉰신문망에 따
르면 실은 두 사람이 끊을 수 없는 악연으로 여러 명의 애인도 '공유'할
만큼 문란한 관계이며, 뇌물·여자·부패·오직의 바다에 빠져왔던 것이
라고 한다. 다음은 보쉰신문망이 보도한 저우융캉과 보시라이의 '믿기
어려운' 관계이다.

저우융캉의 아들 저우빈(周斌)은 200억 위안의 자산가로, 그가 맡은
충칭 프로젝트는 보시라이 커넥션을 통한 것이다. 이 프로젝트의 매상
액은 400억 위안이며 그중 100억 위안의 이익으로 베이징에 18채나 되
는 저택(다수가 궁정풍이라고 한다)을 세웠다. 또한 보시라이와 왕리쥔은

저우융캉에게 차례차례로 18명의 애인을 제공했다. 이 여성들 중에는 가수, 여성 연극인, 연극 학교의 햇병아리, 여학생 등이 포함되어 있다. 이 미녀들은 6개의 맨션에 나눠 살았으며, 보시라이와 저우융캉은 애인을 공유했다. 현재의 하이난다오(海南島) 하이커우시(海口市) 시장인 쉬원린(許文林)은 저우융캉의 비서였다. 그는 보스를 보고 노하우를 배워 10억 위안을 뇌물로 축재했다고 한다.

보시라이의 실각에 연좌되어 영향력을 잃었다고 여겨진 저우융캉이지만 실상은 그렇지 않다. 그는 2012년 9월 뒤에서 반일 폭동을 연출하고, 공청단파의 대량 출세를 방해했다. 앞으로도 정국의 그늘에서 준동 세력으로 움직일 가능성이 있다.[18]

18 저우융캉은 2015년 6월 11일 무기징역을 선고받았다. _옮긴이 주

제3장

시진핑 패밀리의 민낯

키친 캐비닛

새로운 황제 시진핑의 주위를 둘러싼 것은, 중국적 특징에서 말하면 가족·친족을 비롯한 일족과 가신(家臣), 고향 인맥이며, 부수적으로 학교 동창회가 주역이다.

이 키친 캐비닛(kitchen cabinet)[1]의 전모를 확보해두는 것은 극히 중요하다.

허리펑

천시

시진핑의 최대 브레인은 모친 치신이라고 일컬어지지만, 그는 대학 동급생인 허리펑(何立峰)[2]을 참모역에 두고, 천시(陳希)[3] 등 어린 시절 친구의 발언에도 귀를 기울이는 듯하다. 덩샤오핑, 장쩌민, 후진타오의 가족들이 비즈니스를 확대하여 부호 집단을 형성했듯이, 시진핑의 자제들도 이미 홍콩에 진출하여 부동산 개발로 부호가 되어 있다. 황제의 자리를 손에 넣은 현재, 이권과 관련된 비즈니스 과점도 시작되었을 것이다. 시진핑 일가는 자산 규모가 400억 엔 이상이라고 할 만큼 대부호이다.

시진핑은 남들만큼 돈, 여자에 대한 추문 외에도 다른 아킬레스건이

---

1 직역하면 '부엌 내각', 최고지도자의 비공식적인 자문단을 뜻한다. _옮긴이 주
2 허리펑(1955~): 전임 톈진시 당 위원회 부서기, 톈진시 빈하이신구 당 위원회 서기(부시장급). 2013년 톈진시 정협 주석이 되었고, 2014년 정부장급(正部長級, 성장급)인 국가발전개혁위원회 부주임에 취임했다. _원주에 옮긴이 주 추가
3 천시(1953?~): 칭화대학 동기로 전임 랴오닝성위 부서기(부성장급). 2014년 현재 중국공산당 중앙조직부 상무부부장 겸 전국조직간부학원 원장. 중국정부망(中國政府網)은 1953년 9월생으로 적고 있다. _원주에 옮긴이 주 추가

있다. 그것은 일족이 실질적으로 해외에서 살고 있다는, 피할 도리 없는 사실이다.

누이인 치차오차오(齊橋橋)는 베이징중민신부동산개발유한회사(北京中民信房地産開發有限公司) 이사장이고, 남편은 같은 회사의 CEO이다. 이들 둘의 국적은 캐나다이다. 왜일까? 동생인 시위안핑(習遠平)은 오스트레일리아에 살고 있다.

전처인 커링링[일명 커샤오밍(柯曉明)]은 주영국 대사였던 커화(柯華)의 딸로서,[4] 부친의 인맥인지 현재 영국에 거주하고 있다. 푸젠성 시절의 '애인(愛人)'으로 불리는 여성도 빈번히 해외에 오가고 있다[참고로 중국에서 애인(愛人)은 아내를 의미하며, 한국에서 가리키는 의미의 애인은 정인(情人)이라고 한다. 섹스 파트너는 '정부(情夫)'이다]. 정확히 말하면, 푸젠성 시기 전기(前期)의 시진핑은 '독신'이었다. 단, 전처와 이혼하고 있던 시기의 애인이므로 진심이었을 것이라고 많은 이들이 분석하고 있다.

현재 시진핑의 부인인 펑리위안은 중국인민해방군 총정치부 소속 가무단장으로서, 육군 소장에 해당한다. 이 혼담을 적극적으로 진행한 이가 시진핑의 모친인 치신이었다는 이야기는 유명하다. 시진핑이 '마마보이'로 불리는 이유이다.

---

4 원문에는 가(柯)가 모두 하(何)로 나와 있지만 오기로 보인다. _옮긴이 주

펑리위안

彭麗媛

퍼스트 레이디는 희대의 '아게망ぁゖまん'⁵

1962년 출생. 군 총정치부의 가무단을 이끌고 있는 소장. 중국의 홍백가합전⁶이
라고 불리는 CCTV춘절특별연회中央電視台春節聯歡晚會⁷의 단골손님이었다.

---

5 아게망: 남자의 운세를 상승시켜주는 여자를 일컫는다. _옮긴이 주
6 홍백가합전: 일본 NHK에서 매년 12월 31일 밤에 방송하는 대표 가요 프로그램.
   그 해를 대표하는 가수들 — 여성은 홍팀, 남성은 백팀으로 나눠 출연한다. 최근에

시진핑과 군 사이의 파이프라인 역할

펑리위안은 중국의 퍼스트 레이디로서 세계를 무대로 활약한다. 뛰어난 가창력과 연기력으로 남편인 시진핑을 돕는다. 시진핑은 무명이었을 때 '펑리위안의 남편'이라고 불렸다.

펑리위안은 시진핑과 결혼할 무렵, 이미 군 소속의 국민 가수였다. 무대에서의 배짱은 만점이고, 미모가 뛰어난데도 차갑게 굴지 않는다. 좀처럼 빈틈이 없고, 남편의 출세를 위해 정치적 연기를 하는 데도 굉장하다. 예능 영역을 넘어서는 재주가 있는 여성이다.

2009년 12월에 시진핑이 방일하여 천황의 알현을 관철시켰는데, 실은 한 달 전에도 펑리위안이 일본을 방문하여 황태자와 접촉했다. 부부가 모두 일본 황실을 이용했기 때문에, 일본에서는 악평이 일어났다.

그런데 군대 가수가 왜 이렇게 인기가 높고, 게다가 육군 소장이기까지 한가 하면, 군이 전용 TV 방송국을 가지고 있기 때문이다. 이 방송국은 반일 영화를 상영하는 것뿐만 아니라, 선전 프로그램에 가요 쇼가 있고, 재해지에서의 군의 활약을 끊임없이 방송해서 국민의 인기를 부추기고 있다. 군 소속 가수로서 쌍벽을 이루는 인물은 쑹쭈잉(宋祖英)[8]

도 전반부는 30%대, 후반부는 40%대의 높은 시청률을 보이고 있다. _옮긴이 주
7 CCTV춘절특별연회: CCTV가 춘절(중국 설날) 전날에 매년 방송하는 대표 버라이어티 쇼. 중화권을 대표하는 연예인과 해외 유명 스타들을 초청하며, 2014년에는 한국의 이민호도 초청된 바 있다. 음악, 춤, 콩트, 재담, 서커스, 마술 등으로 구성된다. 줄여서 춘지에완후이(春節晚會), 춘완(春晚)으로 불린다. 최근 시청률은 30%대로, 전 세계에서 8억 명에 가까운 시청자를 확보하고 있다. ─옮긴이 주
8 쑹쭈잉(1966~): 중국 후난성의 묘족자치주 출생. 중앙민족대학과 중국음악학원(대학)을 나왔으며, 특유의 고음 창법을 앞세워 국민 여가수가 되었다. 특히 장쩌민이 좋아하는 가수였던 것으로 알려져 있다. _원주에 옮긴이 주 추가

쑹쭈잉

이다.

쑹쭈잉은 묘족(苗族) 출신의 소수민족이며, 키가 크고 미인이다. 그녀는 중국인민해방군 해군 정치부 가극단 소속으로, 실은 장쩌민의 애인이라는 설이 있었다. 장쩌민도 자신은 쑹쭈잉의 열광적 팬이라고 인정할 정도이다. 장쩌민의 명령으로 행정단위 이곳저곳에서 쑹쭈잉의 공연 티켓을 사들였다는 풍문도 있었다.

펑리위안과 쑹쭈잉은 국민적 인기를 양분할 정도의 라이벌이다. 그런데도 펑리위안은 장쩌민 앞에서 "나는 쑹쭈잉과 아주 사이가 좋다"고 선전했다. 이는 장쩌민에게 '당신의 약점을 쥐고 있다'고 시사하는 메시지였다.

시진핑의 푸젠성 시절, 리펑(李鵬)이 우이산(武夷山)에 올랐던 적이 있다. 이때 시진핑과 펑리위안 부부가 선두에 서서 안내를 맡았는데, 원로들에게 얼굴을 알리면서 다음 출세를 위한 계산을 하고 있었던 것이다. 중국에서 출세하기 위한 노하우의 핵심은 '노인 킬러', 요컨대 원로에게서 좋은 평가를 얻는 것이다.

장쩌민이 은퇴하고 저장성에 놀러왔을 때에도, 마침 장쩌민의 배경으로 저장성 서기가 되어 있던 시진핑은, 장쩌민에게 아침부터 저녁까지 달라붙어 각지를 안내했다. 그러나 가는 곳마다 고전 소양을 발휘해 시를 암송하거나, 각지의 기념관이 휘호(揮毫)를 요청할 때에 달필을 자랑하는 장쩌민의 연속되는 질문에 시진핑은 답할 수 없었다. 그 대신 관광 안내와 역사를 술술 외어 남편을 도왔던 것은 펑

시진핑의 서명

리위안이었다. 시진핑의 서명을 보아도, 이 얼마나 못쓴 글자인가 하고 혀를 찰 만큼 시진핑은 교양이 결여되어 있다.

그러므로 내조의 공을 발휘하는 펑리위안이야말로 '아게망'인 것이다.

펑리위안은 해외 공연이 많다. 일본에도 공연하러 와서 일본 황태자와 면회한 경력은 앞서 서술했다. 부부가 함께 일본 천황을 정치적으로 이용한다는 비판이 일본 내에서 거셌다. 내규인 '한 달 규칙'을 무시하고 시진핑과의 알현 스케줄을 잡은 궁내청(宮內廳)과 오자와 이치로 당시 민주당 간사장에게 비난이 집중되었다. 역으로 중국에서는 시진핑이 억지를 부려 천황을 만났을 때 몸을 뒤로 젖히며 으스댔기 때문에 평판이 높다. 황제(黃帝, 중국 건국 신화에 등장하는 제왕) 이래 전통적인 황제(皇帝)의 이미지가 덧붙는 것이다.

군인이기도 한 부인의 공로로 시진핑은 군에서 매우 인기가 좋다. 이런 부인의 존재가, 시진핑의 나쁜 평판을 지워주고 있다.

【 시진핑을 조종하는 '대모' 】

치신(齊心)

【 8대 원로인 친아버지 】

시중쉰(習仲勳)

치신(왼쪽)·시중쉰(오른쪽)

마자콘설도 있는 시진핑

시진핑의 대모 치신을 말하기 위해서는, 그의 남편, 즉 시진핑의 부친 시중쉰을 말할 필요가 있다.

부친도 공산당의 대간부(大幹部)이며, 8대 원로[9] 가운데 1명이다. 그렇지만 마오쩌둥을 거슬러서 실각한 16년 동안 죽을 만큼 괴로운 경험

캉성

을 했다. 캉성(康生)[10]의 뒷조종에 의해 실각했다. 캉성으로 말하자면, 중국 스파이의 두목, 모략의 중심, 밀고 제도의 보스, 그리고 자신의 하렘에서 마오쩌둥의 네 번째 부인이 되는 장칭(江青)을 보낸 비밀공작의 명수였다.

부친인 시중쉰은 1913년 산시성(陝西省) 푸핑현(富平縣)에서 태어났다. 28세에 중국공산당에 입당하여 서북지역에서 코뮌의 거점을 만드는 데 열중했다. 혁명전쟁 도중에는 인민해방군 제1야전군의 정치위원[당시 사령원은 펑더화이(彭德懷)]이었다.

1952년에 당 중앙선전부장이 되었고, 1953년 국무원 비서장, 1959년 부총리, 중앙위원을 겸임했다. 그런데 『류즈단(劉志丹)』소설 사건[11]으

---

9 8대 원로: 1980~1990년대에 걸쳐 당을 좌지우지한 원로파 집단. 정치국 상무위원보다도 강한 권력을 가졌다고 한다. 구성원은 덩샤오핑, 천윈(陳雲), 펑전(彭眞), 양상쿤, 보이보(薄一波), 리셴녠(李先念), 왕전(王震), 덩잉차오(鄧穎超). 나중에 교대하여 참가한 이가 쑹런충(宋任窮), 완리(萬里), 시중쉰이다.

10 캉성(1898~1975): 1898년 산둥성의 부유한 지주계급 가정에서 출생했다. 1925년 공산당에 입당했으며, 소련 유학 중 내무기관의 방첩 방법을 배웠다. 마오쩌둥의 오른팔로서 국내·당내의 정보기관을 총괄했고, 불만분자를 적발·숙청하는 데 앞장서 '중국의 베리야[소련의 비밀경찰국장]'로 불린다. 문혁 때에도 솔선해서 숙청을 행했다. 사망한 1975년 12월에는 마오쩌둥의 심복으로서 당 중앙 부주석으로 승진했다. ─원주에 옮긴이 주 추가

11 소설 류즈단 사건: 1936년에 전사한 군인이자 혁명 동지인 류즈단을 다룬 『류즈단』이 반당적이라고 낙인찍힌 사건. 이 소설은 류즈단의 동생 류징판(劉景范) 당 감찰부 차관과 그의 부인 리젠퉁(李建彤)이 집필했으며, 원고를 전달받은 시중쉰은 출판에 동의했다. 그러나 이를 알게 된 캉성 당시 당 중앙서기처 서기가 "류즈단의 이름을 빌려 가오강 사건의 명예회복을 노린다"고 비판함으로써 순식간

로, 보이보(보시라이의 부친)와 함께 실각되었다. 그리고 1978년 문혁 종료 후에 가까스로 부활했다.

부활한 이후에 최초 부임지는 광둥성이었다. 1979년 광둥성 성장, 1980년 광둥성 군관구 정무위원이 되어 경제발전에 힘을 기울이고, 선전 개발에 노력했다. 딸들이 일찍부터 홍콩에 나간 것은 이 때문이다.

1980년에는 전국인대 부위원장(국회 부의장에 해당한다), 1981년부터는 정치국원을 맡아왔다. 그 이후 1993년 은퇴할 때까지 당의 최고 직책을 차례로 수행했다. 2002년 베이징에서 사망했다. 만년에는 후야오방에 대한 비판에 동조하지 않고 보이보 일족과 대립했으며, 최후에는 책상까지 두드리며 후야오방을 옹호했다는 무용담이 전해진다.

이런 시중쉰에게 착 달라붙어 있었던 조강지처가 바로 시진핑의 모친 치신이다. 이 대모는 혁명이론파로 지금도 건재하다.

에 정치 사건으로 비화했다. 캉성은 이 과정에서 시중쉰이 소설 집필을 권고한 주모자이며, "마오쩌둥 주석과 당에 반대한 대(大)야심가, 대(大)모략가"라고 주장했다. 마오쩌둥은 1962년 8기 10중전회에서 "소설을 반혁명에 이용하는 것은 하나의 커다란 발명"이라고 공격했으며, 이에 따라 법적 절차 없이 시중쉰은 부총리에서 즉각 해임되었다. 이후 1979년부터 이 사건과 관련된 사람들의 명예회복이 이루어졌고, 회고록도 여럿 나왔다. ─원주에 옮긴이 주 추가

【 시진핑을 둘러싼 2명의 누나 】

치차오차오(齊橋橋)·치안안(齊安安)

두 누나는 장사를 잘한다

치차오차오

치안안

장녀 치차오차오의 공식 직함은 '베이징중민신부동산개발유한회사'의 이사장이다. 시중쉰 부부의 사남은 시진핑이고, 오남은 시위안핑[12]으로 국제에너지 보존 및 환경보호협회(國際節能環保協會, IEEPA)의 회장이다. 문제는 이 형제 중에서 장녀가 가장 장사를 잘한다고 일컬어지는 배경이다. 즉 치차오차오의 배우자가 발군의 비즈니스맨이라는 것이다.

남편의 이름은 덩자구이(鄧家貴)라고 한다. 베이징중민신방부동산개발유한회사의 사장이 표면적인 직책이

---

12 시위안핑(1956~): 공산당 간부 자제들만 가는 베이징 8.1소학을 졸업했다. 문혁으로 시중쉰이 실각하자 허난성으로 내려가 중학교를 다니다, 16세에 베이징에 돌아와 공장에서 일했다. 시중쉰 복권 이후 인민해방군 부설 뤄양외국어학원(대학)을 졸업하고 군인이 되었지만 곧 제대했다. 이후 무역계 정부 기관 등 여러

시위안핑

곳에서 일했고, 베이징 부동산 업체 바이위(白羽) 대표로서 베이징, 상하이, 다롄에서 맨션개발사업을 하기도 했다. 저장성에 거점을 둔 피카왕(皮卡王) 국제 그룹의 자윈(賈云) 총재와 각별한 관계로, 그룹의 고문을 맡은 적도 있다. 오랫동안 불화설이 떠돌았던 첫째 부인과 이혼했으며, 인민해방군 총정치부 가무단 출신 유명 연예인인 장란란(張瀾瀾, 1977~)과 2008년 재혼했다는 사실이 2014년 공개되었다. 첫째 부인과의 사이에 아들 시밍정(習明正)을 두었다. ─원주에 옮긴이 주 추가

다. 그렇지만 덩자구이가 밀접하게 관계된 회사는 '산시성다웨이부동산개발(陝西省達爲房地産開發)', '산시실업개발(陝西實業開發)', '선전다웨이전력공정(深圳達爲電力工程)', '선전다웨이도로건설(深圳達爲公路建設)', '선전지하철다웨이부동산개발(深圳地下鐵達爲房地産開發)' 등 주로 부동산 개발 및 지역 개발과 연관된 10여 개 업체이다. 홍콩에서 1억 5000만 홍콩 달러(약 200억 원)의 대저택에 살며, 친척들 중 다수도 홍콩으로 이주하여 부동산 투자와 개발 사업으로 부를 거머쥐었다. 그중에서도 각별한 거점 기업은 '선전다웨이투자회사(深圳達爲投資公司)로, 자산이 2300억 원 이상이라고 추정된다.

이 회사를 통해 하이테크 시대의 최대 이권이 되는 희토류(rare earth)에 투자하고 있다. '장시성희토(江西省稀土)'의 주식을 보유하고 있으며, 그 시가가 500억 원을 넘는다. 네이멍구자치구의 희토류 기업은 거의 공청단파가 보유하고 있지만, 장시성의 희토류 이권은 시(習) 일족이 확보하고 있는 구도이다.

한 가지 더 주목할 것은, 덩자구이가 그의 명의로 다롄의 '완다상업부동산(萬達商業地産, 175~177쪽 참조)' 대주주(大株主)에 올라 있는 사실이다. 완다는 보시라이와 뗄래야 뗄 수 없는 이권의 소굴로 불리며 비판의 표적이 되었던 시기가 있다.

보시라이의 멍텅구리 아들의 유럽·미국 유학 비용 외에도 유흥 비용을 전부 조달하고 보시라이에게 고급 매춘부를 소개해준 다롄스더그룹(大連實德集團)이 내리막길에 접어드는 한편, 완다그룹(萬達集團)은 중국 최대의 영화관 체인과 오락 시설을 경영하고 있다. 일전에는 미국의 영화 체인을 매수하기도 했다.

시진핑의 둘째 누나 치안안의 남편인 우룽(吳龍)에게도 주목할 필요

가 있다. 그는 광저우의 뉴포스트콤설비회사(New Postcom Equipment Co.,
新郵通信設備)의 대표이사이다. 차이나모바일의 하청 회사[13]로 설비 공
사를 맡고 있다. 말하자면 돈벌이가 너무 좋아 주체할 수 없는 것이다.

13 공기업 등에서 낙하산 직원이 내려와, 수익의 대부분을 공기업에 의지하는 계열
   사를 일컫는다. ―옮긴이 주

리잔수
栗戰書

시진핑과 공청단파를 연결하는 인물

1950년 출생. 당 중앙판공청 주임. 허베이성 정딩현正定縣 서기 시절, 시진핑과 친교를 깊이 맺어왔기 때문에, 공청단파이지만 시진핑과 신뢰관계에 있다.

수석보좌관역에 공청단파인 리잔수를 앉힌 이유

2012년 7월 18일, 구이저우성 서기 직책에서 풀려나 있던 리잔수가 시진핑의 '수석보좌관(중앙판공청 주임)'이 된다.

이 기발하다고도 할 인사는, 미국의 예로 바꿔보자면 로널드 레이건 (Ronald Reagan) 정권 발족에 즈음하여 공화당 내부의 정적이자 부시 진영의 대표 가신인 제임스 베이커(James Baker III)가 수석보좌관에 임명된 것과 같은 정치적 이변이다. 이런 비유를 드는 것은, 리잔수가 후진타오의 부하로서 공청단파의 유력 리더로 간주되었기 때문이다. 이는 "시진핑 정권이 공청단파의 협력 없이는 정권을 운영할 수 없다"는 의미이다.

리잔수는 중앙판공청 부주임을 거쳐, 주임 겸 조직부장에 취임할 것이라고 예측되었다. 직전까지의 조직부장은 리위안차오(정치국원), 그전은 원자바오 총리, 쩡칭훙 전임 국가부주석 등이 경험했던 중요 직책이다. 덧붙여 말하면 역대 중앙판공청 주임[14]은 덩샤오핑, 양상쿤, 왕둥싱(汪東興),[15] 야오이린, 후치리, 차오스(喬石), 왕자오궈, 원자바오, 쩡

---

14 중앙판공청 주임: 원래 중국공산당 성립 초기부터 중국공산당 중앙비서장이라는 이름으로 있던 직책이다(직책명은 시기에 따라 다소 변하기도 했다). 여기에서 열거하는 역대 중국공산당 중앙판공청 주임은 중화인민공화국 성립 후를 기준으로 한다. 양상쿤은 1945년 10월부터 중국공산당 중앙서기처 판공청 주임직을 맡았고 (1948년 10월 현재 명칭인 중국공산당 중앙판공청 주임으로 개칭되었다) 1965년 11월까지 재임했다. 이후의 인물들은 모두 중앙판공청 주임직을 승계한 것이다. 다만, 이 중 덩샤오핑은 예외이다. 그는 중화인민공화국 성립 이전에도 비서장을 맡은 적이 있으며, 특히 1954년 4월부터 1956년 9월까지 부활했던 중국공산당 중앙비서장을 맡았다(이후 중앙비서장직은 사라졌다). 이 때문에 지은이가 이 목록에 그를 끼워넣은 것으로 보인다. —옮긴이 주

칭훙, 왕강, 링지화이다. 거의 대부분이 그 이후 정치국 상무위원이 되었다.

리잔수는 허베이성 시절에 밑바닥 생활[16]을 하고 있던 시진핑과 친밀하게 사귀고 있었으므로, 이런 개인적 관계 때문에 "공청단파에서 중추와의 조정역에 발탁되는 것인가" 하는 소문이 퍼졌다.

그런데 리잔수의 부친은 리정수(栗政修), 숙부는 리정퉁(栗政通)으로 이들 모두 당의 중견 간부이다. 조부인 리짜이원(栗再溫)은 베이징시 당위원회, 산둥성 부성장을 역임했다. 이런 맥락에서 판단하자면 그는 '태자당'이기도 하다. 그래서 시진핑은 리잔수를 측근으로 써도 괜찮았던 것이다.

리잔수는 1950년 허베이성 스자좡시(石家庄市) 출생으로 한족이다. 허베이사범대학(河北師範大學)을 졸업하고, 1983년에 허베이성 우지현(無極縣)[17] 당 위원회 서기, 1985년 스자좡시 부서기, 1986년 공청단 허베이성 서기, 1990년에 청더시(承德市) 부서기, 1997년에 허베이성 당 상임위원, 1998년에 산시성(陝西省) 상임위원, 2002년에 시안시(西安市) 서기에 발탁되어, 같은 지구(地區)의 전국인대 주임이 되었다.

2003년에 헤이룽장성 부서기로 이동하여, 2007년에 헤이룽장성 부성장, 2008년에 성장이 되었다. 2010년에 구이저우성 당 위원회 서기,[18] 2012년에 당 중앙판공청 상무부주임을 거쳐 당 중앙판공청 주임

---

15 원문에는 왕둥싱(王東興)으로 되어 있으나 오기로 보인다. _옮긴이 주

16 1982년부터 1985년까지 허베이성 정딩현 생활을 했던 때이다. 이때 시진핑은 부총리 경뱌오(耿飈)의 비서직을 버리고 정딩현 당 위원회 부서기직(이후 서기가 된다)을 맡았다. _옮긴이 주

17 원문에는 우지(無級)로 되어 있으나 오기로 보인다. _옮긴이 주

이 되었다.[19] 즉, 지금까지 일관되게 변경의 임지에 만족하며 실적을 쌓아 올려온 수수한 존재였다. 제18차 당대회에서 정치국원이 되었다. 이 리잔수가 시진핑의 중추를 차지했다.

18 원문에는 구이저우성 상임위로 되어 있으나 오기로 보인다. 2010년에는 구이저우성 성인민대표대회 상무위원회 주임도 맡고 있는데, 이것과 혼동한 것이 아닌가 한다. —옮긴이 주
19 원문에는 2012년에 구이저우성 서기, 중앙위원 후보라고 되어 있으나 사실과 다르다. 구이저우성 서기는 이미 2010년에 되었고, 중앙위원 후보 역시 2002년 열린 제16차 당대회 때 되었다. —옮긴이 주

류위안

劉源

시진핑의 믿을 수 있는 '형님'

1951년생. 중국인민해방군 상장. 류사오치劉少奇의 아들. 태자당 친구인 시진핑과 사이가 좋다고 한다. 당 중앙위원.

류사오치의 아들은 군에서 떠오르는 스타였다

시진핑은 부친이 추방되어 있던 동안, 어떤 괴로움과 쓰라림을 맛보았는가. 그가 어떤 환경에서 유년 시절을 보냈는지 상상하고, 그의 소년 시절 교우관계를 재검토해보는 것은 중요하다. 소년 시절의 교우관계가 이후 인생의 결정적 요소가 되는 경우가 많기 때문이다.

시진핑의 주위에는 유치원 시기부터의 소꿉친구, 중학과 대학 시절의 동급생이 있어, 장래의 '키친 캐비닛'을 형성한 것은 앞서 서술했다.

그중에서도 류사오치[20]의 아들 류위안은 중앙군사위원회 위원이 되지는 못했다고 해도, 앞으로 군 내부에서 확고한 지위를 확립할 것이다. 그는 시진핑과 청춘 시절을 공유한 사이이다.

시진핑에게는 이렇다할 특징이 없고, 강력한 정치 개혁파와는 심하게 거리가 멀기 때문에, 류위안은 믿을 수 있는 형님이다.

류사오치

류위안은 고민할 것도 없이 태자당이다. 군 내에서 떠오르는 스타이다. 류사오치의 아들로서 64세이다. 시진핑은 실제로 류위안을 '형'이라고 부른다. 이미 육군 상장이며, 총후근부(總後勤部) 정치위원에 유임되었다. 군국주의 과대망상중 군인들이 집필한 『초

---

20 류사오치(1898~1969): 1921년에 중국공산당에 입당했다. 마오쩌둥의 대약진 정책(농공업의 대증산책)이 실효로 끝나자, 마오쩌둥을 대신해 제2대 국가주석이 되었다(단, 마오쩌둥은 당 총서기, 당 중앙군사위원회 주석에 계속 머물렀다). 덩샤오핑과 함께 피폐한 국내 복구에 나선 사이, 마오쩌둥의 눈엣가시가 된다. 일패도지(一敗塗地)한 마오쩌둥은 문혁을 계기로 실지 회복을 노려, 1968년에 당이 류사오치를 제명하게 만드는 상황으로 몰아넣는다. 류사오치는 원통해하다가 이듬해인 1969년 자택에 연금된 채로 죽었다.

한전(超限戰)』[21]의 저자 등과도 친하고, 반미(反美) 강경 파이기도 하며, 저작도 있다.

왕광메이

류위안은 1951년 베이징에서 출생했다. 모친은 왕광메이(王光美)[22]이다. 왕광메이는 미인이고 총명했다. 베이징푸런대학(北京輔仁大學)에서 물리학을 전공했고, 프랑스어·영어·러시아어를 구사했다. 류사오치가 국가주석이었을 때에는 퍼스트 레이디로서 세계에 알려졌다.

왕광메이의 미모와 능력에 질투를 품은 마오쩌둥의 부인 장칭은 문혁 당시 그녀를 희생양으로 삼았다. '대악인(大惡人) 캠페인'을 통해 다수 대중이 왕광메이를 규탄하게 했으며, 외국 스파이 혐의를 씌워 사형 판결을 받게 만들었다(집행유예). 그녀는 옥중 12년의 신고를 필사적으

---

21 『초한전』: 인민해방군의 차오량(喬良)과 왕샹쑤이(王湘穗)가 집필한 전략 연구서로서, 1999년에 발간되었다. 이 책에서 정의하는 앞으로의 전쟁은 테러, 외교, 금융 전쟁, 심리전, 미디어 전략 등 제한 없이 행해지는 것이다.

22 왕광메이(1921~2006): 베이징 시단 출생. 부친 왕지창은 베이양 정부의 농상부·공상부 사장이었고, 모친은 부유한 소금 장사꾼 가정 출신이었다. 학생 때는 수학과 물리를 잘하는 것으로 유명했으며, 스탠퍼드대학과 캘리포니아 주립대학에 합격했으나 조직의 뜻에 따라 옌안으로 향했다. 1948년 류사오치와 혼인했다. 1963년 11월에 류사오치를 따라 흰색의 치파오와 진주 목걸이 차림으로 인도네시아를 방문했었다. 이때 '부르주아 분자'의 옷차림을 했다는 죄목으로, 문혁의 광풍이 몰아쳤던 1967년에는 과거와 동일한 옷차림을 하고 16시간 동안 묶인 채 홍위병의 박해를 당했다. 미국 정보기관 스파이 혐의로 투옥된 그녀는 1972년에야 남편의 죽음을 알았고 아이들을 만날 수 있었으며, 1979년에 와서 공개적인 활동을 할 수 있었다. 만년에는 가난한 여성들을 돕는 일에 헌신했고, 2004년에는 마오쩌둥과 류사오치 집안 3대 자녀들을 한자리에 모으기도 했다. 원문에는 1912년생으로 되어 있으나 1921년의 오기로 보인다. ―원주에 옮긴이 주 추가

로 버텼다. 류사오치는 린치를 당해 죽고, 몇몇 자녀는 옥사했다.

왕광메이는 1980년에 겨우 명예회복되어, 정치협상회의 상무위원 등 요직에 취임했지만, 역점을 자선사업으로 옮겼고 85세까지 살았다. 이때 문혁에서 살아남은 아들 류위안은 군의 중장으로 출세했다. 그녀의 반생을 생생히 그린 작품으로 일본방송출판협회에서 2006년에 출판한 『장칭이 질투한 여자: 퍼스트 레이디 왕광메이의 인생(江青に妬まれた女-ファーストレディ王光美の人生)』이 있다.

류사오치와 왕광메이의 아들인 류위안이 중국군 중추 자리에 있는 것은 타고난 별의 운명인 것일까?

류위안의 이력을 더듬어보면, 31세에 허난성 신샹현(新鄕縣)의 현장이 그 시작이다(그때까지 문혁 중의 박해에 관해서는 말하지 않으므로 불명이다). 부친의 명예회복은 류위안의 인생에 서광을 비추었고, 그는 1985년 정저우시 부시장, 1988년 허난성 부성장으로 정치의 길을 걸었다. 그러나 41세에 돌연 무장인민경찰(武裝人民警察)로 이직했다.

2000년에 무장인민경찰 중장, 52세 되던 2003년에 군으로 옮겨 중국인민해방군 중장, 총후근부 부정치위원(副政治委員), 2005년 군사과학원(軍事科學院) 정치위원, 2007년 당 중앙위원, 2009년 상장(上將), 10년 총후근부 정치위원. 그리고 현재에 이른다.[23]

그러나 보시라이 실각 사건에 연좌되어 영향력을 잃었다고도 전해지며, 2012년 9월 '반일 폭동'을 맞아서도 일절 발언이 없었다. 제18차 당대회에서는 중앙군사위원회 위원에서 제외되었다.

---

23 원문에는 42세로 되어 있으나, 52세(2003년)의 오기로 보인다. ＿옮긴이 주

후더핑
胡德平

개혁파를 통솔하는 시진핑의 라이벌

1942년 출생. 베이징대학 졸업. 미국에 유학하여 자유·인권·민주·법치에 눈을 뜨고, 개혁파의 이론적 지주가 되었다.

민주화를 표방하는 후야오방의 아들

키친 캐비닛에 이어서, 시진핑의 태자당 라이벌들을 살펴보자. 태자당은 하나의 '당'이 아니고 친구들 간 연결 고리[輪, ring]라는 의미이다.

태자당 구성원은 대부분 부유층 계급이며, 해외 유학파도 많다.

그중에서도 가장 민주적인 리더는 후야오방의 아들 후더핑이다. 당내에서 공공연히 정치 개혁과 민주화를 주창하고 있으며, 류위안 등과 대극에 위치하고 있기 때문이다.

2009년에 일본을 방문한 후더핑(당시 직책은 중국인민정치협상회의 전국위원회 상임위원)은 나카소네 히로부미(中曾根弘文) 당시 일본 외상(外相)과 회견했다.

후더핑은 "중국에서 환경보호, 원자력의 평화적 이용, 에너지 절약 촉진이 중요한 정책 과제가 되었다. 일본은 이 분야에서 아시아와 세계에 모범을 보이고 있으므로 민간 수준을 포함한 중일 환경·에너지 절약 협력을 촉진하고 싶다. 외상의 아버님이신 나카소네 야스히로(中曾根康) 전임 총리와 내 아버지 후야오방 전임 총서기의 우호관계로부터 3대에 걸친 교류는, 부친이 남긴 중일 세대 우호를 체현하는 것이며, 이 우호·신뢰관계를 소중히 발전시켜가고 싶다"고 말했다.

장시성 소재 후야오방의 묘 앞에 서 있는 지은이

즉, 후야오방이 희귀한 지일파였던 것과 같이, 그도 친일 인사인 것이다.

후더핑은 인민출판사에서 2011년에 출판한 『중국은 왜 개혁해야만 하는가: 부친 후야오방을 생각한다(中國爲什麼

要改革-思憶父親胡耀邦)』에서 과거 '개혁'의 역사를 다음과 같이 총괄하고 있다.

　1970년대 말부터 1980년대에 걸쳐 개혁개방 정책을 적극적으로 추진한 아버지는 사람들의 근로 의욕을 이끌어냈다. 동시에 중국 사회를 풍요롭게 한다는 목표를 내걸고, 실패를 두려워하지 않았다. 문제는 권력과 이권을 내놓는 것에 저항하는 공산당원이 있었던 것이었다.

　후야오방이 가장 자랑스럽게 여겼던 것은 1984년에 구이저우성에서 개시된 '부민 정책(富民政策)'으로, 이것은 간쑤성에서도 실시되었다. 그런데 부총리였던 보이보(보시라이의 부친) 등은 후야오방을 질투하여, "부민 정책은 중국적 사회주의 시장에 반한다"는 구실을 붙여 비난했다.
　후더핑은 "개혁개방으로부터 30년, 많은 모순이 발생했다. '태평세(太平世)' 등으로 평가하는 것은 시기상조이다. 지금의 참상을 심각하게 인식하고, 더욱 위기의식을 가져야 하지 않겠는가"라고 넌지시 집행부를 비판했다.
　또한 농민, 농가, 농업이라는 이른바 '3농 문제(三農問題)'에 대해서는 "농민의 토지 권리가 지방정부의 수용에 의해 침해되어왔다"고 단정지었다.
　이는 완곡히 지방정부의 '개발 광풍'을 비판한 발언으로서, 타락한 간부가 경영하는 다수의 국유기업에 대해서도 통렬히 비난했다.

　국유기업이란 기본적으로 국민의 이익을 목적으로 존재해야만 하지만, 실태를 말하자면 회사는 특권적·독점적 활동을 인정받으면서 방대한 이익을 독점하고, 이를 환원하고 있지 않다.

이렇게 후더핑은 공산주의 독재의 시장경제라는 괴상한 시스템의 결함을 지적한다. 태자당 중에서는 자유, 민주, 법치, 인권의 입장을 명확하게 하고 있는 보기 드문 인물이다.

【 영국인 살해 사건으로 실각한 거물 】

보시라이(薄熙來) | 전 중앙정치국원 겸 충칭시 당 위원회 서기

보시라이

일찍이 시진핑이 '형'이라고 불렀던, 또 1명의 선배는 실각한 보시라이이다.

태자당의 상징이자 시진핑의 잠재적 라이벌이기도 했던 보시라이는 정치 생명을 잃었다. 부임한 충칭시에서 5000명을 조사하고 1000명 이상을 실각시켜 마피아를 응징했던 수사는 서민들에게 갈채를 받았다.

그러나 이 수사에는 날조가 많이 포함되어 있었고, 게다가 '중범죄자' 중 다수는 정적 및 정적과 비즈니스를 하는 대상인이었다. 누명을 씌워 고문하고, 거짓 자백을 기초로 관계자를 연쇄 체포하는 방식은 마오쩌둥의 무력 혁명, 인민재판의 비정한 수법, 처참한 고문과 린치 살인을 떠오르게 했다.

피고가 된 정적들의 재산은 모두 몰수되었고, 친형제와 친척도 형무소에 보내졌으며, 재보는 골고루 나눠졌다. 이것은 산적, 비적의 수법이 아닌가. 그렇다, 중국공산당은 원래 산적, 비적류였다. 그중에서도 마오쩌둥의 부대는 가장 처참한 린치 살인을 즐겼다. 보시라이가 주창

보시라이의 아들 보과과(薄瓜瓜)는 방탕한 사생활로 구설수에 올랐다(왼쪽)
보시라이의 부인 구카이라이에게는 영국인 살해죄로 사형 판결(집행유예)이 내려졌다(오른쪽)

한 '창훙타흑', '마오쩌둥주의로 돌아가자'고 하는 충징 모델은 살인과 고문, 비적의 강도질을 장려한 것으로, 보시라이 실각을 결정적으로 만든 2012년 3월 원자바오 총리의 기자회견은 그 실태를 파악하고 암시한 것이다.

3개 파로 분열된 태자당

시진핑을 둘러싼 류위안파와 후더핑(후야오방의 아들)파가 태자당의 세력을 크게 분할한다.

시진핑은 형뻘이었던 보시라이를 잃고, 일시적으로 기운이 빠졌었다고 한다. 이것은 중추의 권력투쟁으로, 후진타오가 통솔하는 공청단과의 파벌 간 싸움에서 열세에 몰렸기 때문이라는 해석이 많다.

그러나 시진핑과 같은 태자당의 떠오르는 스타이자, 카리스마 넘치는 보시라이는 잠재적 라이벌이며, 그의 실각은 장래의 2인자를 미연에 제거하는 의미에서 볼 때 오히려 환영해야 할 일이었다.

시진핑의 주변을 둘러싼 충신 집단 중에, 군에서 대두하고 있는 인물이 류위안(상장, 총후근부 정치주임)이라는 사실은 이미 기술했다.

류사오치는 민주화를 목표로 한 위대한 지도자였다는 내용의 문고본 『우리들의 문화 역사관을 개조한다(改造我們的歷史文化觀)』를 쓴 자는 장제성(張杰生)이다. 이 책에 긴 서문을 쓴 사람은 류위안이다. 즉, 장제성은 류위안의 대변인이다. 이 책에서 감지할 수 있는 것은 태자당인 류위안 아래 모인 소장당파, 군인 등은 '신민주주의(新民主主義)'라는 개념을 제창하고 있으며, 군국주의적·국가주의적인 색채가 극도로 강하다는 점이다.

민주주의를 제창하면서도 그것과 모순되는 군국주의를 목표로 해야 한다고, 중국은 사자후(獅子吼)를 토해내고 있다. 하지만 이것이 태자당의 총의(總意)는 아니다.

그들은 후진타오·원자바오의 바오바(保八, 경제 안정화)를 "유약하며, 위기를 목전에 두고서 대책이 느리고 무작위이다"라고 비판하지만, 자신의 부모들을 실각시켰던 홍색(紅色) 정권(공산주의 도그마의 독재)에는 비판적이다. 그래서 '신민주주의'가 '공산주의' 도그마의 질곡으로부터 초월할 수 있는 새로운 철학적 개념이라고 자화자찬하며, 또한 중국공산당의 합법성을 주장한다.

논리 구조는 지리멸렬하다고밖에 할 수 없지만, 그 논리적 모순과는 상관없이 새로운 도그마를 제창하고 있는 점이 특징이다. 그 모순이 극대화된 포인트는 태자당 안에서도 문혁으로 실각한 부모를 가진 그룹을 감싸는 점이다. 사실 류위안 등은 실각 직전까지 보시라이를 지지했다.

한편 태자당 안의 다수파는 후더핑파인데, 류위안파와는 극점에 있어 '자유민주'를 주장하는 개방성을 가지고 있다.

그중에서도 태자당의 유지(有志) 등이 조직한 전 파벌 횡단적인 태자당의 우의 그룹 '옌안아녀연의회(延安兒女聯誼會)'에 이목이 쏠린다.

맨 처음에는 베이징의 엘리트 학교의 동창회 같은 존재였다. 당 고위 관료의 자녀가 모인 전국적인 조직이 되었고, 현재 회장은 후차오무(胡喬木)[24]의 딸 후무잉(胡木英)이다. 2012년 춘절에 개최된 총회에는 1200

명이 모였고, 후야오방의 아들인 후더핑, 천이(陳毅)[25]의 아들 천성쑤
(陳昇蘇), 마원루이[馬文瑞, 산시성(陝西省) 서기][26]의 아들 마샤오리(馬曉

24 후차오무(1912~1992): 장쑤성 옌청현(鹽城縣)에서 태어났다.
1930년 공청단에 가입하고 2년 뒤 공산당에 입당했다. 마오쩌
둥의 정치비서를 오래 지냈으며, 1948년 신화사통신 사장, 당
중앙선전부 부부장으로서 마오쩌둥 선집을 편찬했다. '약간의
역사 문제에 관한 결의'(1945), '중화인민공화국 헌법'(1954) 등
을 기초했고, 그가 기초하고 마오쩌둥이 감수한 ≪인민일보≫

후차오무

의 사설 "응당 영화 〈무훈전(武訓傳)〉에 대한 토론을 중시해야 한다"(1951)는 신
중국 성립 후 첫 문화비판운동을 불러일으키기도 했다. 또한 1951년에 쓴 『중국
공산당 30년』은 당시 가장 중요한 당사라는 공식 인정을 받았다. 1956년 중앙위
원, 중앙서기처 후보 서기가 되었다. 문혁 시기에 비판받았으나 1974년 부활하
여, 1978년부터 중국사회과학원 원장, 1982년 중앙정치국위원이 되었다. 1987
년 일선에서 물러났지만 보수파의 중진으로서 리펑을 지지했다. 1992년 베이징
에서 사망했다. ─원주에 옮긴이 주 추가

25 천이(1901~1972): 쓰촨성 러즈현(樂至縣)의 중산층 지식인 가
정에서 태어났다. 1919년 근공검학 프로그램으로 프랑스에 유
학했다. 1921년 유학생 대상 학생운동을 지도한 혐의로 강제송
환되었고, 1923년 중국공산당에 가입했다. 홍군에 가담하여 사
령관 직위까지 올랐으며, 중화인민공화국 성립 후에는 초대 상
하이 시장, 1954년 국무원 부총리, 1955년 군 원수(중국 10대

천이

원수 중 1명이다), 1958년 외교부장 등을 맡았다. 문혁 시기인 1969년 실각하여
공장에서 노동자로 일했으며, 1972년 베이징에서 사망했다. ─원주에 옮긴이 주
추가

26 마원루이(1912~2004): 산시성 쯔저우현(子洲縣)에서 태어났다.
1926년 공청단에 가입하고 2년 뒤 공산당에 입당했다. 옌안항일
군정대학을 졸업하고 1944년부터 중공중앙서북국 조직부 부부
장, 부장, 서북국 상무위원, 서북국 당교교장, 서북국 기율검사위
원회 서기 등을 지냈다. 신중국 성립 후 1952년 서북국 부서기

마원루이

장징궈

力) 등이 한자리에 모였다.

마샤오리도 태자당 안에서 자유, 민주, 법치, 인권을 주장하는 '민주파'의 대표격으로, "우리의 정부는 특권계급을 위해 있는 것이 아니며, 인민을 위해 진력하는 정권이 되어야만 한다"고 말했다. 회장에는 시진핑의 누나와 이복누나인 시첸핑(習乾平) 등도 있었지만, 후야오방, 자오쯔양의 민주화를 평가하는 목소리가 이곳저곳에서 나왔다. 마샤오리의 부친 마원루이는 옌안에서 일하던 시기에 시진핑의 부친 시중쉰의 동지였으며 전선에서 함께 싸웠다. 두 사람은 '류즈단 사건'으로 실각된 인연으로 묶여 있다.

그러나 마샤오리는 이렇게 말했다.

"우리는 장제스(蔣介石)의 아들인 장징궈(蔣經國)[27]에게 배워야만 한다."

즉, 타이완의 민주화는 장제스의 아들 장징궈의 결단으로, 본성인(本省人)인 리덩후이를 후계자로 지명한 것에서 개시된 점에, 다음 중국의 정치적 개편 포인트가 있음을 시사한 것이다.

태자당은 이렇게 좌로 우로 성운과 같이 분열 상태지만, 대립 구조를

겸 조직부 부장, 1954년 중화인민공화국 노동부 부장, 1956년 중앙후보위원을 지냈다. 류즈단 사건(118~119쪽 각주 11 참조)으로 1968년 시중쉰, 류징판과 함께 '시마류 반당 집단'으로 몰려 체포되었다. 1977년에 부활하여 국가계획위원회 주임, 1977년 중앙당교 부교장, 1978년 산시성(陝西省) 당 위원회 제1서기, 1984년 전국 정협 부주석을 역임했다. 1990년에는 중국옌안정신연구회를 결성해 회장을 맡았다. 2004년 베이징에서 사망했다. —원주에 옮긴이 주 추가

27 장징궈(1910~1988): 장제스의 장남. 한때 아버지와 대립하여 공산주의자가 되어 소련에 유학했다. 후년에 화해하고 중국국민당에 입당했다. 중화민국(타이완) 제6·7대 총통을 지냈다.

내포하면서도 현상 유지에는 이해가 일치한다. 그 최대공약수 합의에서는 '특권을 유지하는' 목적이 있다. 이를 위해 그들은 사상적·정책적 소이(小異)를 버리고 대동(大同)에 붙는다. 시진핑에게 '유지회장'이라는 별명이 붙은 이유이다.

【 덩샤오핑이 남긴 유산 】

'죽음의 상인', 중국 바오리그룹(保利集團)의 허핑

덩샤오핑 일족의 아성=바오리그룹

노골적인 태자당계 정치 상인이 모인 상사(商社)가 있다.

시장경제로의 길을 연
덩샤오핑(왼쪽)
바오리그룹을 이끄는
허핑(오른쪽)

국무원의 관할 감시 아래 있는 거대 기업으로는 몇 개의 그룹이 있고 상세는 불명이지만, 무기를 수출하고 있는 '죽음의 상인' 바오리그룹이 유명하다. 사장은 허핑(賀平)이다.

허핑은 덩샤오핑의 사위이다. 1996년 미국에 자동소총 2000정이 밀수되어, 사상 최악이라고 불린 총기 밀수 사건과 관련해 미국의 수사 대상이 되기도 했다.

이 기업의 총수인 중국 바오리그룹 부회장 겸 총경리[28] 허핑은 군의 총장비부 소속 소장이었다. 허뱌오(賀彪) 장군의 아들이며, 동시에 덩샤오핑의 사위이다. 다른 임원을 보아도 지쥔(姬軍) 부회장은 지펑페이

---

28 2010년 이사장직을 퇴임한 후 중앙기업 중 유일한 명예이사장에 올랐다. ─옮긴
  이 주

지펑페이

예젠잉

(姫鵬飛)[29] 전임 부총리의 아들이며, 덩룽(鄧榕) '중국 국제우호연락회' 부회장 겸 '중러우호평화·발전위원회' 부주석은 덩샤오핑의 딸이다.[30] 왕샤오차오(王小朝) 부총경리[31]는 전임 국가주석이었던 양상쿤의 사위이다. 예쉬안롄(葉選廉)은 '광둥패왕'으로 일컬어졌던 예젠잉[32]의 아들이다. 그야말로 덩샤오핑 일족의 '상권아성(商圈牙城)'이라는 느낌이다.

일본 기업과도 관련이 깊어, 2003년에는 사가와규빈(佐川急便)과 합작으로 '바오리사가와물류유한회사'를 설립했다. 외국자본의 물류 사업은 통관과 트럭 수송 등에서 분야별로 규제되고 있지만, 사가와는 바오리와 손을 잡음으로써 '전국노선수송'의 라이선스를 취득하고 중국 전역에 물류 사업을 전개할 수 있게 되었다.

허핑은 합작 축하식에서 "양자의 제휴는 중국 정부에게도 지지받고 있으며, 새 회사 설립에 관한 일련의 인가 수속은 겨우 1개월 만에 완료했다"고, 그 배경에 있는 '정치력'을 솔직하게 말했다.

식전에는 장쩌민이 축사도 보내올 정도였는데, 중국에서 비즈니스를 전개하는 데 정치 커넥션의 강력함이 얼마나 효과적인지 알 수 있다.

바오리그룹은 국무원의 승인 아래, 1993년 '바오리과학기술유한회사

---

29 지펑페이(1910~2000): 국무원 부총리, 외교부장 등을 역임했다.

30 허핑의 부인이다. _옮긴이 주

31 현재 이사 겸 그룹 내 공산당위 부서기 및 기율검사위 서기이다. _옮긴이 주

32 예젠잉(1897~1986): 인민해방군 창설 당시 공로자 중 1명. 전국인대 상무위원, 국방부장. 사망하기 직전까지 군에 강한 영향력을 가지고 있었다.

(保利科技有限公司)'를 중심으로 설립되었다. 처음에는 무기 수출이 전문이라는 소문이 돌아, 비밀이 많고 데이터가 전혀 없었다. 지금은 무역, 부동산을 핵심 사업으로 하고 있다. 특히 국제무역이 핵심 비즈니스로, 관련 기업인 '바오리과학기술그룹'이 군사 관련 제품의 무역을 담당하고 있다. 또한 석탄 채굴과 철광석·원유 탐사 등의 자원 사업에도 투자하고 있다.

부동산 사업에서는 무려 합계 2800만m²나 되는 광대한 토지를 취득하고, 바오리부동산집단주식회사(保利房地産集團股份有限公司)가 개발사업자를 맡고 있다.

이 그룹은 골동품 매매에도 손을 뻗고 있는데, 산하의 베이징바오리국제경매유한회사가 미술품 경매 전문이다. 특히 일본에서 되사오는 골동품 경매에도 관여해, 청나라 말기 고궁에서 유출되었다고 하는 명·청 시기 도자기 경매에 최고액 16억 원의 고가가 나와 화제를 모았다.

리샤오린
李小琳

리펑의 딸이자 '태자당의 여걸'

1961년 출생. 리펑 총리의 딸. 중국전력국제발전회사中國電力國際發展公司 CEO. 중국 재계에서 눈부시게 활약한다. 태자당.

고급 브랜드를 몸에 걸친 중국전력국제발전회사 CEO

태자당 안에서도 떠오르는 존재가 리샤오린이다. 이 여걸은 리펑[33]의 딸이다.

> 사행심은 욕망이 근원이며, 욕망은 사람을 행복하게 하기보다 불행하게 만든다. 물건을 중시하고, 주지육림(酒池肉林)인 욕망의 세계에서 벗어나 부패를 없애지 않으면 길거리에서 객사하게 된다. 우리는 욕망을 억누르고, 검약에 힘쓰고, 도덕을 지키는 것을 국론으로 하여, 건강한 생활을 보내야만 한다(요지는 보쉰신문망 2012년 4월 3일 자[34]).

[33] 리펑(1928~): 국무원 총리, 전국인대 상무위원장, 정치국 상무위원을 역임했다. 1989년은 천안문 사건에서는 강경책을 주장했다. 또한 일본에 대해서도 "저런 나라는 20년 내에 사라져 없어진다"고 발언한 것으로 전해진다.

리펑

[34] 해당 기사는 보쉰신문망이 둬웨이를 인용한 기사 "李鹏之女李小琳穿万元套装大谈勤俭节约"로 추정된다. www.boxun.com/news/gb/china/2012/04/201204030815.shtml에서 확인할 수 있다. 다만 "주지육림(酒池肉林)인 욕망의 세계에서 벗어나 부패를 없애지 않으면 길거리에서 죽어 버려지게 된다." 부분은 잘못된 인용일 가능성이 높다. 이 부분은 두보의 '경사에서 봉선현으로 가며 느낀 시 오백 재自京赴奉先縣詠懷五百字]'에 나오는 유명한 시구 "고관들 집에는 술 냄새와 고기 썩는 냄새가 진동하는데, 길거리에는 얼어죽은 해골이 나뒹군다[朱門酒肉臭, 路有凍死骨]"를 번역한 것으로 추측되는데, 해당 기사에서 이 시구는 리샤오린에 비판적인 네티즌이 그녀의 말과 실제 생활 간 괴리를 풍자하기 위해 언급한 것이다. http://news.qq.com/a/20120401/001134.htm에서 해당 강연의 요지를 확인할 수 있다. 그녀는 욕망 및 다른 사람과의 비교는 행복을 가져오지 못한다고 주장했다. ─옮긴이 주

이 강연자는 리샤오린(중국전력국제발전회사 CEO)이다. 저우언라이의 양자 리펑 전 총리의 장녀로, 말할 것도 없이 3대째이다. 리샤오린은 리펑의 현직 시절, 23세의 나이로 원자력 관련 기관의 부주임에 취임했다. 당시 커다란 검은색 리무진을 타고 홍콩의 유명 부티크에 도착해서, 보디가드를 거느리고 산더미 같은 쇼핑백을 든 채 쇼핑하고 있는 모습을 홍콩 미디어에 파파라치당한 적도 있다.

2009년 4월 보아오 포럼(다보스 포럼의 아시아판으로 중국이 주도한다)에서 리커창 부총리가 기조연설을 했고, 로버트 죌릭(Robert Zoellick) 세계은행 총재, 저우샤오찬 중국인민은행 총재, 마리오 몬티(Mario Monti) 이탈리아 총리 등이 참가했다. 물론 리샤오린도 재계의 거물로서 참가했지만 본회의에는 뒷전이어서, 인터넷에는 리샤오린에 대한 비판이 난무했다.

그러한 비판 가운데 전형적인 한 가지 예를 들면 다음과 같다.

벼락부자[暴富, 태자당의 부자를 지칭한다]가 행복이니 도덕이니 하고 다른 사람들에게 말해? 수만 위안짜리 옷을 걸치고, 수십 위안짜리 시계를 차고, 수백만 위안짜리 외제차를 타고, 수천만 위안짜리 호화 저택에 사는 사람이 도덕을 말하다니 우습기도 하고, 가소롭기 짝이 없다.

이 보아오 포럼 직전에 베이징에서 목격된 바에 따르면 "43세인 리샤오린이 착용한 양복은 1만 4000위안의 최신 에밀리오 푸치(Emilio Pucci)였다"(같은 기사).

1만 4000위안은 약 240만 원이다. 에밀리오 푸치는 일본에서도 미쓰코시(三越), 이세탄(伊勢丹) 등 십수 개 점포에 입점해 있는 고급 부티크로, 본사는 이탈리아의 피렌체에 있다. 리샤오린은 이러한 사치에 관한 기자들의 질문에 "노력이요, 제가 노력한 결과지요"(뤄웨이, 2012년 4월 24일 자)라고 반론했다.

제4장

반당반민 半黨半民 기업과
비즈니스 리더들

차이나 드림은 존재했는가?

【 '붉은 자본가' 룽이런의 아들 】

룽즈젠(榮智健) | 중국국제신탁투자공사 전임 CEO

덩샤오핑의 개혁개방, 대부호 탄생의 계기

홍콩 잡지 ≪개방(開放)≫ 2010년 6월 호가 특집을 냈다. "중국의 특산품은 태자당 부호와 태자당 기업이다"라고 비꼬며 시작되는 분석 기사를 읽어보면, 부의 엄청난 편재를 파악할 수 있다.

룽즈젠

권력자는 중국을 농단(壟斷)하고 권세를 휘두르며 자금을 조달하고 자원과 토지를 찾아 헤매고 일족이 경영하는 기업에 편의를 도모하고 법률을 적당히 조종하여 기회에 편승하며 탈취하는 시스템을 구축했다. 그들의 대다수는 미국과 영국에 유학해서 관리 방식을 학습하고 외국 자금을 도입해서 그들의 인맥에만 이권을 주고 그 이권을 독점했다. 바로 독재 정권이기 때문에 가능한 것이다.

중국 부호의 시작은 '개혁개방'을 먼저 말한 덩샤오핑 일가에서 시작된다.

덩샤오핑은 문혁 당시 건물에서 내던져져 신체 장애자가 된 장남 덩푸팡(鄧樸方)에게 '캉화그룹(康華集團)'의 경영권을 내주었다. 수출 판로를 독점하고 있는 터널 기업의 전형이었다. 차남 덩즈팡(鄧質方)은 미국에서 양자물리학 박사 학위를 취득했는데, 귀국 후에는 오로지 '경제특구'의 부동산 개발에만 손을 댔다. 장녀의 남편 우젠창(吳建常)은 합금(合金) 산업의 총괄 기업을 경영했고, 차녀의 남편 허핑은 군의 장비 관련 비즈니스를 담당했다.

이리하여 덩샤오핑 일가는 혁명 후 중국에서 최초의 대부호가 되었다. 스위스의 은행에 비밀리에 예금되어 있는 예금은 5억 달러라고 전해진다.

자산 17억 달러의 초대형 부자

룽이런

동시에 덩샤오핑은 '홍색 자본가'라고 불려진 룽이런(榮毅仁)[1]을 '중국국제신탁투자공사(中國國際信託投資公司, CITIC)'의 톱에 앉히고 국제 비즈니스의 주역으로 만들었다. 그리고 그의 아들 룽즈젠을 홍콩 CITIC 회장 자리에 앉혀 다국적 기업을 경영시키고, 군의 실력자 왕전(王震)의 아들 왕쥔(王軍)과 손잡고 모든 국가 이권을 홍콩에서 장악하고 영화를 누렸다. 룽즈젠은 세계 각지에 별장, 리조트, 요트를 소유하고 '중국 부호 제1위'를 계속 이어갔다.

룽즈젠은 2005년판 ≪포브스(Forbes)≫에서 중국에서 제일가는 부호로 선정되었으며, 자산은 17억 달러라고 알려졌다.

룽가(榮家)의 루트는 상하이에서 섬유 공장 등을 경영했던 룽더성(榮德生)이며, 중국공산당이 입성했을 때 가장 먼저 공장 전부를 중국공산당에 내놓아 신상의 안위를 도모했다. 따라서 정협 위원이 되고, 1957

---

1 룽이런(1916~2005): 중국국제신탁투자공사의 창설자이다. '붉은 자본가'라는 별명을 얻는다. 전국정치협상회의 부주석, 전국인대 상무부위원장을 거쳐 1985년 비밀리에 중국공산당에 가입했다. 장쩌민 정권 시절인 1993년 국가부주석에 선출된다.

년에는 상하이시 시장에 취임했다.

룽이런은 이런 이력 때문에 개혁개방 당시 '붉은 자본가' 제1호로 불렸다. 그 이후 국가부주석에서 전국인대 상무위원장으로 올라갔다.

아들인 룽즈젠은 홍콩을 거점으로 CITIC 퍼시픽[중국명 중신타이푸(中信太富)] 회장에서 시작해 자원 회사, 투자 회사, 부동산, 은행 등을 경영하는 복합기업(conglomerate)을 형성하고, 특히 광저우시 톈허구(天河區)의 금융 센터에는 80층짜리 빌딩을 건설해서 광저우의 랜드마크가 되었다. CITIC 퍼시픽은 구미의 금융 업계와도 깊은 관계에 있고, 로스차일드 및 록펠러와의 교우관계도 유명하다.

홍콩에서는 스와이어그룹(Swire Group)을 매수하고, 케세이항공, 드래곤항공을 산하에 넣는다. 그러나 2009년에 앙골라에 대한 투자 실패 이외에, 오스트레일리아 달러 투기에도 실패하여, 룽즈젠은 표면적으로는 최고경영자 자리에서 내려와 창전밍(常振明)[2]에게 바통을 넘겼다.

【 10억 대의 시장을 장악하고 있는 통신왕 】

시궈화(溪國華) | 중국이동유한공사 회장

대기업 3사가 독점하고 있는 중국의 휴대 통신 비즈니스

중국의 휴대전화는 10억 대를 돌파하고 있다. 인구가 일본의 10배이기 때문에 보급도 10배인 것은 당연하지만 시장 대부분이 구식이다. 통

---

2 창전밍(1956~): 중국 베이징 출신으로 1979년 베이징 제2외국어학원(北京第二外國語學院)에서 일본어를 전공했다. 2004년 중국건설은행 은행장, 2009년 중신타이푸 회장에 취임했다. _옮긴이 주

신료도 월 800~900엔이 평균이다. 구매력 평가로 환 산한다면 4000~5000엔, 이 사용료가 10억 명 분이기 때문에 '얼마나 벌까?' 웃음이 멈추지 않는 수지맞는 비즈니스이다.

시귀화

이에 더해 전화는 고정 전화, 팩스, 텔렉스까지 포 함해 통신 주권에 속하는 비즈니스이기 때문에 국가 독점이다. 구미와 일본과 같이 통신 기업이 민간에서 자유경쟁하는 형태는 있을 수 없다. 그 이유는 국가가 관리하지 않으면 방청도 도청도 정보 조작도 불가능 하기 때문이다.

중국의 통신 대기업은 3개사로, '중국이동[中國移動, 전체 이름 중국이 동유한공사(中國移動有限公司), 영문명 차이나모바일(Chhina Mobile)]', '중 국전신(中國電信)', '중국연통(中國連通)'이다. 매상도 이 순서로 2655억 위안, 1380억 위안, 1216억 위안(2012년 상반기 업적)이다. 가맹 계약 수 도 같은 순서로 6억 8303만 대, 1억 4418만 대, 2억 1924만 대이다. 3위 인 중국연통의 성장세는 3G의 매상 맹추격이 주요 원인으로 언급되고 있다.

이 업계 제1위인 중국이동을 이끌고 있는 이는 시귀화(64세)이다.

인생을 일관하여 통신 분야에서 걸어왔다. 안후이성의 허페이공업대 학(合肥工業大學)에서 학사 학위를, 상하이교통대학에서 박사 학위를 취득했다. 상하이시 통신관리국(通信管理局) 부국장, 각 전화국 소장 등 을 역임한 이후, 1997년 차이나모바일의 조직 개편 시기에 이동을 거쳐 순항한다. 그런데 이것이 가능했던 것은 시귀화에게 동 회사의 당 조직 서기 경험이 있었기 때문이다. 즉, 당원이 아니면 리더가 될 수 없다고 하는 불문율이 있는 것이다.

베이징에 있는 차이나모바일의 본사

중국이동은 1997년 홍콩에 상장(上場)했고, 같은 해 가을에는 뉴욕에 상장하여 세계 투자가들의 주목을 받았다.

【 일본 기업을 속속 매수 중 】

장진둥(張近東) ㅣ 쑤닝전기 CEO

일본 기업의 사풍을 흉내내다

'쑤닝이라는 이름은 소니(Sony)를 흉내낸 것인가?'라고 놀림받은 것도 잠깐이었다. 쑤닝의 쑤(蘇)는 장쑤성을, 닝(寧)은 난징을 의미한다. 즉, 난징에서 출생한 장진둥은 고향의 별명을 딴 기업을 출범시켰던 것이다.

일본에서 가전제품 대리점의 성황을 목격했던 이 중국 기업가는 중국에도 마찬가지 붐이 일 것임을 예감하고, 차례로 일본형 양판점(量販店)을 일으켰다.

쑤닝전기(蘇寧電氣)는 난징에서 에어컨 판매부터 시작한 기업이다. 1996년의 일이었다. 지금은 중국 190개 도시에 점포 941개를 내서, 톱을 달리고 있던 궈메이전기를 제쳤다.

선전 주식시장에 2004년 상장했고, 중국 민영기업으로는 3위에 들었다. 또한 장진둥은 당당하게 정협 위원이 되었다.

쑤닝전기는 공산당의 보증을 얻은 진귀한 민영기업이라고 말할 수 있다. 현

활기가 넘치는 쑤닝전기의 점포

재 모델 기업으로서 칭찬받고, 원자바오 총리, 자칭린(정협 주석), 저우융캉(정치국 상무위원), 리위안차오 등이 차례로 견학 방문했다.

장진둥의 모토는 '지혜와 행복'이라고 한다.

중국 기업으로는 독보적으로 사보(社報), 사내 여행, 사내 연수, 사내 서클, 사내 운동회 등이 있다. 일본적 사풍(社風)을 적용한 것이다.

또한 당과 기업 간 연대의 장(場)이기도 한 정치협상회 위원이 된 장진둥은 '국제성'을 특히 강조한다. 단일 기업이 아닌 집단화·집중화 기업으로서 국제 시장에 진출할 필요가 있다는 신념 아래, OEM(상대 브랜드로의 생산) → ODM(위탁 설계 제조) → OBM(독자적 브랜드)으로의 단계적 목표를 내세우고 있다. 즉, 쑤닝전기 브랜드를 국제 상품화해서 세계시장에 나선다고 선언한 것이다. 이러한 강기(强氣)는 일본 기업의 매수 작전으로 나타났다.

일본의 라옥스(ラオックス)를 매수하여 의기왕성해지더니, 이어서 일본의 마루에쓰(マルエツ)도 합병하여 새로운 형식의 점포 전개를 이루었다. 바로 전기제품회사가 식품을 취급하는 것이다. 라옥스의 베이징 1호점은 2012년 7월에 개장했다. 매장 면적이 1만 2000㎡나 되며, 일본 제품을 30% 갖추었다. 개점 전부터 1000명의 대행렬이 이루어졌고, 손님들은 일제 스마트폰과 디지털 카메라를 구매했다. 이 지점은 베이징의 베드타운 내에 들어섰는데, 문방구 이외에 금 제품도 판매하는 다

각적 비즈니스였다. 동 점포는 2012년 9월 반일 폭동에서도 습격 대상에서 제외되었다.

【 리튬 이온 전지의 왕자 】

왕촨푸(王傳福) ㅣ BYD 창설자

자동차 산업에도 뛰어들다

왕촨푸

BYD(Bulid Your Dream)의 창설자는 왕촨푸이다. "전미 제일의 투자가, 워런 버핏(Warren Buffet)[3]이 처음으로 투자했던 중국 기업"이며, 장래가 유망한 기업으로 평판이 높아, 왕촨푸는 세계의 언론으로부터 주목을 받았다. BYD의 중국명은 '비야디자동차판매주식회사(比亞迪汽車販賣株式會社)'이다.

눈길을 끄는 점은 BYD의 급성장세가 아니었다. 버핏이 BYD 공장을 최초로 견학했던 때에 수행 역할을 담당했던 이가 누군가 하면, 바로 리루(李祿)였다(당시 버핏은 후계자로 이 중국인 남자를 숙려하고 있었지만, 후일 리루는 버핏의 곁을 떠났다).

리루는 1989년 6월 4일 천안문 사건의 학생 지도자로서 중국이 지명수배했던 왕단, 우얼카이시, 차이링(蔡玲)에 이어서 4위에 랭크되었다. 이런 자에게 중국 정부는 비자를 발급하고 입국을 허락했다. 그리고

---

3 워런 버핏(1930~): 세계 최대의 투자지주회사인 미국 버크셔해서웨이(Berkshire Hathaway inc.)의 필두 주주이다. 카리스마 있는 투자가로 정평이 나 있다.

워런 버핏

BYD의 장래성을 세계에 선전했던 것이다.
버핏은 중국의 국위 발양 프로파간다에 놀아
난 것이다.

BYD가 생산하는 전기 자동차

동 회사의 주가는 버핏이 10%의 대주주였
을 때 절정이었다. 그 이후 중국공산당은 리루가 미국에서 펀드 매니저
로 활약하리라 기대했다. 그렇지만 BYD는 무모하다고 볼 수 있는 모험
에 나섰고, 결국 주가가 침체했다.

무엇이 무모했었는가? BYD는 리튬 이온 전지의 성공에 만족하지 않
고 자동차 산업에 진출했다. 장래에 친환경 자동차, 특히 전기 자동차
의 비중이 약진할 것이기는 했으나, 왕촨푸는 리튬 전지뿐만 아니라 전
기 자동차 그 자체에 투자했던 것이다.

혼다 소이치로(本田宗一郎)를 떠올리는 사람도 있을 것이다. 혼다가
오토바이에서 자동차로 진출한다고 말했을 때 일본 통산성(通産省)은
반대했다. "오토바이 공장 아저씨가, 하필이면 자동차라니……"라고 업
신여겼다. 그렇지만 혼다기연공업(本田技研工業)은 지금 도요타와 어깨
를 나란히 하고 있는 세계적인 자동차 메이커이다.

왕촨푸가 자동차 산업에 진출하겠다고 결정한 배후에는 중국 정부의
국산차 장려 정책이 있다.

중국의 독자적 국산차 브랜드는 치루이(奇瑞), 지린, BYD뿐이다. 또
한 3사 모두 업적 면에서는 저조하다. 세계시장에서 브랜드 인지도는
없는 것과 다름없고, 중국 국내에서마저 '값싼 차'라는 이미지이다.

왕촨푸가 이런 대모험에 나선 동기, 그리고 그의 인생관은 무엇인가?
안후이성의 시골구석에서 태어나 7형제라는 빈곤한 환경으로부터 몸
을 일으킨 그는 어떤 어려움과 고통을 극복해왔는가. 또한 중국공산당

과의 커넥션도 없고 태자당도 아닌 인물이 리튬 이온 전지에서 세계 유수의 메이커 자리를 얻은 비결은 무엇인가?

왕촨푸는 전지(電池) 전문 국유기업에 들어가 전지 제조 기술을 익혔다. 개인용 컴퓨터의 휴대 전지가 성장할 것이라는 점은 누구라도 예측할 수 있지만, 비용이 얼마나 들지, 자동화 설비 투자와 이익 배분에는 어떤 계산식을 적용해야 할지, 금형(金型)은 얼마나 할지 등에 대해서는 기업의 대처 방식이 다르다. 왕촨푸는 이 시장에 낮은 인건비를 활용함으로써 가내수공업식의 임기응변 생산 체제로 변신했다.

오히려 일본, 한국 등으로부터 몇 차례나 특허 침해 소송을 당해, 일본은 이 회사와의 기술 합작을 경계한다.

그러나 왕촨푸는 눈 깜짝할 사이에 일본의 금형 대기업 오기와라(オギワラ)를 매수하고, 리튬 이온 전지에서 부동의 지위를 구축했다.

이 결과 2009년 ≪포브스≫의 중국 부호 순위에서 왕촨푸는 1인자에 이름을 올렸다(전년도에는 23위, 왕촨푸는 자사 주식의 23%를 보유했다). 그러나 이듬해 골드만삭스가 '전기 자동차는 그림의 떡'이라며 '매도'를 추천·장려했다. 그 후 주가 하락이 시작되고, 재고가 산더미가 되면서 경영이 위태롭게 되었다.

≪주간문춘(週刊文春)≫에 의하면, BYD의 전지 자동차는 전지 보관 장소가 너무 자리를 많이 차지해서 좌석 공간도 만족스럽지 않고, "발을 굽히지 않으면 앉을 수 없다. 전지를 작게 하는 기술이 없다". 또한 BYD의 로고가 BMW와 똑같아 앞길에 먹구름이 확산되고 있다.

런정페이(任正非) ǀ 화웨이기술유한공사 창설자

수수께끼로 둘러싸인 반생(半生)

런정페이

런정페이는 구미에서 유명한 화웨이기술유한공
사(華爲技術有限公司, 약칭 화웨이기술, 전화·통신기기,
시스템 설비)을 이끌고 있는데, 서방 측 국가들은 화
웨이기술을 중국의 스파이 기관으로 의문시하고 있
다. 이는 런정페이가 군인 출신이기 때문만은 아니다.

소규모의, 누구도 관심 없는 통신기기 판매 회사, 종업원은 6명밖에
없었다. 화웨이기술은 1988년 선전에서 설립되었고, 자본금은 겨우
5000달러였다. 주로 홍콩에서 전화 교환기를 수입해 농촌 지역에 판매
했다.

그러던 기업이 지금은 세계적으로 거점을 확대하여 140개 국가에 진
출해 있다. 예를 들면 영국에서는 사이버 공격 방어 장비를 정보기관
시스템에 매각할 정도로 대약진을 이루었고, 기타 메이커는 전전긍긍
하게 되었다. 2012년 상반기 판매액은 160억 달러로 전 세계 네트 시스
템의 16%를 차지하며, 노키아, 알카텔루슨트, 시스코시스템, ZTE를 능
가하기에 이르렀다.

아프리카 국가들의 통신 시스템은 거의 대부분 화웨이기술로, 여기
에는 이유가 있다. 전력 공급 상태가 불량해서 시종(始終) 정전이 일어
나는 발전도상국에는 태양전지 패널 등 자가발전을 포함한 통신 교환
기와 기지국 수요가 있는데, 화웨이기술은 일본 메이커가 상대하지 않
는 시장에 뛰어들어 전력 사정의 고초를 함께하면서 개발에 노력해온

화웨이기술의 제품에는 해커 공격을 위한 '시스템'이 있다고 지적되고 있다

것이다.

　캐나다, 뉴질랜드 등 자유주의국가에서도 통신 인프라 건설에 화웨이기술의 시스템을 사용하고 있다.

　2012년 3월에는 오스트레일리아 의회의 거부로, 성사 직전이었던 화웨이기술 시스템의 계약이 취소되었다.

　해커 공격으로 고뇌하고 있는 미국은 화웨이기술의 시스템을 '스파이'라고 경계하고 있다. 기술을 도난당했다는 인식 때문이다.

　창업자인 런정페이는 1944년 출생이다. '태자당'이 아니며 당 간부와의 커넥션도 없었다. 런정페이는 문혁 당시 고생을 거듭했고, 충칭대학(重慶大學)에서 공학을 전공하고 나서 군 생활을 했다. 1978년 제대 이후 10년간 어디에서 무엇을 했는지는 베일에 싸여 있다. 본인도 말하지 않을뿐더러 해당 기업의 홈페이지에 얼굴 사진도 없다.

　인생의 단맛 쓴맛이 다 녹아 있는 시대적 애창가 '북국의 봄(北國の春)'과 관련해 전해지는 런정페이의 '전설'이 있다. 그가 센 마사오(千昌夫)의 애수 어린 목소리에 울고, 일본인의 근면함에 감동했다는 이야기는 어쩐지 거짓말 같다.

런정페이는 스파이 마스터(spymaster)인가?

　돌연 화웨이기술은 크게 성공했다.

　때마침 통신 혁명, 그것도 인터넷 보급에 의해 광섬유 회선의 수요가 폭발했다. 유선전화도 거의 보급되어 있지 않던 중국에서 갑자기 휴대전화가 6억 대, 인터넷이 4억 5000만 대 보급될 정도로 급성장한 것이다.

독창적인 교환기 'C&C 08 디지털'을 판매하고, 마오쩌둥처럼 '농촌에서 도시로' 포위망을 확대하여 시장 비중을 확대했다. 지금은 구미, 아시아, 중동에서 아프리카까지 이르러, 이 분야에서 세계 제일인 에릭슨(Ericsson Inc.)을 간발의 차로 따라섰으며, 규모에서는 이미 노키아를 앞질렀다.

강력한 판매력은 '압강(壓强) 전략'이라고 불리는데, 너무나 가혹한 노동조건 때문에 인적 이동이 잦다. 1년에 10%의 사원이 사퇴하고, 동시에 새로운 기술자가 유입된다. 전 세계적으로 14만 명의 사원을 거느리고 있다. 주로 특허를 노리는 기술 분야의 엔지니어가 많고, 연구 개발(R&D)에 매상의 10%를 주입하고 있다. 총 사원의 44%가 연구 개발 부문에 재적하며, 중국 정부가 보조하는 프로젝트 개발에 여념이 없다.

그런데 이런 기술 편재는 불가사의하다. 경영 컨설턴트라면 오히려 이것만 가지고는 기업 경영이 불가능하다고 생각할 것이다. 기업에서 가장 중요한 판매 부문에 그 정도의 힘을 들이지 않고 해나갈 수 있다니, 무언가 꿍꿍이가 있는 것 같다고 말이다.

영국, 미국이 겁내고 있는 것은 화웨이기술에 도난당한 소프트웨어 암호 같은 하이테크 기술이다. 그 이유는 화웨이기술은 중국인민해방군과 관련된 것이 많고, 이렇게 되면 '기술 스파이' 공작이 의심되기 때문이다. 현재 구미의 몇몇 국가 정부가 화웨이기술의 제품 구입을 제한하고 있는 것 말고도, 의회, 씽크탱크에서 화웨이기술에 대한 비판이 소용돌이치고 있다.

"만약 시스템 전체가 아니라고 하더라도 중추부에 화웨이기술의 기기를 사용하고, 거기에 '트로이의 목마'가 장치되어 있다면, 또한 그것이 중국의 통신 전략이라고 한다면 세계의 통신 시스템은 일순간에 무력해지게 된다"(≪이코노미스트(The Economist)≫, 2012년 8월 4일 호)라고 경고하는 전문가가 증가했다.

　실제로 2010년, 화웨이기술은 미국의 IT 벤처 '3리프 시스템스' 매수 움직임을 보였는데, 펜타곤이 "국가안전보장상 문제가 있다"고 하자 동요하고 단념했다. 또한 같은 해, 미국 통신 대기업 '스프린트넥스텔(Sprint Nextel)'로부터 휴대전화 수신 설비 수주를 확실히 했지만, 개리 로크(Gary Locke) 상무부 장관이 반대하여 입찰 대상에서 제외되었다. 역설적으로, 로크는 현재 베이징 주재 미국 대사이다. 중국계 미국인이지만 중국어를 구사하지 못한다.

　스파이와 기술 도용의 의심이 사라지지 않는 한 화웨이기술의 북미 시장 진출은 어렵겠지만, 일본에는 이미 오테마치(大手町)에 화웨이기술의 일본 지사가 있다. 또한 일본의 현지법인에 해당하는 '화웨이재팬(Huawei Technologies Japan K.K.)'은 중국 기업으로서 최초로 일본 게이단렌(經團連, 경제단체연합회)에 참가하고 있다.

【 개인용 컴퓨터 비중에서 세계 제일로 성장 】

류촨즈(柳傳志) ㅣ 레노버 창설자

중국인민해방군의 엔지니어로부터 기업(起業)

류촨즈

　개인용 컴퓨터 업계의 수위(首位)인 '레노버'의 사장, 류촨즈의 얼굴이 서점가 포스터로 붙었을 무렵, 모든 서점에 그의 전기(傳記)가 진열되어 있었다.

　NEC[일본명 니혼전기주식회사(日本電機株式會社)]가 보유한 레노버 주식 전체를 크레딧스위스증권(Credit Suisse Securities)

에 매각한 차익 40억 엔을 염출한다는 뉴스(2012년 9월 5일)는 일본 기업의 하락세를 말해주고 있다. NEC의 부채는 2012년 상반기에만 1102억 엔에 달하는 것으로 알려졌다.

반도체 엘피다(エルピーダ)의 업적 부진, 샤프와 타이완 기업 홍하이(鴻海)의 업무 제휴, 그리고 금형제조회사인 오기와라는 훨씬 전에 중국 BYD에 매수되었다.

NEC과 레노버의 제휴관계는 비교적 새롭다고 볼 수 있는데, 이미 레노버 재팬(Lenovo Japan)에는 600명의 사원이 있다.

베이징의 레노버는 '보복' 조치로, 보유하고 있는 NEC 주식을 매각한다고 발표했다.

그렇다면 이 레노버를 살펴보자.

중국명은 렌샹그룹(聯想集團)이다. 베이징 대학촌에 자리 잡은 '중관춘(中關村)'과학기술단지에 본사를 두고 있다. 1984년에 창업했으며, '레전드(LEGEND)'였던 브랜드명을 2003년 '레노버(LENOVO)'로 개명했다. 지금은 개인용 컴퓨터 분야에서 세계 1위(2012년 상반기 속보)이다. 어떻게 이토록 신속히 세계 1위를 차지할 수 있었는가 하면, 배후에 국가 차원의 지원 세력이 있었기 때문이다. 중국과학원(中國科學院)은 레노버의 대주주로 36% 전후의 지분을 갖고 있다.

연혁부터 살펴보도록 하겠다.

중국과학원은 예산이 부족했다. 1984년 11명의 연구원이 부지 내에 20m²밖에 되지 않는 조그마한 방을 빌려 독립했다. 중국과학원은 20만 위안만 출자했다. 즉, '귀찮은 존재를 내쫓는' 심산

중국에서 큰 비중을 차지하고 있는 레노버의 개인용 컴퓨터(PC)

이었다.

설립 당시에는 '과학원계산소신기술발전공사(科學院計算所新技術發展公司)'라는 이름을 사용했다. 고생을 거듭한 창업자는 류촨즈이다. 입지전적 인물로 2009년부터 명예회장을 맡고 있다.

류촨즈는 상하이이 출생으로 은행가 가정에서 자라났다. 문혁 중 광둥성의 농가에 하방되어 세상살이의 쓴맛을 봤다. 중국인민해방군에 입대하여 전자계산기 개발에 종사했던 엔지니어이다. 그렇지만 류촨즈는 군에서의 일, 과거의 일을 일절 말하지 않기 때문에, 구체적으로 무엇을 했던 것인지는 알려지지 않고 있다.

한자 입력 방식을 개발하고 궤도에 올랐던 해가 1988년으로, 이때 홍콩에서 설립한 현지법인이 독자 브랜드를 사용했다. 이것이 레노버로 개명하기 전에 레전드라는 브랜드명을 썼던 유래이다.

그 이후로도 순항을 거듭해 2000년에는 미국 잡지 ≪비즈니스위크(Business Week)≫가 선정한 세계 100대 기업 중 8위에 선정되었으며, 승룡(昇龍)의 기세로 계속 발전해 2004년에는 컴퓨터 산업에서 세계 1위였던 아이비엠(IBM)의 개인용 컴퓨터 부문을 매수한다.

미국 업계 소식통은 이 충격적 사건에 대해 "레노버는 대형 쓰레기를 매수했다"고 비웃었다. 실제로 아이비엠에서 개인용 컴퓨터는 짐이었다. 그렇지만 세계적으로 개인용 컴퓨터 시장은 신장세다. 휴렛패커드(HP), 레노버, 에이서(Acer), 델(Dell)이 4대 천왕이다. 2010년에 류촨즈는 프랑스로부터 '세계기업가상'을 수상했다.

레노버는 2011년에 NEC와도 제휴하고, 2012년 7월에는 휴렛패커드를 제치고 개인용 컴퓨터 점유율에서 세계 1위를 차지했다.

다만 시장 관계자는 "이익률을 도외시한 저가 판매로 획득한 비중이

며, 이는 비즈니스의 왕도라고 말할 수 없는 것이 아닌가?"라고 의문을
제기했다.

또한 미국은 안전보장을 이유로 화웨이기술과 같이 레노버를 극도로
경계하고 있다. '트로이의 목마'가 심어져 있다고 우려하고 있는 것이
다. 미국 정부 관련통은 레노버의 개인용 컴퓨터를 구입하지 않도록 하
라는 통달을 냈다.

트로이의 목마란 어느 날 바이러스가 기능을 시작해 네트워크망을
파괴하는 프로그램이다. 생각해보면 중국과학원은 그러한 연구도 하고
있다.

현재 레노버의 CEO는 양위안칭(楊元慶)[4]이다. 양위안칭은 1986년 상
하이교통대학을 졸업했고, 1989년 과학기술대학(科學技術大學)에서 컴
퓨터학 석사 학위를 받았으며, 같은 해 레노버에 입사했다. 류촨즈에
총애를 받아 2005년 아이비엠 개인용 컴퓨터 부문 매수를 적극적으로
추진했다.

인재 육성과 팀의 단결력을 중요시 여기는 슬로건 아래, 창업 정신으
로 사풍을 다시 물들이며 다각적인 국제기업을 지향했다. 우수한 인재
를 얻고자, 베이징 외에 일본 야마토시(大和市)와 미국 노스캐롤라이나
주(north carolina state)에도 연구소를 설립하고 있다.

일본과 미국이 경계하고 있는 기업이다.

---

4 양위안칭(1964~): 1986년 상하이교통대학을 졸업하고, 1989년 중국과기대학(中
國科技大學)에서 컴퓨터 전공 석사학위를 취득한 이후 같은 해 롄샹그룹에 취직
했다. 2001년 롄샹그룹 총재 겸 CEO에 취임했고, 2004년 12월 롄샹그룹 이사장
이 되었다. _옮긴이 주

【 일본의 노포 산요전기와 합병 】

장루이민(張瑞敏) l 하이얼그룹 회장

고액 급료를 미끼로 각국의 엔지니어를 고용

장루이민

　　한때 중국 기업을 대표할 정도로 유명했던 하이얼그룹(海爾集團, 약칭 하이얼)은 1984년 산둥성 칭다오에서 태어났다. 가전부터 냉각 시스템, 개인용 컴퓨터의 생산에도 도전했다.

　　특히 냉장고, 전자레인지가 유명하다. 냉장고, 세탁기 점유율은 세계 1위이다. 홍콩과 상하이에 상장되어 있으며, 종업원은 5000명이다.

　　동 회사가 일본에서 유명해졌던 것은 노포(老鋪)의 산요전기(三洋電機)와 합병 사업을 개시했기 때문이다. 그 합작회사인 산요하이얼(三洋海爾)은 9개 자회사를 출범시키고, 이어서 중국제 가전제품을 염가 판매했다. 이 난입을 계기로 하이얼은 일본 매스컴에서 화제가 되었다. 회장 장루이민은 중국공산당 제18차 당대회에서 중앙위원으로 선발되어, 당과의 연결이 선명해졌다.

　　가전제품에서 세계 1위의 하이얼은 냉장고, 세탁기 등 공간을 차지하는 전기 제품을 수출하면 운임 비용이 증가하기 때문에 무슨 일이 있어도 현지에서 생산한다. 이 방식의 선구자인 산요전기는 세계 이곳저곳에 공장을 만들었다. 가전은 기술적으로 따라 하기 쉽기 때문에 노동임금에서 최후의 승부가 갈린다. 산요전기는 하이얼에 대적할 수 없었고, 얼마 지나지 않아 산요는 파나소닉(Panasonic)에 '흡수 합병'되었다.

　　산요하이얼은 대다수 부문을 매각했고, 현재 일본에 남은 제품은

AQUA[고이즈미 교코(小泉今日子)가
CM의 이미지 캐릭터이다] 정도이다.

이 하이얼을 이끌고 있는 이는
장루이민이다. 1949년에 출생했으
며 산둥성 출신이다. 중국과학기술
대학(中國科學技術大學)을 졸업했고
칭다오건설금속창(靑島建設金屬廠)
등을 거쳐 하이얼의 전신인 칭다오

칭다오에 있는 하이얼그룹의 본사

냉장고공장(靑島冷藏庫工場)을 일으켰다. 이 공장의 냉장고 제품은 독
일과 기술 제휴를 했다.

그 이후 가전 붐 열기에 편승하여 거듭 확장세를 이어갔고 1995년에
는 '중국 경영 대사(大師)'의 칭호를 받았다. 1998년에는 하버드대학 비
즈니스 스쿨로부터 초대를 받아 중국인 경영자로는 처음으로 강의를
하게 되는 영예를 누렸다. 1999년에는 영국 신문 ≪파이낸셜타임스(Fi-
nancial Times)≫로부터 '세계의 존경받는 경영자 30명' 중 26위에 선발
되기도 했다.

외국에 연구소를 두는 아웃소싱을 생각해낸 것도 장루이민이다. 구
미 및 이스라엘에 연구소를 설치한 것은 고급 인력을 현지에서 고용하
고, 연구 개발을 시키기 위해서이다. 중국의 라이벌들이 기술을 모방하
지 못하도록 하기 위한 조치인데, 매상의 62%나 되는 거액의 비용을 연
구 개발비에 투자함으로써 주목받았다. 2006년 동 회사의 연구 개발비
는 67억 위안이었는데, 이 중 70%가 해외 두뇌에게 지불되었다.

2007년에는 일본에도 하이얼연구개발센터를 설립했다. 일본의 두뇌
도 끌어모으기 위해서였다.

마윈(馬雲) | 알리바바의 CEO

야후를 매수하러 움직이다

마윈

일개 영어 교사가 신의 계시와 같은 힌트를 얻고 벤처 기업을 세웠다.

알리바바(亞里巴巴)라는 명칭은 '알리바바와 40인의 도적'에서 나온 것일까? 알리바바의 창업 인원은 18명이다. 영업 형태는, 단적으로 말해 기업 간 전자 상거래(B2B)[5] 사이트의 운영이다.

때마침 중국은 통신 혁명이 일어나 인터넷 보급도 시작되었다. 이 인터넷의 파도에 잘 편승해 쑥쑥, 아니 급격하게 비즈니스가 성장했다. 현재 마윈은 《포브스》의 표지를 장식하고, 자서전까지 간행되었으며, 중국에서 기업가 정신의 체현자로서 젊은이들의 존경을 받고 있다.

마윈은 1964년에 출생했으며, 저장성 항저우(杭州) 출신이다. 그가 '차이나 드림'을 실현한 것은, 일본의 경우로 비유하자면 '락쿠텐(樂天)'의 미키타니(三木谷)[6]와 유사하다.

마윈은 1995년에 '중국 옐로 페이지'를 생각해내 비즈니스 모델로 삼고 베이징의 IT 업계에 뛰어들었다. 1999년에는 알리바바를 창설했다.

---

5 기업 간 전자 상거래: 전자 상거래(EC) 방법 중 한 가지이다. 기업 간 거래를 말한다. 기업과 일반의 소비자 거래는 B2C라고 부른다. C는 소비자(consumer)로, 일반 소비자 간 거래는 C2C라고 한다. 2는 to를 뜻한다.
6 미키타니 히로시(三木谷浩史, 1965~)를 지칭한다. _옮긴이 주

순풍만범(順風滿帆)했다. 일본에도 진출하고, 구미에도 사무실을 확대해 매상이 천정부지로 올랐다. 구미에서 비즈니스 엘리트를 헤드헌팅해 고액 급료로 고용했지만, 이것은 실패했다. 구미 엘리트와 알리바바의 사풍이 공감대를 형성하지 못해 그들은 2002년 본국으로 돌아갔다. 그 이후 마윈은 "사원의 공통된 사명감과 의식이 중요하다"면서, 사풍 확립이 급무라고 선포했다.

2005년에는 야후(Yahoo) 매수에 나서면서, 지금은 '망원경으로 보아도 라이벌은 보이지 않는다'라고 호언장담했다. 2012년 5월에 마윈은 "야후가 보유하는 약 20%의 자사주를 71억 달러(약 5600억 엔) 전후로 되산다"고 발표했다. 2012년 상반기, 동 회사 매상고는 적어도 60% 증가한 18억 달러 이상이라고 보도되었다. 웹사이트의 성장으로 이익률도 개선되고 있다고 한다.

중국인 소비자에 의한 인터넷 구입 확대를 배경으로, 쇼핑 사이트 '타오바오(淘寶)'에서의 광고 수입이 증가하고 있는 것 외에, '티몰(Tmall)'에서의 수수료 수입도 증가하고 있다.

【 와하하라고 웃으며 중국 제일의 재벌로 】

쭝칭허우(宗慶後) ｜ 항저우와하하합자공사 CEO

전국인대 대표라고 하는 '안전 보장'

'후룬(胡潤) 리포트'(상하이의 싱크탱크)의 중국 재벌 순위는 세계적 권위를 가진 《포브스》 중국판의 재벌 순위와 쌍벽을 이룬다.

2012년 9월 25일에 발표된 후룬의 최신 '중국

쭝칭허우

풍허우칭을 특집으로 다룬 신문

재벌 순위'에 의하면, 미네랄 워터로 대표되는 '청량음료의 왕자' 항저우와하하합자공사(杭州娃哈哈合資公司, 약칭 와하하그룹)를 이끌고 있는 쭝칭허우가, 이전까지 공동 1위였던 부동산왕, 완다그룹을 밀어내고 1위가 되었다.

중국 1위, 세계 23위의 재벌인 쭝칭허우는 전국인대 대표이기도 하다.

이상한 일이다. 전국인대의 지구 대표 76명이 재벌 100위 순위에 들어가 있다. 아니, 그보다 거꾸로 말하는 편이 좋을 것이다. 전국인대 대표 중에서 76명이 재벌 순위 100위에 들어가 있다. 전국인대 자리를 돈으로 살 수 있다고 하는 이유인 것이다. 꼬장꼬장한 대회의 의원으로서, 일컬어지는 대로 법안에 찬성하는 것만 하는 자리에 왜 이름을 올리고 있는 것인가. 그 정도로 명예를 원하는 것일까? 그렇지는 않다. 그들에게 이것은 '안전 보장'이다.

즉, 장쩌민이 제창한 '3개 대표론'은 프롤레타리아 독재의 공산당이 "실업가도 재벌도 모두 오라, 당원으로 해주겠다"고 호소했던 결과이기도 하다. 또한 다른 재벌이라고 일컬어지는 기업 집단도 태반이 태자당이 경영하든지 혹은 당 간부의 친형제, 친척이 타인의 이권을 착취하여 돈을 버는 자리로 만들고 있는 경우가 많다.

와하하그룹의 본사는 저장성의 성도 항저우에 있다. 항저우에는 알리바바 등 첨단기술 기업도 있고 일본 기업의 진출도 많다. 또한 상하이와는 신칸센이 연결되어 있다. 일본으로부터도 전일본공수(ANA)의 직행편이 있다.

쫑칭허우는 아침 7시 전에 출근해서 밤 11시까지 맹렬하게 업무를 본다. 담배와 립톤 홍차 외에 그 어떤 취미도 없는 남자로 알려져 있다.

항저우는 온난한 토지와 차세대 비즈니스에 대한 직감 등의 조건을 갖추고 있다. 와하하그룹은 중국의 농업 관련 산업에 맞춘 회사이다. 쫑칭허우는 중학교를 나오자마자 돈을 벌기 위해 저우산시(舟山市)로 나가 소금 회사에 근무했다. 거기에서 16년 동안 흙 포대를 날랐지만 전혀 성공의 징조가 보이지 않았다.

한 차례 귀성(歸省)하여 우유 회사에 근무하기 시작했는데, 그때 물이 장사가 되지 않을까 하는 영감을 얻었다. 우유, 청량음료 등이 팔릴 것이라고 확신하자, 교원이었던 모친의 지인 등에게 자금을 긁어모아 겨우 14만 위안으로 기업을 세웠다. 처음에는 자양제를 리어카에 쌓고 농가를 돌았다. '의식동원(醫食同源)'이라고 하는 중국 고대의 사고방식에 호소한 것이다. 영양 드링크, 코카콜라 종류까지 팔았다.

장사가 궤도에 오르고 팽창하자, 새로운 공장이 필요해졌다. 이 때문에 광저우시 상저우구(上州區) 정부에 출자를 부채질하여 정부가 40%, 쫑칭허우가 35%의 주식을 배분했다.

그 이후 특히 미네랄 워터가 급성장하고, 프랑스의 다논(Danone)과 제휴함으로써 상권은 더욱 확대되었다. 1996년의 제휴 이래 약 40개 브랜드의 합변(合弁) 공장을 개설했지만 2007년에 다논과 분쟁이 발생함으로써 합병 사업은 2009년 없던 일이 되어버렸다.

쫑칭허우의 부인인 스유전(施幼珍)과 딸 쫑푸리(宗腹莉)는 미국 국적을 보유하고 있으며, 쫑칭허우는 항저우시 지방인대 대표를 2기째 겸무하고 있다. 2008년에는 탈세 용의로 수색을 받았지만, 뭐라 해도 그는 전국인대 대표인 것이다. 수사는 애매한 상태로 중단되고 벌금 지불로

종결되었다.

　전국인대에 기업가가 참가하는 것은 정치적 안전을 획득하는 것이며, 일종의 보험이다.

【 중국 최대의 검색 엔진을 경영 】

리옌훙(李彦宏) | 바이두 CEO

구글과는 일란성 쌍둥이

　중국 최대의 검색 엔진 '바이두(百度, Baidu)'의 CEO는 리옌훙이다. 그는 젊고 잘생긴 스타 같다. 이 남자가 중국 재벌 3위(1위는 와하하그룹의 쫑칭허우 126억 달러. 2위는 완다그룹의 왕젠린 103억 달러이다), 개인 자산은 80억 달러로

리옌훙

추정된다(≪뉴욕타임스≫, 2012년 10월 1일 자).

　그렇다면 리옌훙은 어떻게 해서 차이니즈 드림을 체현했던 것인가?

　산시성(山西省)의 시골구석 양취안(陽泉)에서 출생한 리옌훙은 어려서부터 수학에 재능이 있었다. 누나 또한 똑똑해서, 베이징대학에 진학 후 미국으로 유학했다. 어린 시절부터 리옌훙은 누나를 보고 미국을 동경했다. 또한 초등학생 때는 작문에도 우수했다고 전해지는데, 실제로는 그의 학력이 처졌다는 이야기도 있다.

　바이두의 사장은 천안문 사건으로 중국에 싫증이 나서 미국의 20개나 되는 대학에 원서를 보냈지만 입학 허가가 나온 곳은 뉴욕 주립대학의 버팔로 분교뿐이었다. 그래서 컴퓨터를 배우고 최초로 취직했던 직장이 다우존스의 자회사 IDD였다. 그 후 디즈니가 매수했던 인포시크

로 이적했다. 인포시크는 구글의 전신 기업이다. 거기에서 서로 알았던 실리콘 밸리의 많은 친구들과 자본금 120만 달러로 벤처 기업을 일으켰다. 이것이 바이두의 창업이다. 바이두는 5년 후에 뉴욕 주식시장에 상장하여 역사상 전례가 없는 돈을 모았다. 페이스북이 나중에 바이두의 기록을 갱신했지만, 리옌훙은 중국 젊은 여성들 사이에서 높은 인기를 얻었다(≪타임(Time)≫, 2010년 2월 8일 호).

바이두와 구글은 일란성 쌍둥이다. 바이두가 2004년 중국에 진출할 때 선뜻 500만 달러를 내고 2.6%의 주주가 되었던 것도 구글이며, 그 구글이 2년 후 중국 진출을 결정했을 때 바이두의 주식을 6000만 달러로 매각했다. 매각 수익은 5500만 달러였다. 그렇지만 바이두는 수상한 제약 회사 등 광고주에 대한 속임수가 빈발하여 주가가 하락했던 일도 있고, 또한 인터넷 광고를 거짓으로 모으고 있다고 하는 업계의 소문도 있어서 평판은 좋지 않다.

사외 중역으로 소니의 전 CEO 이데이 노부유키(出井伸之)[7]를 맞이했다. 이에 대한 반응을 보면 "센카쿠는 중국 영토이다", "일본 대사의 국기를 빼앗은 영웅", "일본인을 모두 죽여라" 등 침략주

바이두의 첫 화면

7 이데이 노부유키(1937~): 도쿄 출신으로 1960년 와세다대학(早稻田大學)을 졸업하고 같은 해 소니에 입사했다. 1999년 소니 CEO에 취임했으며, 2005년 6월 소니 회장 겸 CEO에서 퇴임했다. 2007년 6월 중국의 검색 엔진 최대 회사 바이두의 사외이사에 취임했고, 2011년 9월 레노버의 사외이사가 되었다. _옮긴이 주

의적인 언론 보도가 넘쳐난다. 이런 점으로 미루어 국가공안부의 '수군
[水軍, 인터넷을 공산당에게 유리한 의견으로 넘치게 만드는 인터넷상의 주구
(走狗). 낮은 임금으로 움직이기 때문에 5마오방(五毛幇)이라고도 불린다]'이
뒤에 있을 가능성이 있다.

리엔홍은 베이징대학에서 정보관리로 학위를 취득한 이후, 1991년
23세로 유학하고 뉴욕 주립대학에서 배웠다. 석사 과정 2년 반 동안 동
대학에서 암호 알고리즘 등을 전공하고, 졸업 후에는 다우존스에서 정
보검색 일을 익혀 미국 마쓰시타 산업(松下産業)에서 근무 후, 실리콘
밸리로 이주하고 인포시크에 입사했다. 거기서 검색 엔진 설계를 담당
하고, 결국 '하이퍼링크 해석'으로 특허를 취득했다. 대학에서 배운 알
고리즘 지식을 살린 것이다. 합계 8년에 이르는 미국 생활로 로빈 리
(Robin Li)라고 하는 영어 이름도 갖고 있는 리엔홍은 학문보다도 비즈
니스 방법을 중점적으로 배웠다.

검색 엔진은 구글, 야후가 선행했지만, 구글이 검색 검열에서 중국
정부와 대립하자 그 틈새를 누비고 바이두는 급성장을 이루었다. 개업
후 10년째 되던 해 매상이 700배가 되었고, 2005년에는 미국 주식시장
나스닥(NASDAQ)에 상장, 판매 가격 27달러의 5.6배인 151달러를 기록
했다. 일순간에 창업자로서의 이익을 얻고, 억만장자가 되었다.[8]

리엔홍의 신념은 '집중과 계속'이며, 검색 비즈니스에 일관해서 집중

---

8 2015년 2월, 중국의 부호(富豪) 관련 조사기관인 후룬연구소(胡潤硏究所)가 발표
한 「2015년 후룬 부호 명단」에 따르면 1위는 한넝그룹(漢能集團)의 리허쥔(李河
君) 회장(자산 총액 1600억 위안), 2위는 완다그룹의 왕젠린 회장(자산 총액 1550
억 위안), 3위는 알리바바의 마윈 회장(자산 총액 1500억 위안)이었다["중국 최고
부자 '리허쥔, 알리바바 마윈 제치고 1위", ≪중앙일보≫(2015.2.4)]. __옮긴이 주

해왔다.

황광위(黃光裕) | 궈메이전기 창업자

이름뿐인 오직 박멸의 희생양으로

중국 전화 제품 양판점의 톱이었던 '궈메이전기
(國美電器)'의 사장 황광위는 16세 때 고등학교를
중퇴하고 넝마주이를 하며 꾸준히 모은 500위안
으로 기업을 일으켰다.

황광위

영어 기업명을 'GOME'라고 한 것은 외우기 쉽게 하기 위한 것으로,
이 철자의 중국어 발음은 '궈메이'가 된다.

황광위는 네이멍구자치구에서 가짜 브랜드 상품 행상으로 한밑천을
벌었다. 사람들은 물품을 원하고 있었지만 유통 시스템이 나빴기 때문
에 변경이나 오지에는 물건이 동나 있었다. 황광위는 경제발전과 함께
중국인의 소득이 오르면서 일본과 마찬가지로 중산계급의 구매력이 급
상승하자, 야마다전기(ヤマダ電機), 베스트전기(ベスト電器), 빅카메
라(ビッグカメラ), 라옥스 등과 같은 일본형 양판점이 중국에서도 돈을
벌 것이라고 생각했다.

궈메이전기는 델의 컴퓨터를 판매함으로써 일약 유명해진다. 전기
제품의 염가 판매로부터 에너지, 부동산, 제약업에도 진출했다. 황광위
는 2004년 홍콩에서 상장했고, 지금은 중국 전역 200개 도시에 1350개
점포를 보유하고 있다.

궈메이전기 1호점은 1987년 베이징에서 열었고, 10년 후 톈진(天津)

순풍만범이었던 궈메이전기였지만, 내부 거래로 망해가고 있다

에 2호점을 냈다. 그리고 다시 10년 후 마카오 등지에 점포들이 생겼다. 걸음은 느렸지만 돌연히 라이벌 양판점을 매수하기 시작해서, 특히 융러전기(永樂電器) 매수 이후에는 M&A를 강렬한 기세로 반복하여 1100개 점포가 되었다. 황광위는 주가 및 주식시장에도 정통했는지, 전해지는 이야기에 따르면 시가총액이 1177억 위안이다.

그러나 공산당 독재 정치제도 아래에서 민간인이 비즈니스에 성공하려면 뇌물이 없어서는 안 된다. 뇌물 자체가 중국의 문화이다. 뇌물의 액수가 적으면 권력은 이 기업을 횡령하든지 부숴버린다. 러시아에서 블라디미르 푸틴(Vladimir Putin)이, 이라크에서 사담 후세인(Saddam Hussein)이 했던 것처럼 말이다.

2009년 11월, 황광위는 돌연 구속되어 이듬해 2월 기소되었다. 이유는 '내부자 거래'로, 그의 형이 경영하는 산둥진타이그룹(山東金泰集團)의 주가조작 혐의를 받고 있다. 인민폐 8억 위안을 부정하게 외국 통화로 교환하고, 해외로부터 투자받은 것으로 위장했지만 실제로는 내부자 거래를 전개하여 주가를 조작하고 3억 위안(약 45억 엔) 넘게 부당 이익을 올린 것으로 간주되었다.

2010년 5월 18일 신속하게 판결이 나왔다. 징역 14년, 벌금 5억 위안, 2억 위안 상당의 재산 몰수였다. 황광위의 부인에게도 내부자 거래 혐의로 벌금형이 내려졌다.

그러나 내부자 거래 등은 중국에서 일상다반사이며, 공산당 간부의 대다수가 관여하고 있는 일이어서 놀랄 것도 없다. 중국 정부는 2010년 7월에 공산당 간부의 자산 공표를 의무 사항으로 했지만 과연 해외 자산과 타인 명의의 부동산, 예금 전체를 밝혀낼 수 있을지는 모르겠다.

중앙정부는 오직 박멸을 주장하고 있고, 공산당으로서는 간부와 관련이 적은 민간인 '희생양(scape goat)'이 필요했다. 희생양으로서 절호의 대상은 가난을 딛고 성공하여 중국 제2의 재벌이 되었던 유명인이 안성맞춤이었다. 궈메이전기의 주식은 폭락했다. 2012년 업적은 바닥이고, 주가는 일본 엔화로 7엔(9월 5일 기준) 정도. 휴지 조각과 같아 언젠가 대기업에 매수될지 모른다.

황광위 일대(一代)의 꿈은 일장춘몽으로 끝날 것 같다.

【 중국 최대의 영화관 체인을 경영하는 복합기업 】

왕젠린(王建林) ㅣ 완다그룹 CEO

미국이 두려워한, 할리우드로의 진출

미국의 영화관 체인을 매수함으로써 세계적으로 유명해졌다. 할리우드 영화계는 완다그룹이 다음에는 할리우드의 영화 회사를 매수하고 영화 제작에 나서는 것이 아닌가 하고 전전긍긍했다. 나는 2012년 9월에 다롄의 완다그룹 본사를 견학했는데, 신축 고층으로 주변을 내려다보는 듯하고, 번쩍번쩍 빛나 보였다. 위치는 구(舊) 만철의원(滿鐵醫院)의 앞 부근이다.

왕젠린

완다그룹 본사

다롄이 본거지인 복합기업 완다그룹은 호텔에서부터 일본인을 상대로 하는 나이트클럽까지 경영한다. 철저하게 소매와 오락, 소비 위주의 기업이다. 중국 재벌 2위는 이 완다그룹이다.

과거 소니와 마쓰시다전기(松下電器, 파나소닉의 전신)가 할리우드의 영화제작사를 매수했을 때, 미국은 다소 놀라기는 했지만 위협을 느끼지는 않았다. 불쾌하기는 했으나 일본인은 다루기 쉽기 때문에 문화가 잠식될까 하는 걱정은 없었다. 유대인과 이탈리아인이 구축한 미국 영화 산업은 미국인에게 전통문화라고 하는 의식이 강하기 때문이다. 그렇지만 중국이 할리우드에 도전하기 시작하자 미국의 반응은 달랐다.

완다그룹은 중국 최대의 영화관 체인 경영을 비롯해, 부동산 비즈니스에도 손을 대왔다. 1988년에 왕젠린이 창업하고 최초에는 부동산 개발로 활용했던 복합기업체이다. 거대한 상업 시설 '완다광장(萬達廣場)'을 중국 각지에 전개했다. 유니클로 등 해외 기업 테넌트(tenant)가 많고, 2005년부터 영화 등 오락 산업에 참여했다. 중국 국내에서 경영하는 영화관은 88개, 스크린은 730개를 자랑한다. 이 완다그룹이 미국의 대형 영화관 체인 AMC 엔터테인먼트를 매수했던 것이다. AMC는 경영 압박 때문에 중국 기업이 매수하는 것을 용인할 수밖에 없었다. 액수는 26억 달러(약 2060엔)였다. 기업 가치는 기껏해야 15억 달러여서, M&A 전문가들은 "비싼 매물이다"라고 비웃었다.

중국 기업으로서는 사상 최초의 대규모 매수로, 완다는 AMC의 전체 주식을 취득하여 완전 자회사로 만들었다. 완다그룹은 세계 2위의 영화관 운영 회사·AMC 매수로 세계 최대의 영화관 체인이 된다. 왕젠린은 "2020년에는 세계 비중의 20%를 점유하겠다"고 고자세를 드러냈다. 그렇지만 그의 진정한 타깃은 스태프, 할리우드 제작사의 참여라고 언급된다.

영상 기술이 열악했던 시대라면 몰라도, 근년의 중국 영화에는 우수한 작품이 두드러지고, 미국 영화 관계자들에게 중국의 영화제작 그 자체가 할리우드를 위협하고 있다는 강박관념이 확대되었다. 게다가 거대 스튜디오의 존재도 있다. 쑤저우(蘇州)에는 디지털 영화촌이 완성되었는데, 상하이 남쪽 약 300km에 자리 잡은 헝뎬(橫店)이라는 지방에 650ha의 영화성(映畵城)이 있다. 교토 우즈마사(京都太秦)[9]는 비할 바가 못 될 만큼 광대하며, 3~4개의 스펙터클 영화를 동시 제작할 수 있다고 한다.

이곳에서는 7만 2000명이나 되는 사람들이 일하며, 세계의 스펙터클 영화제작은 문제가 아니라고 호언장담하고 있다. 거대한 작품을 간단하게 만드는 경이적인 설비, 저렴한 엑스트라 인건비! 미국의 영화 관계자들은 중국의 본격적인 도전에 전전긍긍하고 있다.

영상, 특히 엔터테인먼트 세계에 진출하는 중국의 기세는 과거 일본 기업을 흉내내는 것이지만, 실력 면에서는 일본보다 앞서 있다.

---

9 도에이 우즈마사 영화촌(東映太秦映畵村, Toei Kyoto Studio Park)을 지칭한다.
_옮긴이 주

제5장

금융 마피아와 자원파資源派

저우샤오촨
周小川

중국의 금융정책을 관장하는 거물

1948년 출생. 2003년부터 중국인민은행 총재를 맡고 있는데, 제18차 당대회에서 중앙위원이 되지 못해 곧 퇴임할 예정이다.

금융시장도 또한 태자당의 돈벌이 장

중국의 금융정책을 관장하는 톱은 저우샤오촨 중국인민은행[1] 총재이다. 이미 10년 가까이 중국의 중앙은행 총재 자리에 앉아 있다.

해외로 출장하는 일이 많은 세계의 영광스러운 무대에서 대활약하고 있으며, 국제회의에서는 스타 대접을 받아, 누구나 저우샤오촨을 안다.

저우샤오촨은 2012년 8월 22일, 베이징에서 개최되었던 금융연구회에서의 짧은 인터뷰에서 "주택 가격 변동, 난조를 억제하기 위해서 한층 더한 금융 완화가 필요한가?"라는 질문에 "금융정책에 그 어떤 수단 행사도 선택지로부터 배제하지 않고 있다"(≪월스트리트저널(Wall Street Journal)≫ 중국어판, 2012년 8월 23일 자)고 답했다.

"그 어떤 수단 행사"란 '통화 공급, 은행 간 금리, 예금 금리, 공정보합, 환율' 등인데, 그 시점에서 저우샤오촨은 과거 9개월간 '지급 준비율'을 3회 인상하여 부동산 폭락에 제동을 걸고자 필사적이었다.

저우샤오촨의 발언은 국제적 영향력을 갖고 있고, 2012년 6월 4일에는 "중국이 국제통화기금(IMF) 증자(增資)에 협력하지 않는다고 하는 선택은 취하지 않을 것이다"라고 발언했다.

같은 해 5월 25일에는 "원저우(溫州)에서 행해진 금융 개혁의 실험은 좀 더 완만하게"라고 하며, 개인의 외자에 의한 투자 허가라고 하는 급

---

1 중국인민은행: 중국의 중앙은행이다. 1948년에 허베이성에서 설립되어 1949년 건국 때 베이징으로 옮겨졌다. 사회주의 체제 아래에서 장기간 중앙은행 기능과 시중은행 기능을 맡아왔는데, 경제개발 노선에 따라 서서히 시중은행 기능을 분리시켰다. 1995년 전국인대에서 '중국인민은행법'을 제정하고, 중앙은행 기능에 특화되도록 했다. 1998년에 대규모의 기구 개혁을 실시했다. 전국 9개 지역 지점으로 통합되었다.

진 정책에 브레이크를 거는 등, 오로지 시장의 안정을 노리고 있는 발언이 계속되었다.

즉, 시장에서는 저우샤오촨의 발언이 경제를 관장하는 원자바오, 리커창의 발언보다 무겁게 받아들여졌던 것이다.

저우샤오촨은 칭화대학을 졸업했으며, 1991년 국가외환관리국(國家外彙管理局) 국장, 1997년 중앙위원 후보, 1998년 중국건설은행 행장, 같은 해 증권거래위원회(SEC) 위원장, 2002년 중앙위원이 되었다. 그리고 2003년부터 중국인민은행 총재를 역임했다. 현재 67세이다.

부친은 저우젠난(周建南)이다. 기계광업부(機械鑛業部) 부장이었다. 즉, 그도 '태자당'의 일원이다.

저우샤오촨의 퇴임은 2013년으로 알려져, 후계자로 지목되는 이가 샤오강, 궈수칭, 리우지웨이 세 사람이다.

샤오강

肖鋼

마오쩌둥과 고향이 같은 은행가

1958년 출생. 중국은행中國銀行, 홍콩중국은행 회장. 리먼 쇼크 때 강경한 발언을 반복했던 것으로도 알려져 있다.

미국 달러와 유로 채권 보유에 적극적

중국은행[2]의 영문명은 'Bank of China'로, 확실히 중국의 중앙은행인가 하고 착각하게 된다. 아니, 이 은행은 지난 역사를 되돌아보면 중국의 중앙은행이었던 적도 있다.

연혁을 상세하게 논하면 복잡해지기 때문에 간단하게 언급하지만, 청나라 말기인 1905년에 창설되어 당시에는 '대청호부은행(大淸戶部銀行)'이라고 일컬어졌다.

1908년에 '대청은행(大淸銀行)'으로 개칭했고, 1911년 신해혁명(辛亥革命) 이후 쑨원이 '중국은행'이라고 하여 중앙은행의 기능을 부여했다. 그리고 1928년에는 외환전문은행이 된다. 과거 일본의 외환전용은행이 '도쿄은행(東京銀行)'이었던 것처럼 말이다.

1979년에 중국은행은 국무원 관할에 놓이고, 나아가 1993년까지 '태환권(兌換券)'을 발권했다. 당시 외국인은 이 태환권이 아니면 물건을 사지도 못했다. 거꾸로 말하자면 인민폐는 휴지 조각과 같이 취급했기 때문에 신용이 없었고, 중국 각지에서는 미국 달러, 홍콩 달러, 일본 엔화의 순서로 암시장 환율이 높았다. 1993년에 호완(豪腕) 재상이라고

---

2 중국은행: 중국 2위의 상업은행이다. 1949년 건국을 계기로 중국인민은행의 관리를 받게 되고, 유일한 외국환전문은행이 된다. 1979년에 중국인민은행의 관리를 떠나, 태환권의 발권 업무(태환권의 종료에 따라 1993년에 중지)를 행하게 된다. 또한 1994년 외환전문은행에서 국유상업은행이 되어, 홍콩 분행(分行)이 홍콩 달러의 발권 업무를 개시한다. 이듬해인 1995년에는 마카오 분행이 마카오 파타카의 발권 업무를 개시헌다. 2001년에는 홍콩 분행이 독립하여 홍콩중국은행이 되고, 홍콩증권거래소에 상장되었다. 중국은행도 2004년에는 국유은행이 아니라 민간은행이 된다.

다. 2006년에 상장하고, 골드만삭스가 대주주가 된 것은 앞서 말했는데, 2012년에 골드만삭스는 몰래 중국공상은행 주식을 매각했다. 매각 주식은 싱가포르 정부 계통의 펀드 '테마섹(Temasek)'이 구입했다.

이케부쿠로에 있는 중국공상은행 지점

중국공상은행의 사장은 장젠칭이라고 하는 엘리트 이코노미스트이다. 탄광 노동자로서 고학했던 과거도 있는데, 상하이교통대학에서 박사 학위를 취득하고, 1984년의 창설과 동시에 은행에 입사해 각 지점장을 역임했다. 2005년부터 CEO를 맡고, 일본 진출에도 적극적으로 나서고 있다. 도쿄 지점 외에 이케부쿠로(池袋)의 차이나타운화에 주목했는데, 앞으로는 재일 화교의 자금이 증가한다고 예상해 진출하고 있다.

다만 중국의 은행가는 때때로 알 수 없는 행동을 취한다.

실제로 중국의 은행가는 도쿄를 무대로 기괴한 행동을 취했다. IMF-세계은행, 도쿄 연차총회 관련 회의에 중국의 대형 은행이 결석했던 것이다.

2012년 10월 9일부터 도쿄에서 개최된 IMF-세계은행 연차총회의 관련 회합에 중국교통은행(中國交通銀行), 중국농업은행(中國農業銀行), 중국건설은행이 결석했다(다만 본회의는 출석했다). 이것은 중국 정부의 괴롭힘 작전의 연장으로, 일본 정부의 센카쿠 열도 국유화에 대한 반발이다. 한편에서 보면 유치하다. 10월 29일부터 오사카시(大阪市)에서 열린 금융 관련 회의에도 중국공상은행과 중국농업은행 등 몇 개의 대형 은행이 참석하지 않았다.

　그러나 이것은 일본에게 다행스러운 것이 아닐까? 즉, 중국이 간청해 왔던 인민폐 직접거래의 동결 및 중지가 가능해졌을 뿐만 아니라 도쿄가 인민폐의 오프쇼어시장이 되는 것을 저지할 수 있는 이유가 생겼다.

　이에 따라 중국 기업의 일본 기업 매수와 중국 펀드 계통의 주식 취득에 어려움이 생겨, 손해를 보는 것은 중국 측이기 때문이다.

궈수칭
郭樹淸

네이멍구자치구 출신, 문혁 시기 하방을 경험

1956년 출생. 2005년부터 중국건설은행을 이끌고 있다. 저우샤오촨을 대신해서 중국인민은행 차기 총재의 최우익이라고 언급된다.

국내 경기 악화로 차주의 디폴트 속출

중국건설은행

중국 3위의 은행은 국유은행인 중국건설은행[4]이다.

1954년 10월 1일, 국가의 기본 건설 자금을 관리하기 위해 '중국인민건설은행'으로서 창설되었는데, 개혁개방 정책에 의해 개인 저축과 주택 대출, 기업 대출, 국제금융업무에 진출했다. 주룽지의 금융 개혁에 의해 1994년에는 정책금융 분야를 재무부와 국가개발은행(國家開發銀行)에 이관하여 상업금융에 특화하게 되었고, 1996년 3월에 '중국건설은행'으로 개칭한다. 그 이후 2005년 10월 27일, 중국의 4대 국유은행으로서는 최초로 홍콩증권거래소에 상장했다.

2012년 4~6월(2/4분기) 결산은 20% 증익되고, 대출과 수수료 수입이 증가한 것 외에 자산의 질이 개선되었다는 보고가 있었다. 그렇지만 중국의 경기 둔화에 따라 차주(借主)가 디폴트(채무불이행)에 차례로 빠지는 상황에서 수익 유지가 갈수록 곤란해지고 있다.

동 은행은 2000여 개의 지점망과 ATM 설비 1만 개 소를 갖고 있으며, 은행원 약 41만 명을 보유하고 있다.

본점은 베이징시 시얼환루(西二環路) 진룽다제(金融大街, 베이징 금융가)의 중국건설은행 빌딩이다. 지상 22층, 지하 3층, 높이 100m이다.

---

4 중국건설은행: 1954년에 중국인민건설은행(中國人民建設銀行)으로서 설립되었다. 1980년대 중반에는 건설 자금 업무 외의 분야에도 진출했다. 1996년에 중국건설은행으로 개칭하고, 2006년에는 홍콩증권거래소에 상장했다.

곽수칭 CEO는 다른 라이벌 은행의 CEO와는 달리 적극적 M&A를 통한 해외 진출 전략을 좇는 데 신중하다. "해외 진출의 의욕은 있다. 다만 구미에서의 기업 매수에는 별로 흥미가 없다. 성숙한 시장은 성장 잠재력이 부족하기 때문이다"라고 논했던 적이 있다.

또한 "서방 측 선진국에는 좋은 조건의 매수 안건도 있지만, 장기적으로 본다면 금융업이 내리막길에 있다. 오히려 해외의 중국계 기업과 중국계 주민을 향한 업무를 확충해가고자 한다"고 했다. 그 때문에 2009년에 뉴욕과 런던에 분행·지사를 설립했다. 2010년에는 베트남과 오스트레일리아에도 거점을 설치했다.

궈수칭 CEO는 금융위기의 영향으로 "향후에는 제휴가 다소 완화될 것이다"라고도 시사했다.

이렇게 말하는 궈수칭은 1956년 8월 출생이다. 출신지는 네이멍구자치구이다. 문혁 중인 1974년에 네이멍구자치구 두얼보터 후허하오터[Dorbod Hohhot, 쓰쯔왕기(四子王旗)][5]에 하방되어 농작업에 종사했다.

1978년 톈진의 난카이대학 철학과에서 배우고, 1980년대에 영국으로 유학하여 옥스퍼드대학에서 금융학을 학습했다. 1998년 구이저우성 부성장으로 취임했다. 2001년 4월 중국인민은행의 부총재로 승진하고, 국가외화관리국 국장을 역임한 이후, 2005년 3월부터 중국건설은행 행장이 되었다. 차기 중국인민은행 총재 레이스에 참가하고 있다.

---

5 쓰쯔왕기: 네이멍구자치구 우란차부시(烏蘭察布市)에 만들어졌던 기(旗)를 말한다. 지명으로 생각해도 좋다. 쓰쯔왕(四子王)은 칭기즈칸의 동생 조치 카사르(Jo'chi Qasar)의 자손에 해당하는 4형제를 지칭한다.

러우지웨이
樓繼偉

세계 제일의 외화준비고를 운용

1950년 출생. 고학하여 32세에 칭화대학 계산기학과를 졸업. 그 이후 국무원 부
비서장副秘書長을 지내고, 현재 중국투자유한책임공사中國投資有限責任公司, CIC를 이끌
고 있다.

일본 주식을 계속 보유하는 수수께끼의 펀드 'OD05'는 별동대

≪파이낸셜타임스≫가 2008년에 '세계의 금융인 50인'을 선발했다. 그중 중국인이 4명이었다[일본에서 선발되었던 이는 시라가와 마사아키(白川方明) 일본은행 총재 1명뿐이었다]. 원자바오 총리, 왕치산 부총리, 저우샤오촨(중국인민은행 총재), 그리고 러우지웨이(중국투자유한책임공사 회장)이다.

중국투자유한책임공사[6]는 중국의 국부(國富) 펀드이다. 정식으로는 중국투자유한책임공사이다. 최초 설립시 외화준비고로부터 2000억 달러나 되는 비용을 전환시킨 펀드였기 때문에, 세계 매스컴의 이목이 집중되었고, 세계의 금융 관계자들이 충격 어린 시선으로 지켜봤다. 갑자기 사우디아라비아, 쿠웨이트, 싱가포르의 국부 펀드와 어깨를 나란히 했기 때문에, 중국투자유한책임공사가 다음에 무엇을 할 것인지 그 일거수일투족을 세계가 주시했다. 거액의 외화준비고를 운용하기 위해 싱가포르 정부 계통의 펀드 '테마섹'을 본보기로 2007년에 시작되었다.

2010년 말의 추정 자산은 4200억 달러(≪월스트리트저널≫, 2012년 3월 6일 자)이다. 지금 중국투자유한책임공사는 방계(傍系) 펀드를 포함하면 1조 달러의 외화를 운용하는 세계 최대의 국부 펀드로 언급되고 있는데, 오스트레일리아의 수수께끼 펀드(뒤에서 언급한다) 배후에 있는 물주로 추정된다.

당초 중국투자유한책임공사는 미국의 헤지 펀드 '블랙스톤(Black-

---

6 중국투자유한책임공사: 중국 정부가 거액의 외화준비를 운용하기 위해 설립한 정부 계통 펀드이다. 2007년에 운용을 개시했다. 운용 자산액은 3000억 달러 이상인 것으로 추측된다.

stone)'에 30억 달러를 투자하고, 그다음 모건스탠리에 50억 달러, 영국 바클레이스은행에도 투자했다.

2008년 9월, 월스트리트의 금융위기 발발로 헤지 펀드의 영웅 '블랙스톤'의 투자 활동이 좌절된다. 참고로 중국투자유한책임공사가 매수했던 시점에 블랙스톤의 주가는 29달러 60센트였다. 이것이 2008년 12월 2일의 종가에 5달러 34센트가 되었다. 82%나 주가가 폭락했다[블랙스톤은 미국 전 상무부 장관 리처드 리처드슨(Richard Richardson) 등이 개설한 헤지 펀드의 신흥 세력으로 힐튼호텔 매수 등으로 널리 알려진 정치 종목이기도 하다].

중국의 인터넷 댓글에는 "이게 무슨 쓸데없는 투자냐!", "책임을 져라", "구미에 속았던 것이다" 등의 굉장한 비판이 집중되어, 당국이 인터넷 게시판을 폐쇄했을 정도였다.

2009년 12월 3일에는 홍콩에서 개최된 '클린턴 이니셔티브 회의'의 최종일에 베이징에서 날아온 러우지웨이 회장이 연설 중에 "더 이상 우리는 서방 측의 금융기관에 투자하지 않는다"라고 말했다.

이는 국제금융위기 — 세계적 금융 시스템의 파탄을 눈앞에 두고 중국 금융의 중추인 중국투자유한책임공사의 톱이 공식적인 자리에서 '이제부터는 협력하지 않는다'고 발언한 것과 같으며, 이제까지 비밀리에 구미 은행에게 구제를 요청받아왔던 중국투자유한책임공사에 대한 기대감을 폭풍우와 같이 날려 보내버렸다. 대조적으로 중국은 국내 경기 자극과 내수 확대를 위해 5800억 달러(약 57조 엔)를 투자한다고 발표했는데, 이것은 주로 고속도로 건설과 철도망 확충에 집중된 것이다.

러우지웨이 회장은 "주장(珠江)삼각주로부터의 대미 수출이 갑자기 격감한 것은 미국의 불황은 물론이거니와, 또 미국은행(美國銀行)의 신용장(L/C) 고갈 때문이다"라고 비판했다.

즉, 미국은행의 자본 부족으로 미국의 수입업자가 미국은행으로부터 신용장을 개설할 수 없다. 자금과 달러가 부족해 비즈니스가 성립되지 못했으며, "주장 지역의 수출 기지에서 공장 폐쇄, 도산, 실업이 확대되었다"라고 미국에 대한 책임 전가도 잊지 않았다. 그렇지만 주문하더라도 신용장은 개설되지 않고 멍하니 있는 것이 중국인의 수법이며, 미국인은 이번에 이 수법을 흉내낸 것이라고 말해졌던 것이었다.

러우지웨이는 칭화대학을 졸업한 이후 재무부로부터 국무원 부비서장을 거쳐 중국투자유한책임공사 회장에 발탁되었다. 배후에 주룽지 전임 총리의 그림자가 있으며, 지금은 중앙위원 후보이기도 하다. 중국투자유한책임공사 사장은 가오시칭(高西慶, 중국사회보장기금 전임 이사장)[7]이다.

그런데 수수께끼 펀드로 여겨지는 'OD05 옴니버스'는 2012년 3월 말 시점에 일본 주식을 3조 5000억 엔어치나 보유하고 있는 것으로 밝혀졌다. 도요타자동차(豊田自動車, 9위), 미쓰비시 UFJ 은행(三菱UFJ銀行, 3위), 혼다(7위), 미쓰비시상사(三菱商社, 6위), 히다치(日立, 3위), 파나크(ファナック, 5위), 다케다약품(武田藥品, 5위), 고마쓰(コマツ, 6위), 닛산자동차(日産自動車, 7위), NTT 도코모(NTTドコモ, 4위)를 보유하고 있는데, 운용자가 누구인지도 밝혀지지 않고 있으며, 목적도 명확하지 않

---

7 가오시칭(1953~): 산시성(陝西省) 출신으로 1986년 미국 듀크대학(Duke University)에서 법학 박사학위를 취득했다. 귀국 이후 중국증권감독관리위원회, 중국은행, 전국사회보장기금 이사회, 중국투자유한책임공사 등에서 여러 직책을 맡았다. 2014년 7월 칭화대학 법학원 교수가 되었다. _옮긴이 주

다. OD05 옴니버스는 신탁 형식이기 때문에 실제 주주가 불명확하다. 그래서 중국투자유한책임공사가 배후에 있는 게 확실하다는 이야기가 돌고 있다.

쑨자오쉐
孫兆學

세계 제일의 금 생산 및 소비를 견인

1962년 출생. 중국황금그룹 CEO. 2012년 8월 중국공산당 기관지를 통해서 중국 정부의 '금 전략' 논문을 발표했다.

1개의 기업으로 일본 정부가 보유한 '금 비축' 양의 2배를 보유

세계의 금맥 지도가 격변하고 있다.

2012년 8월 17일 빅뉴스가 시장에 돌았지만, 일본 독자는 아마도 몰랐거나 관심이 없었을 것이다. 중국황금그룹이 세계 최대의 금광 기업 배릭골드(Barrick Gold)의 아프리카 자회사를 매수하기 위해 교섭을 개시했다는 보도였다. 구미의 시장 관계자들은 야단법석이지만 역시 일본은 정보의 모기장 바깥이었다. 같은 날 일본의 미디어는 센카쿠에 불법 상륙한 홍콩 활동가 등의 강제송환 소식을 크게 보도했다. ≪니혼게이자이신문≫만이 8월 17일 자 석간에 이 빅뉴스를 조그맣게 냈다(로이터 기사를 원용했다). 도대체 무엇이 문제인 것인가?

중국 최대의 금 기업은 베이징에 본사를 둔 '중국황금그룹'이다. 국유기업으로 종업원은 2만 7000명 남짓이고 상하이 주식시장에도 상장되어 있다. 상하이 만국박람회 철거 부지에 빌딩이 건설 중이다. 국내에 보유한 금광산은 65개, 2011년에 78톤을 생산했고, 21억 위안을 투자하여 간쑤성 금광 채굴권을 획득했다. 중국 국내 금 생산의 20%는 중국황금그룹이 과점하고 있다.

이 회사는 중국 국내에서 금을 생산하고 있을 뿐만 아니라 은, 동(구리) 등의 생산, 정련, 유통, 판매도 행하고 있다. 금괴에는 각인하여 판매하고 있는 중국 최대의 '금 회사'이다. 중국 국내에서 유명한 '금 생산' 지구는 산둥성의 자오위안시(招遠市)·펑라이시(蓬萊市)·라이저우시(萊洲市) 외에, 푸젠성의 상항현(上杭縣)·구이저우성·산시성(陝西省), 네이멍구자치구의 우라터(烏拉特) 등이다.

중국의 금 소비는 2011년에만 761톤이며, 이 중 개인에 의한 금괴 구매는 213톤이나 된다. 중국의 1년치 금 소비량이 일본 국가가 보유한

금 비축량에 필적한다. 중국황금그룹 1개 회사가 보유하고 있는 금은 1600톤 이상이라고 하며, 2016년까지 보유량이 1800톤으로 증가할 것이라고 호언하고 있다. 그런데 일본은행이 보유하고 있는 금은 거우 740톤 전후이다. 즉, 일본 금 보유량의 2배를 중국 1개 기업이 갖고 있는 것이다. 그것이 문제이다.

중국이 전체 주식 혹은 다수를 매수하려고 하는 것은 배릭골드의 아프리카 자회사 '아프리카배릭골드'이다. 탄자니아에서 금광산 3개소를 개발하고 있다. 배릭골드는 아프리카배릭골드의 주식 74%를 소유하고 있다. 배릭골드는 수익 악화로 최고경영자가 경질되었을 뿐만 아니라, 매수 교섭 중개는 UBS가 맡고 있다. 2012년 8월 16일 자 ≪파이낸셜타임스≫는 "중국의 쯔진광업그룹(紫金鑛業集團)[8]도 아프리카배릭골드의 주식 취득에 관심이 있다"고 전했다.

그런데 배릭골드는 왜 세계 제일이 되었을까? 대표적 금 생산국은 남아프리카공화국으로, 시세가 정해져 있었다. 그렇지만 그것도 백인 정권이 경제를 운영하던 아파르트헤이트(apartheid) 시대까지였다. 남아프리카공화국의 '앵글로골드 아샨티(Anglogold Ashanti)'는 다이아몬드 브랜드인 드비어스(De Beers)와 나란히 과점 기업으로 일컬어졌으며, 미국의 '뉴몬트마이닝(Newmont Mining)'과 1위 자리를 놓고 경쟁했다. 캐나다의 배릭골드는 이 2대 강호의 틈바구니를 누비고 전 세계에서 금광 회사를 매수했다. 특히 페루, 아르헨티나, 오스트레일리아, 파푸아뉴기니, 기니, 칠레 등의 광산을 획득했는데, 이러한 적극적인 M&A 전

---

8 쯔진광업그룹: 금을 중심으로 하는 광물자원의 탐사, 채굴, 정련, 판매를 업무로 하는 중국의 대형 금광 회사이다.

략이 주효해서 세계 제일에 올랐다.

　중국은 GDP에서 일본을 제치고 세계 2위의 경제대국이 되었는데, 또한 금 생산 및 소비에서는 세계 1위가 되었다. 이렇게 되면 중국이 세계 1위의 '금 기업' 자리를 노리는 것은 당연하다. 중국황금그룹을 이끌고 있는 쑨자오쉐 사장은 이렇게 말했다. "중국에서는 금 생산량을 상회하는 금광맥이 발견되고 있으며, 금이 고갈되고 있다는 등의 말에는 근거가 없다." 이러한 쑨자오쉐의 발언에 대해 2012년 3월에 발표된 '월드골드카운슬(World Gold Counsel)' 보고서는 "6년 이내에 중국 국내의 금광맥은 (과도한 채취로) 고갈된다"며 반론을 나타냈다.

장제민
蔣潔敏

석유광업부石油鑛業部가 독립하여 법인화

1955년 출생. 중국석유화공그룹中國石油化工集團, Sinopec의 노조 서기가 되고, 현재 중국석유천연기집단공사中國石油天然氣集團公司, CNPC를 이끌고 있다. 2012년 11월 중국 공산당 제18차 당대회를 거쳐 중앙위원이 되었다.

전 세계에서 자원을 사 모으다

중국석유천연기집단공사[약칭 중국석유그룹(中國石油集團)][9]는 중국 최대의 석유 생산 및 판매 기업이다. 수년 전에 세계 기업 순위에서 수위를 장식했다. 페트로차이나(Petro China)는 자회사이다. 홍콩과 뉴욕 주식시장에 상장되어 있는데, 국유기업이며 대주주는 중국 정부이다. 그래서 중국공산당의 자원 관련 전문 그룹의 수장이 경영진을 임명한다.

정책, 특히 외교와 밀착된 비즈니스이기 때문에 민간이 맡을 수 없다. 또한 이 기업의 고문이 헨리 키신저(Henry Kissinger, 미국의 전임 국무부 장관)인 데서 알 수 있듯이, 세계 최강 로비를 뽐낸다. 과거의 수장은 저우융캉(전임 정치국 상무위원, 서열 제9위)이었다. 저우융캉은 부패분자의 대표격이며, 보시라이와 함께 실각할 운명으로 언급되고 있는데, 장쩌민의 보호를 얻어 생명을 연장하고 있다.[10]

중국석유천연기집단공사는 원래 정부의 석유광업부가 독립한 것으로, 신장위구르자치구에서 유전을 발견했던 것 외에, 헤이룽장성의 다칭(大慶), 산둥성의 성리(勝利) 유전을 발견·발굴하고, 석유 생산에 성공했다. 석유광업부는 폐지되었기 때문에 결국 이 회사는 정부의 한 부문이라고 생각해도 좋다.

1998년에 석유 기업의 난립을 예방하기 위해서 이 회사와 중국석유화공그룹이 정식으로 성립되었다. 지금은 엑슨모빌(Exon Mobile), 애플(Apple)에 다음가는 세계 3위의 기업이다.

---

9 중국석유천연기집단공사: 국유기업이다. 원유·천연가스의 생산 및 공급, 석유화학공업 제품의 생산 및 판매를 행한다.

10 그러나 110쪽 각주 18에서 언급했듯, 결국 저우융캉은 실각했다. —옮긴이 주

중국석유천연기집단공사의 핵심은 페트로차이나[11]로, 자원을 획득하기 위해서는 전쟁 지역이든 분쟁 지역이든 가리지 않고 진출한다. 수단, 캐나다, 베네수엘라 등 위험 지대라고 해서 주저하는 연약한 기업이 아니다. 이란은 서방 측이 제재하고 있지만 상관하지 않는다. 리비아에서는 무아마르 카다피(Muammar Gaddafi)와 밀접한 관계를 맺었지만 내전이 발발하자 3만 6000명이나 되는 종업원을 국외로 탈출시켰다. 카다피 정권 붕괴 후에는 어느새 새로운 정권과 깊이 결탁했다.

그렇다 하더라도 이런 전투적 자세는 때로는 마이너스로 작용한다. 수단이 분열해 남수단과 분리되었을 때, 중국은 왕성하게 석유를 부정 유출했다. 또한 종업원 주택을 시가의 1/3로 판매하는 등의 사원 우대 정책으로 비난을 초래했다.

현재 중국석유천연기집단공사를 이끌고 있는 이는 장제민이다. 장제민은 2010년에 "이라크 할파야(Halfaya) 유전 개발을 개시한다. 또한 국제 사업과 해외투자가 증가하는데, 중앙아시아에서 천연가스사업도 가속화한다"라며 강한 자신감을 보였다. 장제민은 제18차 당대회에서 중앙위원으로 진출했다.

2011년이 되자 "국내외 천연가스의 가격차 문제에 대해서 관계 정부 부문이 당면한 해결책을 검토하고 있으며, 일부는 시장이 부담하는 것과 동시에 정책상 일정한 지원을 강구하게 된다"고 지적했다. "최종적으로 기업이 모든 것을 부담하는 일은 없다. 원유 가격이 1배럴에 90달

---

11 페트로차이나: 중국석유천연기(中國石油天然氣). 약칭은 중국석유(中國石油)로 중국석유천연기집단공사의 주요 자회사이다. 키신저가 고문이다. 뉴욕 증권거래소에 상장되어 있으며, 국유기업의 느낌은 약하다.

러 이상이 되면, 페트로차이나 제유 사업은 적자가 된다"라고 말을 이었다.

이것은 '아랍의 봄'이라고 구가되었던 — 산유국 동란 질문에 대한 답으로, "중동과 북아프리카의 위기가 지나가면 석유 가격은 1배럴에 95~100달러로 안정된다"라고 했다.

2012년 11월 아프가니스탄에서도 석유 시굴에 성공했고, 동 회사는 1일 7950배럴을 생산하고 있다.

【 제6세대의 핵심은 자원파 】

쑤수린(蘇樹林) ㅣ 중국석유화공그룹 전임 CEO

모두가 원자력발전 추진파

쑤수린

중국석유화공그룹[12]의 회장이었던 쑤수린은 푸젠 성 성장으로 전출했다.

제6세대 대표 선수의 한 사람으로서 정치의 장면에서 '자원파'의 두목감으로 언급되고 있다. 새롭게 중국석유화공그룹 회장이 된 푸청위(傅成玉)[13]는 아직 미지수이다.

중국석유천연기집단공사, 중국석유화공그룹 다음으로 업계 3위인 중국해양석유(中國海洋石油, CNOOC)는 주로 해외 광구(鑛區)를 개발하

---

12 중국석유화공그룹: 중스화그룹(中石化集團)으로 불리는 경우가 많다. 중국석유 천연기집단공사와 어깨를 나란히 하는 2대 석유 국유기업이다.

13 푸청위(1951~): 2007년 중국공산당 중앙기율검사위원회 위원에 임명되었으며, 2015년 5월 4일까지 중국석유화공그룹 이사장 및 당조 서기를 역임했다. —옮긴 이 주

기 위해 설립되었다. 결국 중국해양석유도 중국석유천연기집단공사도 중국석유화공그룹도 각기 다른 회사로서 경합할 듯하나, 뿌리는 중국 공산당으로 동일하다.

제18차 당대회에서 정치국 상무위원에 들어간 장가오리도 석유·가스 산업 출신자로, 즉 '자원파'이다. 그리고 그들은 모두가 원자력발전소 추진파이다. 중국에서 가동 중인 원자력발전소는 13기(基), 건설 중인 것은 26기, 계획 중인 것은 28기이다. 중국은 일본 후쿠시마 원자력발전소 사고 후에도, "중국의 기술 수준은 높고, 사고는 걱정할 필요가 없다"고 호언했다.

이러한 에너지 전략의 입안과 행사를 추진하는 세력이, 기존의 이익집단을 초월하여 대두한 '자원파'이다. 제6세대의 핵심 부대이기도 하다. 원자력발전소는 이들 이권의 생명선이다.

이제까지 석유, 가스, 수력발전 등은 수구파 자제들의 이권 마당이었으며 — 예를 들어 수리(水利), 특히 수력발전 프로젝트는 리펑 전임 총리의 아들 2명이 개입했고, 태자당이 이런 국유기업 간부를 겸직하는 것은 상식이었다. 변화라고 한다면 중국석유천연기집단공사도 중국석유화공그룹도 중국해양석유도 지금은 모두 국제기업이고, 나아가 홍콩에 상장되어 있으며, 해외 투자자들의 감시도 엄격하기 때문에 관리가 구미풍으로 바뀌고 있다는 점이다. 이에 따라 근대적 관리 능력이 있는 경영자군(群)을 핵심에 배치하고 있다.

왕이린

王宜林

쑤수린과 당 간부 자리를 놓고 경쟁하는
자원파의 대표 선수

1956년 출생. 중국해양석유를 이끌고 있다. 2012년 11월 중국공산당 제18차 당대
회를 거쳐, 당 중앙기율검사위원회中央紀律檢査委員會 위원에도 취임했다.

분쟁지라도 상관없이 진출하는 트러블 메이커

센카쿠 문제의 원흉은 이 중국해양석유[14]이다. 중국판 메이저 기업이다. 중국 국내에서는 3위이지만 국제적으로 악명이 높다.

첫째, 일본 영해로부터 '일중(日中) 중간선'을 넘어 가스를 도굴하고 있다. 또한 2012년 11월 10일에 왕이린은 "센카쿠에도 해양 리그(rig)를 투입한다"는 도발적 발언을 반복했다. 이와 같은 반일 자세는 돌출되고 있다.

둘째, 미국의 메이저 기업 매수를 노리고 2007년에 미국 석유화학기업 유노컬(Unocal Corporation)을 산하에 두고자 했다. 미국 의회의 반대로 이 M&A는 중단되었지만 미국 보수파는 중국해양석유의 섬뜩한 존재와 야심을 알아챘다. 이후 오바마 정권의 대중(對中) 정책이 완화됨에 따라 2012년에는 미국의 가스 대기업 체서피크에너지(Chesapeake Energy)가 보유한 석유 오프쇼어 광구를 11억 달러에 매수했다. 캐나다는 '카자흐스탄석유(KazMunayGas: KMG)'를 중국해양석유에 매각했다.

셋째, 분쟁·전쟁 지역에도 태연하게 진출하여 구미 메이저가 발을 빼고 있는 나이지리아 늪지대의 석유 광구 3개를 확보하고 리그를 세웠다. 그것뿐만 아니라 최근 적도 기니에서도 광구를 확보한 것 외에, 오스트레일리아 엑소마에너지(Exoma Energy Limited)로부터 광구 5개를 매수했다.

---

14 중국해양석유: 약칭은 중국해유(中國海油). 국유기업이며 중국석유천연기집단공사, 중국석유화공그룹에 이어 3위이다. 이들 기업을 합쳐 중국 3대 석유 기업이라고 부른다. 중국 대륙 앞바다에서 석유와 천연가스의 탐사·채굴·개발 업무를 맡고 있다. 일중 중간선에 위치하는 동중국해 가스전을 강행 개발하고 있다.

중국해양석유는 자본금 500억 위안이다. 2011년 결산은 매상이 702억 위안으로 전년 대비 29% 증가했는데, 이것은 원유 가격 상승에 의한 것이다. 본사는 베이징에 있으며 종업원은 2400명이다. 이 회사를 이끌고 있는 이는 왕이린으로 58세이다. 석유학원(石油學院)에서 배우고 석유대학(石油大學)에서 지질학을 전공했지만, 젊었을 때부터 정치적 야심이 강했다. 지방의 석유 지점, 영업소 등에서 당 서기를 겸직했으며, 결국 중국 에너지 기업 3위인 중국해양석유의 당 서기가 되었다. 장쑤성 출신이다. 그는 단순히 '고용된 사장'과는 다르다. 다소 독재적인 재량권이 있는 CEO이다. 중국 정계를 뒤흔들고 있는 '자원파'의 영수(領袖)라고도 할 수 있다.

2012년 8월 하순에는 베이징 본사에 간부 사원들을 모아놓고, "연내에 남중국해에 심해 리그 3개를 만든다. 이것은 전략 무기이다"라고 선언했다. 남중국해에서는 베트남, 말레이시아, 브루나이, 필리핀의 영해 분쟁이 계속되고 있는데, 주변국은 상관없이 리그 공사를 추진하고 있다.

이런 강한 자세 이면에는 정치적 배경으로서, 명백한 당의 동의가 존재하며, 아마 당 중추의 간부 진입을 노리고 있으리라 추측되는 왕이린의 개인적 야망도 있을 것이다. 인민해방군에서 우주위성, 전략미사일을 발사했던 기술파(技術派)가 대두하고 있는 것처럼, 정계에서는 '자원파'의 약진이 현저하며, 현재 저우융캉은 석유파로서 정치국 상무위원까지 '날아오르는 용'처럼 출세했다. 다음 이 자리를 노리는 이는 쑤수린 중국석유화공그룹 전임 회장(현재 푸젠성 성장)이다. 왕이린은 그 뒤를 달리고 있다.

무모한 해외투자가 기대에 어긋나기 시작했지만 이것을 어떻게 처리할 것인가. 이제부터 그의 실력이 시험대에 오른다.

잠비아의 중국인이 경영하는 탄갱에서는 폭동이 일어나 중국인 관리자가 살해당했다. 이는 중국이 최저임금 230달러를 무시한 채 150달러만 지불하면서 이익 독점을 계속해왔던 결과이다. 잠비아의 수도 루사카(Lusaka)에서 남쪽으로 320km 떨어진 '코럼(corum) 광구'에서는 연간 12만 톤의 석탄, 구리, 소량의 코발트를 생산한다. 코발트는 전략물자로서 귀중한 희토류이다. 아마도 중국의 노림수는 구리에 부수(付隨)하는 코발트를 과점하는 데 있을 것이다.

중국은 잠비아에 대해서만 놓고 보아도 이제까지 광구 개발 등으로 20억 달러를 투자했다. 잠비아에게 중국은 중요한 국가이다. 그렇지만 동시에 아프리카를 중시하는 중국 외교의 파도에 편승해 자원 광구 및 농지를 닥치는 대로 구입해온 중국 정부와 매너 및 문화 차이를 극복하지 못한 중국인 경영자에 대한 반감이 현저하게 높아져, 잠비아뿐만 아니라 앙골라, 수단, 짐바브웨에서도 반(反)중국 폭동 보도가 이어지고 있다.

2012년 8월 4일 임금 인상을 요구한 탄갱 노동자가 폭동을 일으키고, 중국인 관리자를 광차로 치어 죽였으며, 그 밖에 3명이 중상을 입었다. 이 때문에 잠비아 정부는 노동부 차관을 현지에 파견하고 조사를 개시했다. 이미 코럼 광구에서는 중국의 경영 방침에 비판적인 노동자들이 여러 차례 폭동을 일으켰으며, 2010년에도 발포 소동으로 10여 명이 부상을 입었다.

현재 잠비아 대통령인 마이클 사타(Michael Sata)는 "중국의 신(新)식민지주의에 반대한다", "중국 자본을 쫓아버려라", "이것은 노예노동이다"라고 호소하며 2011년에 당선되었다. 잠비아 정부와 베이징은 대립 관계에 있었다. 사타 정권은 '최저임금법'을 제정하고 월급을 150달러에서 230달러로 인상하고자 했는데, 중국인이 경영하는 탄갱에서 이 법은 아직 적용되지 않고 있다.

　'승천하는 용'의 그림자에 반중(反中) 감정이 소용돌이치고 있어도, 중국의 침략적인 자원 전략에는 추호의 변경도 없을 것이다.

제6장

대일 외교의 사령탑과
군부 수뇌

대일 외교 입안의 막후 인물은 누구인가?

어느 나라라도 본래라면 외무장관이 소관하는 것이 외교다. 따라서 중국에도 외교부[外交部]가 있고, 외교부장(외무부장) 및 주일 대사가 일본과의 외교정책을 세우고 수행하고 있다고 착각하기 쉽다.

그러나 중국은 독재국가이고 모든 것은 관청이 아니라 독재 집권당인 중국공산당이 결정한다. 사과 껍질은 빨갛고 속은 하얀, 즉 국무원은 사과 껍질이고, 국무원 기구의 행정 메커니즘에 외교부가 있으며, 외교부는 당의 지령으로 움직인다. 외교부장은 서열 사백 몇십 번째 정도로, 당의 위계질서로 본다면 병졸 무리쯤이어서 전혀 정치력이 없다.

그렇다면 국무원-외교부라는 사과 속에서 표면적으로 대일관계의 요체에 위치하는 자는 누구인가?

탕자쉬안(중일우호협회[1] 회장, 전임 국무위원), 왕이(王毅, 전임 일본 주재 중국 대사, 현재는 타이완판공실 주임), 왕자오궈(전임 국무위원, 후진타오의 선배) 정도일 것이다.

전임 외교부장인 리자오싱(李肇星)은 순위가 너무 낮기 때문에 영향력을 발휘할 수 없지만 심부름꾼으로 출연할 가능성은 조금 남는다. 장로격에는 첸지천(錢其琛) 전임 외교부장이 있다.

---

1 중일우호협회: 대일관계를 발전시켜 관민의 우호 교류를 촉진할 목적으로 중국 정부가 1963년에 설립한 대외 단체. 실제로는 대일 모략기관이라고도 불린다. 일본에도 1950년에 일중우호협회가 설립되었지만 현재는 2개 단체로 분열되어 각각 외무성 소관의 공익사단법인, 다른 하나는 일본공산당의 영향 아래 있다.

양제츠

楊潔篪

유엔에서 "일본은 센카쿠를 훔쳤다"라고 연설한 남자

1950년 출생. 제10대 외교부장. 영국 런던에서 공부했으며 어학에 뛰어나다. 2007 년 제17차 당대회에서 중앙위원으로 승격.

수호전과 금병매를 방불

양제츠 외교부장을 등한시해서는 안 된다.

이 인물이 일본에서 악명을 떨쳐진 것은 2012년 9월 유엔에서 센카쿠 문제로 연설했을 때이다. 그는 "센카쿠는 중국의 영토"라고 말을 꺼냈고 "일본이 훔쳤다"라고 하여, 사실무근과 품격 없음을 만천하에 드러냈다.

타인의 것을 자신의 것이라고 하는 것은 예전부터 강도·비적 집단이 출세한 정권이기 때문에 놀랄 것도 없지만, 내가 이 인물을 통해 연상하게 되는 것은 수호전과 금병매이다.

도적의 두목이 사냥감을 다른 집단에는 나누어주지 않아 자신의 파벌만 살찌운다. 거친 사내들의 의협을 그린 『수호전(水滸傳)』은 바로 오늘날 중국의 특권계급이다. 권력을 등에 업고 서민을 괴롭히고, 농민을 착취하여 이익을 독점하고 탐낸다. 이것을 위협하는 자가 있으면 모살·숙청·암살한다. "자, 우리의 천하이다. 불만이 있는가"라고 하는 것이다. 중국의 지니 계수[2]가 드디어 0.53을 기록했는데, 이것은 1%의 특권계급이 중국 부의 절반 이상을 차지하고 있는 상태를 의미한다.[3]

---

2 지니 계수: 사회의 소득분배 불평등을 측정하는 지표. 계수의 폭은 0에서 1로, 0에 가까울수록 격차가 작고 '0.4'를 넘으면 소요의 위기라고 한다.

3 부분적으로 잘못된 설명이다. 첫째, 지니계수란 소득분배 불평등을 측정하는 지표이지, 자산(부)의 분배를 측정하는 지표가 아니다. 자산은 자산 지니계수라고 해서 따로 측정한다. 둘째, 지니계수는 상위 1%가 차지하는 비율을 의미하는 것이 아니다. 단, 베이징대학의 최근 연구에 따르면 중국 상위 1%는 중국 전체 부의 1/3 이상을 차지한다고 한다. http://bjwb.bjd.com.cn/html/2014-07/26/content_200 825.htm _옮긴이 주

또한『금병매(金瓶梅)』라는 의미는 이렇다.

처첩 4명을 거느린 악당이 남의 부인을 다섯 번째 첩으로 삼기 위해 여자의 남편을 죽인다. "이 여인은 원래 내 것이었다"라고 말하면서. 센카쿠 열도가 중국의 것이라고 하는 것은, 바로 이 '금병매의 세계'이다.

이런 점을 알고도 유엔에서 당의 명령을 받고 발언할 수밖에 없는 양제츠도 자신의 바보스러움에 대해 스스로 웃을 있는 것이다.

양제츠는 1950년 출생으로 아직 65세이다. 상하이시 출신으로 1963년에 상하이외국어학원(上海外國語學院, 현재의 상하이외국어대학) 부속 중학교에 입학했지만 문혁으로 인해 공장 근무를 강요당했다.

1971년에 뒤늦게나마 출세를 도모하여 중국공산당에 입당했고, 외교부가 외국어에 뛰어난 인재를 선발하여 영국에 유학시키고 있던 기회를 이용했다. 영국에 파견된 양제츠는 배스대학교(University of Bath)와 런던정치경제대학(London School Of Economics and Political Science)에서 공부했으며, 귀국 후에는 외교부 번역실에 배속되었다.

조지 부시(George H. W. Bush) 대통령이 방중했을 때 모든 일정의 통역을 담당했을 정도로 어학 실력이 뛰어났다. 1983년 이후에는 주미대사관 2등서기관, 1등서기관, 참사관을 거쳐 외교부 북미·오세아니아국 참사관 겸 처장, 부국장, 공사, 외교부 부장조리(部長助理, 외무차관보)로 쏜살같이 출세의 계단을 뛰어올랐다. 1998년에 외교부 부부장(외무차관), 2001년에는 드디어 동경하던 주미대사에 임명되었다. 당시 정확히 50세였다. 그리고 2007년 4월 외교부장에 취임했는데, 동시에 중앙위원으로도 승격했다. 그래도 서열 순위는 300위 정도로 상정된다.

외교부장은 그 위치상 당이 강경 자세일 때는 외교의 기본을 무시하더라도 강경 발언을 반복할 것이다.

탕자쉬안
唐家璇

대일 외교의 막후 인물

1938년생. 베이징대학에서 일본어 전공. 외교부장, 국무위원을 역임. 2012년 3월에 중일우호협회 회장에 취임.

중일 우호 40년 기념사업도 보이콧

"중국인은 우물을 판 사람을 잊지 않는다고 했다. 그러나 지금의 반일 폭동은 우물을 판 사람을 잊어버린 처사이다." 내가 지인인 중국인에게 이렇게 말하자 이런 퉁명스러운 대답이 돌아왔다. "베이징에서는 최근 우물을 파지 않는다. 수도가 있다."

그렇다면 대일 외교를 입안하는 막후 인물은 누구인가?

외교부장 경험자, 전임 국무위원인 탕자쉬안이다. 그는 보시라이의 실각이 결정된 2012년 3월 15일에 '중일우호협회'의 회장으로 취임했다. 이 명문 조직에는 숨겨진 모습이 있다. 그 정체는 중일 인맥이 우글거리는 대일 모략기관이다.

탕자쉬안은 외교부장 시절에 고이즈미 준이치로(小泉純一郎) 총리의 야스쿠니 참배를 둘러싸고 "절대로 참배하지 않도록 엄명했다"고 발언하여 물의를 빚었다. 그 강경파적 자세를 견지하고 있어 중일 우호 40년 기념사업도 중국이 기축에 있으면서 보이콧을 주도하는 모순에 빠졌다.

2012년 5월 25일 자 ≪산업신문(産業新聞)≫에서 그 '활약'상을 살펴보자.

대일교류단체 '중일우호협회' 회장인 탕자쉬안 전임 국무위원은 24일 중국 구이저우성 구이양시(貴陽市)에서 열린 중일우호교류회의에서 센카쿠 열도(중국명 댜오위다오)와 신장위구르자치구를 둘러싼 문제 등을 염두에 두고, "국교 정상화 40주년 무드에 악영향을 미치고 양국 관계에 중대한 장해가 되고 있다"고 쓴소리를 토로했다. "(올해 들어) 중일관계를 둘러싸고 일본 국내에서 몇 가지 문제가 발생했다"고 지적하며 "서로의 핵심 이익과 중대한 관심사를 존중해야 한다"고 주장했다.

왕이 전임 대사는 중요한 때는 항상 없었지만 약삭빠르게도 귀국 후
에는 출석하여 타이완판공실⁴ 주임이 되었다. 그가 차기 외교부장이 될
것이라는 이야기도 있는데, 타이완판공실이야말로 타이완 관련 정책을
좌지우지하는 중추이다.⁵

【 중국 인민해방군의 수뇌 】

가장 중요한 조직은 당 중앙군사위원회

중국을 이해하는 데 빠질 수 없는 것이 군부, 즉 중국인민해방군이
다. 중국인민해방군은 국가의 군대가 아니라 '당(黨)의 군대'라는 것이
가장 큰 특징이다.

221쪽의 조직도를 봐도 분명하듯이, 중국인민해방군을 지휘하는 것
은 중국공산당 중앙군사위원회⁶라는 조직이다. 당이 아니라 국가가 소
관하는 국가중앙군사위원회라는 조직도 있지만, 이는 형식에 지나지

---

4 타이완판공실: 정식 명칭은 국무원 타이완사무판공실. 약칭은 국대판. 당에도 중
  앙타이완공작판공실이 있지만, 양자는 타이완에 관한 사무 작업을 도맡아 실시한
  다는 의미에서 동일하다.
5 2015년 현재 외교부장이다. __옮긴이 주
6 중앙군사위원회: 중국공산당의 최고 군사지휘기관. 인민해방군을 지휘한다. 약칭
  은 중앙군위 또는 군사위. 국가중앙군사위원회도 있지만 통상 중앙군사위원회라
  고 하면 당 중앙군사위원회를 가르킨다. 수장은 중앙군사위원회 주석. 장쩌민은
  후진타오에게 총서기를 넘겨주었지만 중앙군사위원회 주석 자리는 2년간 양보하
  지 않았다.

인민해방군조직도

당 중앙군사위원회

주석 시진핑

부주석 쉬치량
(정치국원)

부주석 판창룽
(정치국원)

【위원】
마사오톈(馬曉天)
팡펑후이(房峰輝)
웨이펑허(魏鳳和)
장유샤(張又俠)
창완취안(常萬全)
자오커스(趙克石)
장양(張陽)
우성리(吳勝利)

4대 총부

총참모부 총참모장 팡펑후이

총정치부 주임 장양

총장비부 부장 장유샤

총후근부 부장 자오커스

해군   공군

사령원 우성리   사령원 마사오톈

제2포병부대

사령원 웨이펑허

7대 군구

난징군구, 광저우군구, 선양군구, 베이징군구,
란저우군구, 지난군구, 청두군구

국방부

국방부장 창완취안

않고 중앙군사위원회(약칭 '중앙군위')라고 하면 그것은 당 중앙군사위원
회를 의미한다. 일본의 방위성(防衛省)에 해당하는 국방부도 장식에 지

나지 않다.

중앙군위의 주석은 사실상 중국의 수장이라고도 불린다. 제18차 당대회에서 군의 수장도 시진핑이 되었다. 부주석은 2명으로 쉬치량, 판창룽이 그 자리를 차지하고 있다. 쉬치량과 판창룽과 같이 부주석 2명은 제복조(군인)가 담당하는 것이 최근 관례이다.

중앙군위에 뒤이은 중요 조직은 4대 총부(四大總部) — 총참모부, 총정치부, 총장비부, 총후근부이다. 4대 총부 안에서도 총참모부, 총정치부는 특별히 중요한 조직이다.

중앙군위를 4대 총부가 지원하고 그 아래에 해군, 공군, 중국 전역을 7개로 나눈 7대 군구(七大軍區), 즉 선양군구, 베이징군구, 란저우군구, 지난군구, 난징군구, 광저우군구(廣州軍區), 청두군구(成都軍區)가 존재한다. 또한 제2포병부대라고 불리는 전략미사일 부대도 있다. 제2포병부대는 중앙군위 직할의 독립 조직이고 핵미사일을 도맡아 운용하고 있기 때문에 극히 정치적인 부대이다. 육군의 이름이 보이지 않는데, 중국인민해방군은 원래 육군 일색의 군대이다. 따라서 해군, 공군은 육군의 일부라고 하는 취지도 있기 때문에 재차 육군 등이라고 언급할 필요는 없다.

군의 성지는 '시산'에 있다

5년 전인 제17차 당대회에서 후진타오는 총참모장이었던 량광례를 움직여서 국방부장으로 이동시켰다.

중국에서의 '국방부장' 또한 외교부장과 마찬가지로 행정상 '허석(虛席)'에 지나지 않다는 것은 국가중앙군사위원회가 당 중앙군사위원회와 비교하면 존재 이유가 희박하다는 것과 동일하다.

'중국'이라는 국가는 한 꺼풀 벗기면 행정 등은 장식이고 당이 전부이다. 시장보다 시의 당 위원회 서기가 더 상위인 것처럼 말이다.

전임 총참모장은 천빙더였다. 총참모부의 표면상 본부는 베이징시 시청구(西城區) 아이민제(愛民街)에 있다. 군이 이동하거나 배치될 때 모든 군의 사령이 이곳에 집약된다. 그리고 군 참모부의 중추는 시산(西山)에 있어 이 지역은 엄중한 경계 태세를 유지하고 있다.

가까이에 위취안산(玉泉山) 기지가 있고 시쟈오(西郊) 비행장은 '군 전용'이다. '시산'이라고 하면 군 중추라는 의미를 가진다. 여기에는 지하사령부가 존재한다. 2012년 4월에 장쩌민이 정치국 상무위원회의 긴급 회의를 개최시켰던 것도 이 시산이었다. 그리고 동 회의에서 보시라이의 실각을 결정했던 것이다.

【 크게 발탁된 '과묵한 군인' 】

쉬치량(許其亮) | 중앙군사위원회 부주석

공군 첫 현역 군인 수장에

쉬치량

중국인민해방군의 현역 군인 수장(부주석)이 된 쉬치량은 공군에서는 처음 기용되었다. 후진타오 파벌이다.

1950년 산둥성에서 태어났으며 65세이다. 어려서부터 파일럿을 꿈꿔 16세에 입대했다. 항공학교를 졸업하고 파일럿 훈련을 거듭했다.

35세에 상하이지휘소 참모장, 41세에 소장이 된다. 1993년 공군 부참모장, 이듬해 참모장, 1996년에 중장으로 승격하고, 1999년부터 선양

중국 국산 전투기 J-10(왼쪽)
스텔스 전투기 J-20. 다만 그 성능은 아직 미지수(오른쪽)

군관구 부사령, 2004년 부총참모장(副總參謀長)에 임명되었다. 수회에 걸친 국방대학 연수로 국제정세 파악에 뛰어나다는 평가를 받은 결과이다. 2007년 공군 상장이 되었고, 동시에 공군사령원(공군 수장)이 되어 많은 공군 훈련을 지휘했다.

쉬치량 공군사령원은 거의 일화도 가십도 없는 과묵한 군인이다. 최근 4년의 움직임 중 외부로 나온 언행은 다음 2개뿐이다.

첫째, 2009년 11월 외국의 공군대표단이 중국을 방문하여 산둥성 취푸(曲阜, 공자의 묘 등이 있다)의 공부(孔府)를 참관했을 때에 안내에 나섰던 인물이 쉬치량이다. 공군 설립 60주년 기념으로 '평화와 발전 국제 포럼'에 참가한 32개국의 공군대표단을 취푸에 안내했던 것이다.

둘째, 2011년 광둥성 주하이에서 개최된 항공쇼에서 쉬치량은 "하늘과 우주가 인류 문명의 진보에 이바지할 수 있게 해야 한다"고 인사말을 했다.

이 리셉션에서 쉬치량은 "21세기는 정보화 시대이고 항공·우주 기술 발전의 세기이기도 하다. 공군은 창설 이래 세계의 첨단 과학기술의 사용자, 하늘과 우주에 대한 인류의 꿈의 실천자, 더욱이 인류 평화와 발

러시아의 Su-27 전투기를 라이선스 개발한 J-11(왼쪽)
로켓을 빈번하게 발사하는 중국. 독자 GPS 개발, 탄도미사일 기술 향상에 경주하고 있다(오른쪽)

전의 수호자이다"라고 하며, "세계의 대조정·대변혁·대발전, 신흥국의
집단적 대두라는, 역사적으로 중요한 시기에 안보 환경상 날로 심각해
지는 시련과 정세 앞에 공군은 국가의 안전, 지역의 안정, 세계의 평화
를 지키는 전략적 파워로서 전체 국면을 좌우하는 입장에 있고 매우 중
대한 책임과 의무를 지고 있다. 우리는 이에 부응하는 안보 이념을 확
립해야 한다. 이익을 공유하고 안전하고 조화로운 하늘과 우주의 안보
를 만들고 충돌이나 전쟁을 공동으로 방지하고 하늘과 우주가 인류 문
명의 진보에 이바지할 수 있게 해야 한다. 각국 공군 간 교류와 상호 신
뢰를 추진하여 협력을 깊이하고 이를 통해 상호 안전보장을 실현해야
한다. 공군이 담당하는 평화의 사명을 이행하고 테러, 분리독립주의,
종교 과격파 세력 및 심각한 자연재해 등에 의한 비전통적 안보 위협에
공동으로 대처해야 한다"고 중국군의 미래 전망을 이야기해, 많은 사람
들의 시선을 모았다.

　그렇지만 쉬치량은 공군사령원에서 갑자기 부주석이 되었던 것이기
때문에 판창룽과 함께 의외의 인사, 큰 발탁이라고 받아들여졌다.

【 군사 텃밭, 한길 인생의 남자 】

판창룽(范長龍) ㅣ 중앙군사위원회 부주석

등용문인 선양군구 참모장을 역임

판창룽

쉬치량과 같은 군사위원회 부주석이 된 판창룽은 어떤 인물인가?

판창룽은 1947년생으로 68세이며, 한족이다. 랴오닝성 단둥(丹東) 출신으로 22세에 입대와 동시에 입당했다. 당 중앙대학을 졸업했고, 직전까지 지난군구 사령원, 육군 상장, 당 중앙위원을 겸임했다. '부주석'이 되면 정치국원을 겸무하게 된다.

1969년에 육군 제16집단군 포병, 반장, 지대장을 역임했다. 1973년에 제16집단군 정치조직간부가 되어 1976년에 부단장, 1979년에 동 참모장, 1982년에 단장, 1985년에 동 참모장, 1990년에 육군 제16집단군 46사단 사장(사단장). 1993년에 동 참모장, 1995년에 군장이 되어 꾸준히 군인으로서 한길 인생을 걸어왔다. 정치적 색채가 엷고 오로지 군무(軍務)에 매진했다.

2000년의 선양군구 참모장 자리는 북한 대책에 대한 군사작전을 수행하는 핵심으로, 이 자리를 큰 문제없이 역임하면 다음 출세의 가닥을 잡게 된다. 판창룽은 2003년에 중앙으로 발탁되어 총참모장조리(總參謀長助理), 2004년부터 지난군구 사령원이 되고, 동시에 중앙위원이 되었다.

정치적으로는 중립이지만 부주석이 되면 주류 흐름을 판별할 필요가 있기 때문에 극단적인 폭주는 할 수 없을 것이다.

팡펑후이(房峰輝) | 총참모부 총참모장

경험이 풍부하고 하이테크에도 정통하다

실제로 군을 움직이는 것은 총참모부[7]이다. 4대 총부라고 한마디로 이야기해도 총정치부에는 권위가 덧붙고 총후근부와 그 부속인 총장비부[8]는 2류 부서가 된다. 단, 후자의 2개 부서는 이권으로 엮여 있기 때문에 인사상 상하이방, 시진핑파가 평정한 것은 상징적이다.

팡펑후이

총참모장이 된 팡펑후이는 1951년생으로, 현장에서의 경험이 풍부하고 하이테크에도 정통할 뿐만 아니라 각 군구를 부지런히 돌고 있다. 최근 부임지는 신장위구르자치구였다. 여기에서 신장군구의 부참모장이 되어 란저우군구의 제21집단군 참모장, 동 군장을 역임했다. 2001년에 광저우군구 참모장, 2007년에 베이징으로 이동하여 베이징군구 사령원을 지냈다. 2009년에는 국경절 군사퍼레이드를 소관했다. 이 군사 퍼레이드는 후진타오가 주석이 되고 나서 10년 만의 퍼레이드로, 신무기가 쭉 늘어섰던 쇼였다. 그는 여기에서 후진타오 열병에 배석했다. 팡펑후이는 이로써 후진타오의 환심을 사, 2010년 7월 19일에 상장으

---

7 총참모부: 당 중앙군사위원회 아래에서 전쟁 계획을 세우고, 지휘명령을 실시한다. 4대 총부(총참모부, 총정치부, 총후근부(병참 및 군수물자 관리), 총장비부) 중 가장 중요한 기관이다.

8 총장비부: 새로운 장비의 개발을 실시하는 조직. 군의 발전 계획도 입안한다.

로 승격했다.

수도 방위의 중요 포인트를 담당하고 국경절 퍼레이드 지휘를 맡은
실적이 과거의 군공, 전역 종군의 유무를 초월한 성적표의 평가가 되고
있다.

【 고절 39년의 성공 】

장양(張陽) | 총정치부 주임

재해 출동이 평가되어 약진

장양

장양은 16세에 입대한 역전의 용사이다. 현장 부
대에서 반장, 지도원, 교도원, 정치처 주임 등을 거
쳐 45세에 광저우군구 소속 부대의 정치주임으로 발
탁되었고 49세가 되어서야 겨우 부대 주임에서 집단
군 정치위원으로 한 발짝씩 출세 계단을 올라왔다.
2004년에 '간신히' 광저우군구 정치부 주임이 되어
2006년 입대 39년째에 중장이 되었다.

이때 궈보슝(전임 중앙군위 부주석)의 눈에 들어 제17차 당대회에서
중앙위원, 2010년 7월에 팡펑후이와 함께 상장에 임명되었다. 말하자
면 잔다리를 밟고 성공한 군인이다.

그러나 "인재를 발견하는 것이 선결 사항으로, 예를 들면 오토바이
부대 등 시대에 뒤처진 부대를 기갑부대로 만들어야 한다"고 주창하거
나, 군의 능률적 재편에 일가견이 있기 때문에 주목받아왔다. 광저우군
구에 있었을 때는 화남 지역의 설해 현장 출동, 쓰촨성의 지진 구조 투
입, 베이징 올림픽 시기 홍콩 경기장의 경비, 미얀마에 대한 의료 지원

등, 전역에 대한 실전 경험이 없는 것과 상환해서 재해 출동 실적을 평가받고 2012년 총정치부[9] 주임으로 발탁되어 군사위원회에 들어갔다.

선배격이었던 장친성(章沁生)을 제친 형국이 되었는데, 이는 장친성이 2011년에 "인민해방군은 국군이다"라고 주장하여 권력중추로부터 눈총을 받았기 때문이다.

이 인사의 의미는 세 가지이다. 첫째, 태자당이 군의 상층부를 독점하고 있는 폐해에 대항한 인사 조치라는 점이다. 둘째, 재해 출동 실적이 효과를 나타냈다는 점이다. 셋째, 중국인민해방군이 국군인지 아닌지의 논의는 향후에도 금기 사항이며, 선전한다고 해서 출세로 이어지지 않는다는 것이 명백해진 점이다.

【 중월전쟁에서 실전을 경험 】

장유샤(張又俠) | 총장비부장

전략상의 요충 '선양군구'의 사령원

장유샤

다크호스였던 장유샤는 '태자당'이며, 부친의 관계로 제14군과의 관계가 깊어 시진핑파로 보인다.

장유샤는 선양군구 사령원(군구의 수장)이다. 부친도 군인이며, 중월(中越)전쟁에 참전한 경험이 있다. 7개 군구 사령

---

9 총정치부: 당의 방침과 사상을 인민해방군에 철저히 주입하는 역할을 담당한다. 각 부대에 정치위원을 배치하고 감시한다. 4대 총부에서는 총참모부와 필적하는 중요 기관으로 총장비부나 총후근부와 비교하면 '격상'이다.

원 중에서 장유샤만이 실전을 경험했다. 65세이며, 장군(상장)이다.

장쩌민파의 쉬차이허우의 환심을 샀기 때문에, 만약 장쩌민파 우위였다면 총참모장에 취임했을 것이다.

장유샤는 산시성(陝西省) 적(籍)이지만 베이징에서 출생했다. 제13집단군 부군장(副軍長)을 거쳐 베이징군구 부사령을 역임했다. 2007년부터 중앙위원, 2011년에 상장으로 승진했다. 즉, 후진타오 인사였지만 군역에서는 시진핑에 가깝다는 관측이 있다.

장유샤가 주목받는 데는 크게 두 가지 이유가 있다. 첫째는 량광례 국방장관의 방미 때 수행단 수장으로 미국에 얼굴을 알렸다는 점이다.

둘째는 부임지인 선양군구가 특별히 중요한 군 시설 — 장비 면에서도 그렇지만 전략적으로 러시아와 북한을 향해 중층 배치되어 있는 요충지이기 때문이다.

선양군구는 상주 병력이 25만 명 또는 40만 명이라고 일컬어지며, 북한 유사시에는 병력 30만 명을 투입한다는 밀약이 존재한다. 이로써 예측되는 전장에 가장 가깝다는 점에서 정예부대로 구성되어 있다. 최신예 장비는 가장 먼저 선양군구로 배치되며, 4개 집단군과 랴오닝성 제1여단에 더해 무장인민경찰의 사단 병력이 있다.

또한 한국전쟁에 의용군으로 참전했던 경위 아래 구(舊) 군인 인맥(제2~4야전군)과 지금까지도 연결되어 있어 군벌 대립이라는 측면이 남아 있다고 해설하는 사람도 있다. 그런가 하면 선양군구가 실제로는 북한을 지배하고 있다고 극론을 전개하는 군사 분석가도 있다.

마샤오톈(馬曉天) Ⅰ 공군사령원[10]

10대 때 몰래 입대하여 전투기 파일럿이 되다

마샤오톈

마샤오톈은 군 내에서도 주목받았다. 그 이유는 류사오치의 아들 류위안, 장전(張震)의 아들 장하이양과 함께 2009년 상장에 임명되어 '3인조'라고 불렸으며, 또한 일본 방위성과도 인맥이 있어 '중일 방위당국협의회'에서 두 차례나 중국 측 위원을 맡았고, 2011년에는 일본을 방문했다.

중일 방위당국협의회는 미중 군사 교류에 필적하는 중일 간 군사 교류의 일환이지만, 당초에는 슝광카이(態光偕, 대일 강경론으로 유명했다)가 6회 연속 위원을 맡았고 장친성에게 넘겨줬다. 장친성은 떠오르는 스타였던 시기가 있었지만, 중국인민해방군의 '국군화'론을 연설했기 때문에 주류에서 벗어났다(일설에 따르면 술자리에서 상층부에 시비를 걸어 역정을 샀다고도 한다).

허난성 출신인 마샤오톈은 총참모부 부부장에 이르기까지 긴 여정을 걸어왔다. 16세가 채 안 되던 해에 몰래 입대해서, 22세에 공군 파일럿, 25세에 중국 공군에서는 가장 젊은 비행부대 부대장을 맡았다. 45세에 공군 참모장, 46세에 공군 소장으로 승진했다. 그 후에는 광둥군구(廣東軍區) 참모장, 49세에는 수호이-30 전투기에 탑승하여 조종했다. 같은 해 란저우군구 사령원, 다음해에는 중장으로 승진했다. 난징군구 사령원 이후 국방대학교 교장, 제16·17차 당대회에서 중앙위원. 그리고

---

10 공군사령원: 인민해방군 공군을 지휘하는 수장.

2009년에 상장으로 임명되어 세계적인 주목을 받았다.

마샤오톈의 공군사령원 임명에 의한 연쇄반응 인사로 새 부총참모장이 된 자는 헤이룽장성 출신의 왕관중(王冠中, 62세)이다.

왕관중은 17세에 입대하여 37세에 선양군구 정치부 부주임, 이후 중앙판공청에서 근무하고 2007년에 중장으로 승진했다.

공군 정치위원에는 톈수쓰(田修思)가 취임했다. 톈수쓰는 중월전쟁에 1년간 참전했던 실전 경험이 있으며, 18세에 군인이 된, 전형적인 군국(軍國)소년이다. 신장위구르 포병부대에서 오랫동안 선전 계통의 길을 걸어 35세에 란저우군구 정찰부대 부정치위원이 되었다. 중월전쟁에 종군하여 쉬차이허우(당시 부참모장)의 총애를 받았다.

이후 각 군구에서 정치부 부주임을 역임한 뒤 소장으로 승진하고, 2004년에 신장위구르군구 정치위원, 중장을 지내고, 제17차 당대회부터는 중앙위원이 된다. 행동은 신속하고, 사상은 온건해 군에서 실력을 발휘했다고 일컬어진다. 청두군구 정치위원 시절 쓰촨성 대지진을 조우하여 구원부대를 지휘했다. 이 실적으로 2012년 7월 대장에 임명되었다.

【 전략핵을 다루는 비밀부대의 수장 】

웨이펑허(魏風和) | 제2포병부대 사령원

_____

1984년에 처음으로 그의 존재가 공개되다

웨이펑허는 '제2포병부대'[11] 사령원에 발탁되었다. 전임자인 징즈위

_____

11 제2포병부대: 전략핵을 다루는 전문부대이다. 중국 전역에 퍼져 있는 극비의 핵

제2포병부대

안(靖志遠) 사령원(상장)은 은퇴했는데, 중장이 갑
자기 사령원이 되는 예는 드물다. 사령원은 동시
에 당 중앙군위의 멤버가 된다.

웨이펑허

　제2포병부대라는 부록과 같은 명칭이 붙은 것
은, 1966년 저우언라이의 주선으로 극비리에 발
족했기 때문이다. 이 부대는 핵무기를 탑재한 미사일 부대를 총칭한다.
미군의 전략미사일군에 필적하며, 1984년 국경절 군사 퍼레이드 전까
지만 해도 공식적으로는 그 존재가 알려지지 않았다. 현재 14만여 명의
병력을 보유하고 있는데, 그 대부분이 베일에 가려져 있다.

　미사일 발사 기지를 관리한다. 최근에는 단거리미사일, 항공모함 공격용 대함탄
　도미사일도 관리한다. 우주군도 관할하고 있다고 일컬어진다. 해·공군, 7대 군구
　가 4총부의 예하에 있는 데 비해, 제2포병부대는 당 중앙군사위원회 직할이다.

더욱이 '제2포병부대'는 4대 총부(총참모부, 총정치부, 총후근부, 총장비부)를 뛰어넘어 '군사위원회'와 직결되는 강대한 권한을 가지고 있다. 배치에서도 군구를 넘어 우주로 확대되어, 미국·러시아·유럽·인도·타이완·일본을 향한 미사일을 실전 배치해 밤낮으로 유지 관리하고 있다.

참고로 일본을 향한 미사일은, 선양 기지 제810유도탄여[96113부대, 다이롄 진저우(金州)]에 둥펑-3호, 제816도탄여[96115부대, 지린성 퉁화(通化)]에 둥펑-15호가 배치되어 있다. 제822도탄여(96117부대, 산둥성) 둥펑-21호, 후시(湖西) 기지 제824도탄여[96317부대, 후난성 둥커우(洞口)]에도 일본을 향한 미사일이 배치되어 있는데, 미사일 종류는 알려지지 않고 있다. 이 밖에 윈난성(雲南省), 안후이성, 장시성, 구이저우성, 허난성 등에 미국과 타이완을 향한 미사일이 무수히 배치되어 있다.

이 '제2포병부대'의 새로운 사령원에 웨이펑허 중장이 된다는 것은 두 단계를 뛰어넘어 젊어지는 것을 의미한다. 이 발탁은 제18차 당대회에서 부수된 군 관련 인사 전체의 특징이라고도 할 수 있다.

【 중앙군위 부주석을 놓친 중진 】
창완취안(常萬全) | 국방부장[12]

은퇴한 거물 2명의 공석이 쟁점

창완취안은 각 군구의 참모장, 사단장, 작전부장, 국방대학 교수, 총

---

12 국방부장: 중국의 국방장관에 해당하는 국방부의 수장이다. 국방부는 국가의 행정기관이다. 당이 국가보다 우월한 중국에서 국방부는 군사위와 4대 총부에 비해 중요시되지 않고 있다.

장비부장을 역임한 후 유인우주선 '선저우(神舟)'
의 발사 지휘를 맡았다. 우주공학에도 정통해 이
른바 '군인의 표본'과 같은 인물이라고 평판이 좋
다. 당시 군의 수장으로 쉬차이허우와 어깨를 나
란히 했던 궈보슝은 창완취안을 후계자로 선택
하고 싶었다. 그러나 결국 실권을 동반하지 않는,
장식에 불과한 국방부장에 자리를 잡았다.

창완취안

한편 후진타오는 다크호스인 퉁스핑(童世平)[13]
에게 기대를 걸고 있었다.

퉁스핑은 해군 근대화 외길을 걸어왔다. 공학
분야 출신으로 국방대학 정치주임, 총정치부에

퉁스핑

서는 규율위원회 서기를 맡았고, 이는 1년 후 대장이 되는 코스이다. 연
공서열로 보면 다음에 '중앙위원'에는 오를 수 있어도 '부주석' 자리는
어렵다. 바로 위에 우성리(吳勝利)가 있기 때문이다. 그런데 리지나이
와 쉬차이허우가 동시에 은퇴했기 때문에 퉁스핑은 후진타오가 추천하
면 이 공석으로 2단계 특진할 수 있었다. 그래서 다크호스적인 존재였
지만 잦은 병으로 기회를 놓쳤다.

또한 군의 균형감에서 보면 '서고동저'가 아닌 '동(북)고(남)서저' 형세
가 되었다. 즉, 베이징군구·선양군구·란저우군구에 중점적인 장비가 편
중 배치되어 있고, 광둥군구와 쓰촨군구를 저평가해왔던 과거 때문에
균형 시정이라는 문맥에서 보면 광둥군구 사령원을 맡았던 적이 있는
퉁스핑이 유리하다고 여겨지고 있었다.

---

13 퉁스핑(1947~): 해군 상장(상급 대장).

【 대일군사작전의 중추를 담당하다 】

차이잉팅(蔡英挺) | 난징군구 사령원

타이완의 군사 정세에도 정통

차이잉팅

일본을 향한 군사작전의 중심[14] '난징군구 사령원'에 차이잉팅(부총참모장)이 취임했다. 차이잉팅 중장은 많은 집단군장을 거쳐 대군구의 참모장을 역임했다. 군 중추인 총참모부 부부장을 1년 정도 맡은 뒤 난징군구 사령원으로 전출되었다. 전임은 총후근부 주임으로 승진한 자오커스(趙克石) 대장이었다.

난징군구가 소관하는 지역은 상하이, 장쑤성, 저장성, 안후이성, 푸젠성, 장시성 등 중국 경제의 심장부인 연안 지역이다. 이곳에 배치된 미사일과 장비 등은 타이완, 한반도 및 일본을 향하고 있다.

차이잉팅은 푸젠성 출신으로, 1970년에 입대한 뒤 오랫동안 푸젠성 부대 소속이었다. 그래서 타이완의 군사 정세에 정통하고, 1996년 타이완 위기(중국은 리덩후이의 당선을 방해하기 위해 타이완 해역에 미사일을 발사했다. 당시 미국이 항공모함을 파견하여 군사적 긴장이 고조되었다) 때는 장완녠(張萬年, 당시 중앙군위 부주석)의 지휘 아래 난징군구 작전부 부장을 맡았다.

---

14 난징군구: 장쑤성, 안후이성, 저장성, 푸젠성, 장시성의 전 군을 지휘한다. 대(對) 타이완 최전선부대이고 정예부대가 배치되어 있다. 동해함대사령부도 지휘 아래 두고 있으며, 대일 전력의 중추이기도 하다.

이때 차이잉팅의 활약과 군에 대한 공헌에 주목한 장완녠은 차이잉팅을 중앙으로 끌어왔다. 차이잉팅은 장완녠의 비서로서 중앙군사위원회 판공청 부주임으로 승격했다. 그 후 각 군구 참모장을 거쳐 난징군구 사령원이 되었다.

그 밖에도 베이징, 란저우, 광저우, 청두 각 군구 간부가 당대회를 앞두고 일제히 교체되어 젊은 군인에 대한 바통 터치가 신속하게 진행되었다.

【 최악의 반일파 군인 】

뤄위안(羅援) | 중국군사과학학회 상무이사·부비서장

강행 발언은 엽관 운동의 의도도 있다

중국인민해방군의 싱크탱크 중 하나인 '군사과학원 세계군사연구부'의 전임 부부장으로 중국군사과학학회 상무이사·부비서장인 뤄위안 소장은 2012년 3월 한 TV

뤄위안

프로그램에서 센카쿠 열도의 중국 영유를 주장한 뒤, "센카쿠 주변에서 군사 연습을 실시할 필요가 있다"고 도발적인 발언을 했다.

이는 2012년 3월 6일, 선전의 위성 TV 프로그램 '군사 정세 생중계실'에서 이루어진 뤄위안 소장의 인터뷰 내용에 근거한 것이다. 뤄위안은 "댜오위다오가 중국 영토라면 주권을 행사하겠다. 우리의 군용기, 군함은 적절한 시기에 댜오위다오 부근에 도달할 수 있고, 만약 일본이 댜오위다오에 상륙을 강행한다면 중국은 군사적 수단을 행사할 수 있다. 이 때문에 중국 해군은 댜오위다오 부근에서 군사 연습을 실시할 필요가 있다"고 연설했다.

중일 우호 40주년을 축하하는 행사가 준비된 시점에, 군이 베이징의 권력중추에 도전하는 듯 강경 자세를 펼친 배경에는 시진핑 정권에 군의 강경 입장을 드러내려고 한 현시(demonstration)가 포함되어 있었다. 뤄위안은 분명 자리를 차지하기 위한 의도 아래 강경 발언을 해서 정국을 흔들었던 것이다.

같은 해 4월로 예정되었던 중일 국교 회복 40주년 기념식전에 일본 측은 '거물'의 방일을 요청했고, 직전까지 그 거물이 왕치산(부총리, 태자당) 또는 류옌둥(정치국원, 후진타오파)이라는 소문이 있었다. 하지만 중도에 흐지부지되어 경량급 중앙위원이 방일하는 것으로 기념행사는 쓸쓸히 끝났다. 마찬가지로 같은 달에 예정되어 있던 리커창의 방일 역시 중단되었다. 그리고 9월 27일 베이징의 기념식전에는 일본 측에서 열 몇 명밖에 방중하지 않아 양국 관계는 얼음처럼 얼어붙었다.

이처럼 중일관계가 험악해지자 미국은 항공모함 2척을 서태평양에 전개했다. 게다가 미군 함정의 60%는 향후 아시아에 전개될 것으로 결정되었다. 대중동(對中東)에서 대중(對中)으로의 전환이다. 이라크, 아프가니스탄으로부터의 병력 철수도 향후 급속도로 진행된다.

패네타 미국 국방장관은 인도에서 싱가포르, 베트남을 역방하고 '샹그릴라 대화'라고 불리는 일련의 대중 군사 대응을 관계국과 토의했다. 미국 미디어는 "커다란 성과가 있었다"고 보도했다. 이 의도는 대중 봉쇄라고 받아들일 수 없는 것도 아니다. 더구나 2012년 11월 오바마 대통령은 미얀마를 방문했다.

뤄위안의 발언은 군내 강경론자들의 김 빼기에 이용되었을 뿐만 아니라, 애당초 소장급에서는 영향력도 적었다.

주청후 이후의 초강경파

주청후

중국은 "무엇 때문에 미국은 이처럼 중국을 적대하는가"라고 말을 꺼냈다. 정면으로 미국을 비판한 것이다.

강경파 군인 중에서 류야저우(공군 중장, 군학교 정치위원), 승광카이(熊光楷, 은퇴조, 대일 공작에 뛰어나다), 주청후(朱成虎, 선제핵공격론이 유명하다)[15]가 후방으로 물러났지만, 최근 대일 강경발언으로 유명해진 뉴페이스는 뤄위안이었다.

뤄위안은 과거에도 "일본이 동중국해의 자원을 확보하면, 자원소국이 자원대국이 되는 것이 아닌가"라고 대일 모욕 발언을 반복하고, 2012년 3월 21일에는 "센카쿠 열도에 중국군을 파견하고 그곳에 중국군 시설을 만들어라"라고 제멋대로인 발언을 전개했다. 그는 확신범적인 반일 군인으로 알려졌다.

뤄위안의 대미 반론 요지는 다음과 같다.

과거 열세 차례에 이르는 미국 펜타곤 보고 '중국의 군사력'은 중국의 방위력을 잘못된 방향에서 평가하고 있는데, 아시아태평양에서 미군의 배치는 너무 충분하고, 더 이상 미군이 군사력을 강화하는 것은 대중 대화라는 흐름에 역행하고 있다.

뤄위안의 주장에서 데이터 수치는 자의적이다.

---

15 주청후(1952~): 중국인민해방군 소장.

미국은 세계 제일의 군사비를 자랑한다. 공식적 군사비는 6870억 달러이지만 군인연금 등을 포함하면 8360억 달러로 세계 최대이다. 장비 역시 세계 최고이다. 중국군의 2011년도 국방 예산은 930억 달러에 지나지 않고 GDP 대비로 말하면 중국은 1.5%, 이에 비해 미국은 4.8%이다(공표된 군사비의 3배가 중국 군사비의 실태라는 것은 세계의 상식이다 ―지은이).

뤄위안 소장의 말이 이어진다.

이미 태평양에서 미국의 존재는 돌출한 바이다. 주둔 병력 13만 5300명, 전투기 618기, 함정 80척과 비교한다면 유럽 주재 미군은 주둔 병력 8만 5700명, 전투기 290기, 함정 20척이다. 이 대비만 봐도 미국은 중국을 가상적국으로 평가하고 있는 것이 아닌가.

그 때문에 미국은 최신예 제트 전투기, 스텔스기 개발에 여념이 없고, 세계 최대의 군사대국이라는 점에서 의심의 여지가 없다. 제1열도선 등의 명명은 그 앞은 금지 구역이라는 의미이다(중국이 그런 명명을 들을 이유가 없다는 뉘앙스이다 ―지은이).

뤄위안은 뤄칭창(羅青長)의 장남이다. 쓰촨성 출신인 뤄칭창은 대장정에 참가한 고참 간부였고, 마오쩌둥과 저우언라이가 게릴라 전쟁 시대에 비밀공작에 종사한 당 중앙조사부장(국가안전부의 전신), 즉 군 특무기관의 보스였다. 뤄칭창은 표면상 전국인대 상임위원을 맡았지만, 타이완 공작 등 비밀공작을 주로 담당했던 대간부 중 1명이다. 이런 인물의 장남인 뤄위안은 류위안, 류야저우, 주청후 등과 같이 태자당이다.

뤄위안의 강경 발언은 군내 강경파의 김 빼기 효과가 있었지만, "핵무기 선제공격을 포기하지 않는다"고 말한 주청후 이래 강경파가 등장했음을 알려주기도 한다.

2007년 7월 5일 중국 외교부 기자회견에서 주청후는 "만약 미국이 500발의 미사일을 발사해서 시안(西安)부터 중국 동쪽을 잿더미로 만들려 한다면, 시안 이서에 있는 1억 명의 중국 인민이 보복할 것이다"라고 말했다.

주청후는 마오쩌둥의 동료였던 주더(朱德) 장군의 아들로, "핵무기 선제공격을 포기하지 않는다"는 강경 발언으로 유명해졌다.

중국전략문화촉진회(中國戰略文化促進會) 상무부회장이기도 한 뤄위안 소장은 2012년 8월 19일에 베이징에서 개최된 '댜오위다오 문제 토론 연구회'에서 "댜오위다오가 중국의 영토인 이상 최초의 항공모함[16]을 '댜오위다오호'라고 명명하는 것은 어떤가? 한국 해군이 최대 양륙함을 '독도'라고 명명한 것처럼 말이다"라고 말했다.

이 토론회는 ≪환구시보(環球時報)≫가 주최하고 전문가 약 20명이 모였다고 한다. 뤄위안은 그 후에도 "댜오위다오에 군함을 파견하여 주변에서

중국 최초의 연습용 항공모함 '랴오닝'

---

16 중국 최초의 연습용 항공모함 '랴오닝(遼寧)': 우크라이나로부터 구입한 바랴그(Varyag)를 개조하여 국산 항공모함으로 만들었다. 2012년 9월에 '랴오닝'으로 취역한다. 동 해 11월에는 J-15 전투기(러시아 수호이-33의 복제품)를 가지고 발착함 훈련을 성공시켰다.

군사 연습을 실시하라"고 발언했다. 또한 쌴사시(三沙市) 승격 때도 "난사(南沙)·중사(中沙)·시사(西沙)제도가 통합되어 '쌴사시'가 된 이상 군관구 분구를 설치·운영해야 한다"고 발언했다.

【 무협 소설가이며 모일파(侮日派) 】

류야저우(劉亞州) | 공군 상장

시시비비로 말하는 이단아

류야저우

리셴넨

공군 전략가이자, 에세이와 소설도 쓰는 별난 군인 논객 류야저우는 중국인민해방군 중장이다. 그는 리셴넨(李先念)[17] 전임 총리의 사위로 63세이다. 해외 유학과 외국 경험이 풍부하고 또한 본심을 이야기하는 강경파로도 알려져 있다. 류야저우는 반일파 군인 중에서 예외적으로 중앙위원에 들어갔다.

류야저우가 쓴 전략론 『충절과 지기(忠節與志氣)』는 대미·대일·대타이완 문제를 망라하고 있고, 금기 사항을 가볍게 부수고 당과 군의 부패를 적발하며, 대담한 내부 개혁을 제창하고 과거 군의 데마고기(demagogy)를 배척하고 있다.

"군의 전략은 오래되어 종래의 군인 정신이 개혁의 발목을 잡고 있다"고 하는 것이다.

또한 1949년 진먼(金門) 포격전[18]에 대한 논문을 2001년 인터넷에 게

---

17 리셴넨(1909~1992): 8대 원로 중 1명. 제3대 국가주석.

재했는데, 여기서 군의 실수를 고발하고 침공 계획의 조잡함을 규탄했다. 1990년대 타이완 정책에 대해서도 "진먼의 경험을 살리지 못하고, 타이완에 강경한 태도를 유지한 것은 실패이다"라고 총괄했다.

류야저우는 스스로를 "현실주의자이며 동시에 민족주의자다"라고 정의하고, 중국의 장기적 목표는 타이완 문제 등이 아니라 '강한 중국, 강한 군'이라고 말한다.

미군이 타이완 방위에 나서는 현재 국제정세에서는, 오히려 타이완의 복수 정당제를 지렛대 삼아 민주진보당(민진당, 民進黨)에도 균열이 생기기를 꾀하면 된다고 제창했다. 이것이 후진타오의 결단을 재촉했다. 즉, 국민당의 롄잔(連戰) 주석이나 친민당(親民黨)의 쑹추위(宋楚瑜) 등을 베이징에 초대함으로써 전후 중국공산당의 기본 자세 변경을 초래했다.

그러나 국내 정쟁에 상관없이 류야저우는 계속해서 말했다.

헌팅턴의, 유교와 이슬람의 동맹은 위대한 기회이다. 서방 측과 이슬람의 대결이야말로 중국에게는 절호의 찬스가 아닌가.

서방 측이 두려워하는 것은 이슬람의 발흥이고, 이슬람과의 관계 개선이야말로 중국의 외교적 과제이다.

그렇다면 러시아와 어떻게 손잡을 것인가. 자세한 제언은 없지만, 이

---

18 진먼 포격전: 타이완의 진먼 섬 침공을 기도한 인민해방군이 1958년 8월 23일부터 10월 5일까지 동 섬에 포격을 가했다. 타이완에서는 '823 포격'이라고 부른다.

어지는 말이 흥미롭다.

그런데 중국의 외교정책과 군사전략 모두 인텔리가 만들고 있지 않고,
인텔리가 아닌 사람들이 책정하고 있는 것이 중국의 비극이다.

이렇게 말하면서 대담하게 군의 재편을 제창하고 있는 것이다.

류야저우는 슝광카이나 주청후와 나란히 '대일 강경파'의 두목이었
지만, "일본은 미일안보조약에서 벗어나 독립했을 경우 중국이 다루기
쉬운 이웃이며, 중국이 세계전략상의 완충지대로서 활용할 수 있다"고
노골적인 모멸의 태도를 드러냈다.

이렇게 보면 군인 수장에서 온건파는 보이지 않고, 오로지 강경 노선
을 주장하는 반일 군인과 테크노크라트이며 첨단기술 무기 개발을 배
경으로 올라온 기술파만 눈에 띈다. 그리고 군이 대일 강경 노선으로
굳어지고 있는 이상, 외교부의 본심이 온건한(soft) 노선이라고 해도 대
외적으로 그런 입장을 드러내기란 불가능할 것이다.

제7장

타이완을 움직이는 사람들

리덩후이
李登輝

지금도 영향력을 발휘하는 위대한 카리스마 정치가

1923년 출생. 장징궈 사후에 선거를 통해 중화민국 총통에 취임. 현재도 '타이완 독립운동'에 강한 영향력을 지니고 있다.

일본이 상실한 옛 사무라이의 모습을 리덩후이에게서 본다

타이완에서 장제스의 독재가 끝나자 그의 아들인 장징궈는 본성인인 리덩후이를 부총통으로 지명했다. 장징궈가 사망하자 타이완은 전후 처음으로 본성인 출신의 총통을 받아들인다.

민정(民政)으로 이관된 1996년 총통 선거 당시, 베이징은 타이완 해협에 미사일 몇 발을 발사하여 리덩후이의 당선을 방해하려고 했지만 그는 전혀 요동하지 않았다. 결과는 리덩후이의 압승으로, 결국 리덩후이는 13년간 타이완 총통 자리에 앉아 열정적인 개혁을 실행했다.

리덩후이는 아시아를 대표하는 대정치가이다. 타이완에서는 카리스마적 지도자로서 존경받고 있다. 92세가 된 지금도 타이완 전역을 날렵하게 순회하고 있다.

과거 다섯 차례 일본을 방문했는데, 첫 번째로는 심장병 치료를 위해 2001년 4월에 오사카(大阪)와 오카야마(岡山)를 방문했다. 당시 다나카 마키코(田中眞紀子)는 "성가신 이야기이다"라고 친중 자세를 드러내면서 베이징의 안색을 살폈다.

두 번째로는 '개인 관광'에 한한다는 조건 아래 일본 정부가 비자를 발급했다. 강연회, 기자회견 등을 일절 인정하지 않은 것이다.

일본 외무성 직원 2명이 따라다니면서 스케줄을 완전히 파악하고, 경비진이 수행 기자단을 둘러싸고 직접 취재를 차단하는 한편, 신화사 기자에게만은 특권을 주는 '배려'를 보였다. 이것으로 일본 외무성은 베이징에 '성의'를 보였다는 신호를 보냈다. 중국에 아부하는 외교상의 최고 추태였다.

그러나 2005년 중국에서 '반일 시위'가

리덩후이와 회견하는 지은이

일어났다. 일본의 분위기는 싹 변모해서 혐중(嫌中) 감정이 전역을 뒤덮었다. 황급히 일본을 방문한 중국 총리는 히죽히죽 엷은 웃음을 띠면서 일본 기업의 유치에 열변을 토했다.

중일 간 정치 환경은 변했다. 리덩후이 총통의 방일을 방해하는 정치적 요소는 없어졌고, 세 번째로는 2007년 '바쇼(芭蕉)의 행적을 순회한다'는 것이 주안이었다. 후카가와(深川)에서는 바쇼 기념관을 방문하고 즉흥 하이쿠(俳句)를 선보였다. 일본 3대 명승지 중 한 곳인 마쓰시마(松島)에서도 부부가 같이 시를 읊었다.

리덩후이: 마쓰시마, 빛과 그림자가 눈부시네.
쩡원후이(曾文惠): 마쓰시마, 낭만이 가득한 여름 바다.

자기 부부가 읊은 하이쿠가 구비(句碑)[1]로 만들어졌다는 보도를 접한 리덩후이는 "마치 노벨상을 받은 것처럼 기뻤다"고 말했다. 2010년 나를 만났을 때의 일이다.

리덩후이 전임 총통은 전쟁 이전, 교토제국대학(京都帝國大學) 농학부에서 배우고, 학도 동원으로 육군에 입대한 후 나고야(名古屋)에서 종전을 맞이했다. 일본어가 유창한 데 고개가 끄덕여질 것이다.

리덩후이가 일본을 방문할 때면 일본 각지에서 일장기와 타이완기(중화민국 국기가 아니다)를 든 수백 명이 나와 그를 환영한다. 일본인이 이 정도로 리덩후이를 따뜻하게 맞이하는 것은 그가 일본에 친근함을 갖고 있으며, 일본 문화를 이해하는 세대이기 때문만은 아니다.

1 하이쿠를 새긴 비를 지칭한다. _옮긴이 주

리덩후이가 결성한 타이완단결연맹(台灣團結連盟)은 타이완 입법원(立法院, 국회)에 3명의 의석을 보유하고 있으며, 지금도 타이완 정계에 커다란 영향력을 유지하고 있다.

리덩후이가 휘호를 쓴 석비

슈난시(周南市)의 고다마신사(兒玉神社) 경내에는 리덩후이가 휘호를 쓴 석비(石碑)가 세워져 있다. '호기장존(浩氣長存)'. 정신을 고무시키는 명언이다.

리덩후이의 행동은 전후 일본이 상실한 도덕가, 고결한 옛 무사(武士, 사무라이)의 모습이다.

『무사도 해제(武士道解題)』라는 저작이 있을 뿐만 아니라, 바쇼의 시를 외울 정도로 리덩후이는 일본에 호의적이다.[2] 수많은 일본인이 전후 일본이 잃어버린 카리스마적 정치가의 모습을 리덩후이의 이미지에 중첩시키고 있는 것이다.

---

2 이와 같은 맥락에서 리덩후이는 다음과 같은 저서를 일본에서 출간하기도 했다.
李登輝, 『新·台灣の主張』(東京: PHP新書, 2015). __옮긴이 주

마잉주
馬英九

중국 정부로부터의 지원사격을 받고 재선

1950년 출생. 중화민국 총통. 그의 정치 자세는 '3불三不'(타이완-중국 통일, 타이완 독립, 비非무력행사)로 간주된다.

마잉주 배후에 '타이완의 라스푸틴'

2012년 1월의 총통 선거에서 마잉주 총통이 재선되었다. 나는 그때에도 현장에 있었다. 야당 민진당의 맹추격은 처량했고 당수 차이잉원(蔡英文)[3]의 인기는 한계가 있었다. 한편 국민당(國民黨)[4]의 선거 조직은 기능했다.

"여전히 국민당의 철표(鐵票, 군인, 공무원, 교사, 재계 인사)는 강하다. 이에 더해 당이 경영하는 기업과 주가조작, 이자 등에서 나오는 군자금이 전혀 고갈되지 않는다. 게다가 TV 광고 제공 등의 간접적 투자로 위장해서 중국발(發) 자금이 유입되고 있다"라고 타이완 정계의 속사정에 밝은 친구가 분석했다. 국민당이 받아들이는 이자만해도 연간 1억 달러라고 알려져 있다.

차이잉원

"중국의 외화준비고가 3개월 연속으로 감소했다. 그 일부는 확실히 마잉주 진영을 지원하기 위해 흘러들어가고 있다"는 소문을 여기저기서 들었다. 중국이 타이완의 농작물을 대량으로 구입했기 때문에 남부 농민들의 표가 모두 국민당으로 향했다.

쑹추위

총통 선거의 결과는 마잉주가 689만 표(52%), 차이잉원이 609만 표(46%)로, 79만여 표 차이가 났다. 3위였던 쑹추위[5]는 36만 표(2.7%)로 참패했다. 중국의 방

---

3 차이잉원(1956~): 전임 민진당 주석을 지낸 여성 정치가이다.

4 국민당은 쑨원이 중화민국을 건국했을 당시의 정당 혈통을 잇는다. 장제스가 국공 내전에 패하여 타이완에 뿌리내리자 타이완의 정당이 된다. '중국'의 정당이라는 간판은 무너지지 않았지만 리덩후이의 총통 취임을 계기로 타이완화(본토화)가 진전되었는데, 현재는 다시 '중국'에 정체성을 추구하는 경향이 증가하고 있다.

TV 관계자뿐인 쓸쓸한 쑹추위의 선거사무소(왼쪽)
마잉주 상품(goods)은 전혀 팔리지 않는다(오른쪽)

해를 역선전했던 탓일 것이다.

2008년 거행된 총통 선거에서는 마잉주가 셰창팅(민진당, 전임 총리)
에 압승을 거두었다. 221만 표차였기 때문에 차이잉원의 선전이 두드
러진다. 더구나 차이잉원은 학자로서 독신 여성이다. 단발머리의 아줌
마, 외적인 매력은 부족했으나 나름대로 건투했다.

"국민당 표를 분할하려는 쑹추위는 입후보를 그만두라"면서 중국 정
부가 노골적으로 간섭하고 나섰고, 롄잔(국민당 명예주석)마저 투표 이
틀 전에 "쑹 씨, 물러나시오"라고 호소했다. 야당 측은 이런 분열 상황
가운데 '대연립(大連立)'을 제창하여 쑹추위 진영을 요동시켰다. 국민당
에 투표하는 사람은 2000년의 분열 선거로 천수이볜(陳水扁)에게 어부
지리를 제공했던 뼈아픈 패배와 후회를 반성하며, 옹고집적인 입장을
견지한 쑹추위에 대해서 유연하게 대응하여 격렬한 간섭을 피했다.

5 쑹추위(1942~): 전임 국민당 간부이다. 리덩후이 총통을 지지했다. 그 이후 국민
당에서 무소속으로 옮겼다. 인심을 장악하는 데 능력이 있다. 현재는 친민당 주석
을 맡고 있다.

2012년 구정 직전에 '더블 선거'를 꾀한 국민당의 선거 전술은 매우 교묘한 술책이었다. 종반에 위기의식을 고조(차이잉원이 승리하면 중국이 무역 방해 및 군사행동에 나설 것이라고 선동했다)시키는 등의 노회한 전술이 두드러졌다.

선거대책본부에서 입법위원의 공인을 정하거나 전술 지도를 했던 이는 흑막으로서 참모역에 일관했던 진푸충(金溥聰, 전임 국민당 비서장, 마잉주의 친구)이었다.

진푸충은 '타이완의 라스푸틴'이며 마잉주 배후에 있는 군사(軍師)이다. 진푸충은 마잉주 정권의 요직에 취임할 것이라고 간주되었지만 2012년 9월 주미 대사로 자리를 옮겼다.

진푸충은 마지막 황제 푸이(溥儀)와 연결되는 만주족으로 총통 선거 직전에도 일본을 방문하여 재선 후 상황에 대해 사전교섭을 시도하고 있다. 국민당에서 대량의 신인이 당선되었다. 젊은 사람이 많고, 현직 원로 인사들은 몇십 명 낙선했다(전체로 현직 재임 52석, 현직 낙선 20석). 국민당의 세대교체가 단번에 이루어진 것이다.

동시에 행해진 국회의원 선거에서는 국민당 의석이 줄어들고 야당인 민진당이 상당히 신장되었는데(국민당 64석, 민진당 40석), 주목할 점은 리덩후이 전임 총통이 이끄는 '타이완단결연맹'과 쑹추위의 '친민당'이 각각 3석을 확보한 것이다. 타이완은 독일과 마찬가지로 득표율 5%가 되지 않으면 의석을 얻을 수 없다. 비례구에서 타이완단결동맹은 9%, 친민당은 5%를 획득했다. 이 부분에서 타이완 민중은 절묘한 균형 감각을 보여주고 있다.

경제 우선으로 국민당에 투표

마잉주의 연승 확정 뉴스가 전해진 오후 7시경 돌연 비가 내렸다. 나는 국민당의 승리 집회를 살펴보았다. 부근 도로에 통행은 없었지만 TV 중계차와 카메라밖에 보이지 않았다. 마잉주 지지자는 2000명도 되지 않았다. 이 정도의 열기로 염원하던 재선을 이루어낸 것이 불가사의하다.

대륙으로 진출한 타이완 기업인들은 '대상(臺商)'으로 불린다. 100만 명에 달하는 대상은 대륙 각지에 머물고 있는데, "'독립'이란 말을 하면 사업에 지장이 있다. 따라서 마잉주를 지지하지 않으면 안 된다"라고 불평했다. 투표 직전에도 에버그린그룹(長榮集團)의 장룽파 회장, 타이완 최대의 기업인 타이완플라스틱 회장, 홍하이, 훙지(에이서), 궈타이그룹(國泰集團) 등 많은 재계 인사들이 국민당 지지를 표명했다. 이들은 전부 본성인이다. 강한 압력 때문에 국민당을 지지할 수밖에 없는 속사정은 타이완 유권자의 대다수가 알고 있다.

미국 차이나타운에서도 염가 항공권이 나돌며, 유학생 신분으로 투표하기 위해 귀국하는 사람들 중에는 마잉주의 두 딸도 있었다.

오래전부터 잘 아는 사이인 뉴욕 주재 화교 부인은 이렇게 말했다. "유학생의 투표 귀국은 예외이다. 미국에서 투표하기 위해 타이완으로 귀국했던 재미 화교는 2만 명이었다. 거의 모두가 차이잉원을 지지했다." 타이완에서는 부재자 투표와 해외 투표를 인정하지 않기 때문에 투표가 있으면 일제히 귀국에 돌입한다. 20만 명이 대륙에서 타이완으로 뛰어든 것으로 추정된다. 이것이 마잉주의 승리를 굳혔다.

투표소 출구에서 50명 이상을 인터뷰했던 작가 가도타 류쇼(門田隆將)에 의하면, "이념적인 이유로 투표한 사람이 거의 없다. 90%가 경제가 판단 기준이라고 답했다"고 한다.

일본어 세대에서는 민진당 지지율이 압도적이지만, 이 인구는 매년 줄어들고 있다. 반면 친일 성향의 젊은 타이완인도 타이완 독립을 말하지 않는다. 중국공산당에 대한 거부 반응도 꽤나 감소했다.

한편 반일 정치가로 일본에서 악명이 높은 가오진 쑤메이(高金素梅, 산지 원주민 특별구)는 쉽게 재임되었고, 친일 정치가(3명 모두 민진당)로는 천탕산(陳唐山), 샤오메이친(蕭美琴), 리잉위안(李應元) 등이 의석을 부활시켰다.

타이완의 정치 전문가는 "국민당에 투표한 유권자를 3개의 층으로 범주화시켜 구분하면 첫째가 사상 및 이념을 따르는 층이고, 둘째가 기업 소속 등 이해타산으로 투표하는 층이다. 그리고 셋째가 압도적인데, 이들은 '경제 투표자'이다. 수입과 생활수준, 향후 대륙과의 거래를 고려하면 민진당으로는 불안하다는 것이 그들의 이유이다. 지금의 민중 의식에서 타이완 독립이라는 이념은 풍화되어버린 듯하다"고 말한다.

마잉주 재선 이후의 타이완 외교는 서서히 대륙과의 관계 심화를 도모하겠지만, 서로가 부를 추구하는 것이 목적이기 때문에 중국 군부에 이변이 없는 한 마잉주의 방중 가능성은 낮다.

마잉주 총통과 회담하는 지은이

쑤정창
蘇貞昌

차기 총통을 노리지만 대중 자세는 선명하지 않아

1947년 출생. 민진당 주석. 타이완대학 법학부 졸업. 변호사 출신. 대중 자세는
아직 명확하지 않다.

국민당으로부터 정권을 탈환할 수 있는가?

타이완에서는 3선이 금지되어 있기 때문에 차기가 없는 마잉주 총통의 인기는 재선 취임식부터 반년(2010년 11월 시점) 후에 13%밖에 되지 않는다. 일본의 노다(野田) 정권 말기보다 낮다. 벌써부터 차기 총통 후보 선정이 논의되고 있고, 여당 및 야당 후보가 모두 출사표를 던진 지경이다.

여당인 국민당에는 차기 호프가 2명 있다.

주리룬[朱立倫, 신베이시(新北市) 시장]과 하오룽빈(郝龍斌, 타이베이시 시장)이다. 전문가에게 물어보면 "모두 철부지이지만 주리룬이 인기가 많고, 하오룽빈은 초조해 보인다"라고 한다.

주리룬은 타이베이시를 둘러싸고 있는 위성도시(구 타이베이현)를 합병한 신베이시 시장 선거에서 차이잉원에게 압승했다. 일본의 하시모토(橋下) 정부를 따라 공무원 삭감, 쓸데없는 기구 폐지 등의 대규모 구조조정을 약속하고, 또한 부인이 타이완인으로 타이난(台南)의 부자이다. 이 때문에 외성인 2세라고 하는 마이너스 이미지가 적다.

하오룽빈은 부친이 군의 대간부이자 총리 경험자이기 때문에 통일파로 간주되며, 또한 타이베이시 시정 업적이 두드러지지 않고, 타이완어가 유창하지만 지도자로서의 정치력이 없다.

한편 야당 측은 "예전의 이름으로 거듭 나온다"라는 인상을 씻을 수

---

6 민진당: 민주진보당의 약칭이다. 국민당과 함께 중화민국의 2대 정당이다. 타이완은 장기간 국민당 일당독재였지만 1986년에 반(反)국민당 세력이 결집하여 당을 결성했다. 1989년에 합법화된다. 2000년 총통 선거에서 천수이볜을 당선시키고 처음으로 여당이 된다. 당 강령에서 '타이완 공화국'의 건설을 내세우고 있다. 정책적으로는 이른바 '큰 정부'를 지향하며 리버럴한 색채가 강하다.

쑤정창 총리와 회담하는 지은이

없다.

2012년 5월 당대회까지 잠정 당 주석이었던 천쥐(陳菊)는 "나는 임시 주석에 불과하다"면서 당수 선거에 나가지 않았기 때문에 부활전을 노렸던 쑤정창(전임 총리) 이외에 4명이 싸웠는데 "젊은이가 나오지 않는다면 차기 국민당의 젊은이에게 승리하지 못할 것이다"라고 선거 분석가는 한탄했다.

5월 27일, 타이완의 240개 투표소에서 행해진 민진당 주석 선거에서 하마평대로 쑤정창이 과반수를 획득하고 당 주석에 선출되었다. '일강사약(一强四弱)'으로 일컬어진 당수 선거였다.

쑤정창은 50.47%의 득표율로 다른 4명의 후보를 얼씬 못하게 했다. 2위는 쑤환즈(蘇換智, 전임 타이난현 지사) 21.02%, 3위는 우룽이(吳榮義, 전임 부총리) 14.73%, 4위는 차이퉁룽(蔡同榮, 전임 입법위원) 11.28%, 최하위는 쉬신량(許信良, 전임 당 주석) 2.49%였다. 총통 선거 패배의 책임을 지고 당 주석을 사임했던 차이잉원은 '차차기'를 준비하기 위한 것인지 입후보를 하지 않았다.

쑤정창은 타이베이대학(台北大學) 럭비부 출신으로 독립운동가 등의 변호사로서 활약했다. 최근에는 총통 선거에 대해 야심을 드러내며 앞으로 당을 어떻게 정리할 것인지 정치 역량을 시험받고 있다. 중국 문제에 명확한 자세를 보이지 못하고, 그것이 당내로부터 비판의 과녁이 되고 있다.

2014년의 5대 시장[타이베이(台北), 신베이(新北), 타이중(台中), 타이난, 가오슝(高雄)] 선거에서 현재의 3 대 2를 4 대 1로 뒤집을 결정타가 나온다면 쑤정창이 2016년 있을 총통 선거에서 가장 유력한 후보가 된다. 그렇지만 국민당의 아성인 타이베이시, 신베이시를 민진당이 탈환하려면 아직 요원하다.

마잉주 총통은 5월 20일, 재임된 총통 식전에서 연설하고 중국-타이완의 '새로운 협력 분야'에 대해 언급했다. "양안에는 '민주, 인권, 법치'를 둘러싼 대립이 가로놓여 있는데", 그 때문에 "계속하여 평화를 확고히 하고 번영을 확대하며 상호 신뢰를 심화시킨다"고 주장했다. 이것은 한결같이 현상 유지에 불과하다. "통일하지 않고, 독립하지 않고, 무력행사를 하지 않는다"는 '3불' 원칙이 국민당의 최근 대중 자세이다.

마잉주 총통은 베이징의 용어를 교묘하게 원용하여 "중국-타이완 공통의 기반은 '중화민족'이며 혈연, 역사, 문화를 공유한다"고 지적했다. 이에 더하여 "국부(國父)로 삼고 있는 쑨원의 '천하위공(天下爲公)'과 '자유, 민주, 균부[均富]'의 이념을 결코 잊어서는 안 된다"라고 호소했기 때문에 타이완 국민의 인식과 커다란 차이가 또렷해지고 있다. 국부 기

넘관에는 방문자도 적고, 마오쩌둥과 장쩌민이 좋아하는 '중화민족'과 '타이완인'은 다르다는 인식을 최근 타이완의 여론조사로부터 살펴볼 수 있다.

마잉주 총통은 쑤정창에 축의(祝意)를 보내고 양자 회담을 제안했지만, 쑤정창은 답신을 보류했다.

셰창팅

謝長挺

차기 당 주석을 노리는 민진당 '4대 천왕' 중 한 사람

1946년 출생. 변호사 출신. 쑤정창, 뤼슈롄呂秀蓮, 유시쿤游錫堃과 함께 '민진당 4대 천왕'의 한 사람. 친일가로 일컬어진다.

야당의 거물 정치가로서 처음 방중

세창팅은 1946년 타이베이시에서 한방 의사의 차남으로 태어났다. 변호사 출신의 정치가로 과거 가오슝시(高雄市) 시장, 민진당 주석, 총리(천수이볜 정권)를 역임한 베테랑이다.

초등학교 시절 기계체조 실력이 일품이었으며, 링 경기에서는 우승했던 적도 있다.

타이완대학(台灣大學) 재학 중 사법시험에 합격하고, 일본 문부성의 장학금으로 일본에 유학했다. 귀국 이후 1976년에 변호사 사무소를 개업했다. 세창팅은 부친이 친일가인 점도 있고 해서 교토대학(京都大學)으로 유학했다. 따라서 일본어도 유창하다. 유머가 넘치는 인물이다.

1981년에는 스스로 정치가를 지향하여 타이베이시 의원이 되었다. 민진당 창설 멤버이기도 하며, 1989년부터는 국회의원을 두 차례 역임했다. 1996년 최초의 총통 민주 선거에서는 타이완 독립을 표방하는 펑밍민(彭明敏) 후보와 콤비를 이루어 부총통 후보가 되었다. 이때에는 리덩후이가 유유히 당선되었다. 가오슝시 시장 시기에는 포퓰리즘에 편승하여 지지율은 83%로 높았다.

2008년에는 야당의 총통 후보로서 마잉주와 선거전을 벌였다.

야당에서는 미려도(美麗島) 사건으로 감옥에 들어갔던 여러 학자, 지식인, 운동가의 변호를 맡은 인텔리가 주도권을 장악했다. 민진당은 결성 때부터 '반(反)국민당'으로 결속되어 있었지만, 당내에는 4대 파벌이 겨루고 있었으며, 단결과도 거리가 멀었다.

세창팅은 교토대학에 유학한 리덩후이의 대후배이다. 당내에서는 1년 후배에 해당하는 쑤정창과 무언가 비교되는 듯한데, 정치가 이력도 세창팅 쪽이 길다.

2012년 10월 4일, 셰창팅은 민진당 국회의원 몇 명을 이끌고 중국에 들어갔다. 최초의 방문지는 샤먼으로, 공항에 샤먼 부시장, 사오관시(韶州市) 부시장이 영접을 나와 셰창팅의 선조가 영면하고 있는 둥산다오(東山島)에 성묘를 다녀온 뒤 샤먼대학을 방문해 타이완 화교 기관에서 인사말을 나누었다.

그렇지만 민진당은 이제까지 중국과는 명확하게 거리를 두고 있었고, 마잉주의 베이징 외교를 비판해왔다. 셰창팅은 야당의 4대 천왕 중한 사람으로서 중국을 방문한 것이기 때문에, 이제까지의 야당 정치가로서는 최고위직의 베이징 입성이 된다. 그래서 큰 주목을 받았는데, 그 배경에는 종래 민진당 지지 세력으로 여겨졌던 재계 인사의 중국에 대한 접근이 있었다.

그들은 공장을 진출시킨 결과 베이징 참배를 반복하게 되고, 결국에는 타이완 독립의 선두에 섰던 실업가 쉬원룽의 '치메이실업(奇美實業)'이 액정 판넬 공장을 대륙에 개설하고, 에버그린그룹의 장룽파도 베이징의 취지대로 타이완-베이징 직행편이 운행하게 되자 가장 먼저 날아가 자칭린[7] 정치협상회의 주석(당시 서열 제4위)

과 회견하는 등 기존의 무드가 일변하고 있다.

"이는 국민당의 공산당화, 민진당의 국민당화 현상이다"라고 비꼬는 저널리스트가 많다.

후술하는 쉬원룽은 중국으로부터 위협을 받은 결과 싫증이 나서 중국 공장을 홍하이정밀공업

자칭린

---

7 자칭린(1944~): 푸젠성 당 위원회 서기, 전국정치협상회의 주석, 중앙정치국 상무위원을 역임했다. 장쩌민 파벌에 속한다.

(鴻海精密工業)에 매각했다. 홍하이는 선전 공장에서의 종업원 연속 자살과 청두(成都) 공장 폭동, 타이위안(太原) 공장의 종업원 2000명 난투 사건 등의 문제를 안고 있으면서도 대륙에서 80만 명을 고용하고, 나아가 샤프와 합작을 모색하며, 브라질에도 공장을 진출시킬 정도로 기세가 등등하다.

타이완 실업계의 또 다른 영웅인 '왕왕그룹(旺旺集團)'의 차이엔밍은 타이완 어선단의 센카쿠 열도 침범, 시위 행위의 두목이 된 것뿐만 아니라, 베이징 예찬파인 《중국시보(中國時報)》를 매수하고, 《빈과일보(蘋果日報)》의 대주주가 되어, 현재 중국의 대리인으로 전락한 상태이다.

이러한 정치 정세의 변화를 배경으로 민진당은 새로운 노선을 모색하는 단계이다. 당 주석 쑤정창을 무시하고, 차기 당 총통 후보의 주도권 투쟁에서 라이벌 관계라고 하는 구조를 본체만체하며 셰창팅은 '열애 평화'를 제창하며 중국을 방문했다.

다만 셰창팅의 베이징 입성은 '국제조주협의회(國際調酒協議會)' 주체의 이벤트 출석이 명목이었지만, 왕자오궈나 왕이 등 거물과 만났다.

그리고 2012년 11월 21일, 민진당은 당내에 '중국사무위원회'를 설치했다.

【 타이완의 재계 인사 】

일본 정신을 애호하는 타이완 재계 인사

현재 6만 개의 타이완 기업이 중국에 진출해 100만 명의 타이완인 엔지니어, 간부가 대륙 각지에 상주하고 있다.

타이완 IT 산업 영웅 'TSMC(台灣積體電路製造)'는 일본을 제외한 아시

아 기업 가운데 가장 중요시되고 있는 첨단기술 기업
이다. 또한 고(故) 왕융칭(王永慶) '타이완플라스틱그
룹' 총사(總師)는 '타이완의 마쓰시타 고노스케(松下幸
之助)'라고 일컬어진다.

왕융칭

2008년에 편안히 눈감은 왕융칭은 사환 아이에서
성공해 타이완 최대의 기업 그룹을 형성했던 입지전적인 인물로, 타이
완의 미디어에 그의 이름과 사진이 게재되지 않는 날이 없을 정도였다.

【 해운업에서 항공 업계에 뛰어들다 】

장룽파(張榮發) | 에버그린그룹의 창시자

중국 본토로의 직행편도 주저 없이 개설

장룽파는 타이완 최대의 운수 회사 '에버그린그룹'[8]
의 창시자이다. 타이베이와 나리타(成田)·하네다(羽
田)뿐만 아니라 일본 각지로 운항하는 에버에어(Ever
Air)는 전일공(全日空)과 제휴하고 있다.

장룽파

장룽파는 1927년 출생이다. 타이베이상업학교(台北商業學校)를 졸업
한 이후 '오사카상선(大阪商船)', '신타이해운(新台海運)' 등에서 근무하
고 1968년에 타이완을 거점으로 하는 해운회사 '창룽해운(長榮海運, 에
버그린마린)'을 창설했다. 그 이래 새로운 사업에도 의욕적으로 나서 세
계 일주 항로를 개척하는 등 기세 좋게 사업 확대를 이어나갔다. 관련

8 에버그린그룹: 타이완의 유력 기업이다. 에버그린마린을 핵심으로 에버항공, 에버
    그린인터내셔널호텔 세 가지 사업이 주체이다.

육상 운송업, 중공업, 건설업, 항공 사업에도 적극적으로 참여하고, '에버항공'을 설립하여 항공 업계에도 뛰어들었다.

현재 장룽파가 이끄는 '에버그린그룹'의 계열사는 총 20개이며 1만 2000여 명이 일하고 있다. 장룽파는 2012년 9월에 중국을 방문하고 베이징에서 자칭린과 서로 악수했다. 마침 네이멍구자치구의 후허하오터에 있었던 나는 중국 TV 뉴스로 이 소식을 접했다.

장룽파가 태어났을 때 타이완은 일본의 통치 아래 있었다. 이란현(宜蘭縣)의 작은 항구 마을인 쑤아오(蘇澳, 해산물 요리로 유명한 도시이다)에서 자라 초등학교를 졸업하고는 바로 사환 아이로 나섰다. 우선은 일본 해운 회사의 지룽(基隆) 지점에서 급사로 일하며 약 1년간 선상 근무했고, 17세까지 육상과 해상 양방에서 근무하며 해운업의 지식과 실무를 체득했다. 1944년에 선원이었던 부친이 조난 사고로 사망하자 모친과 형제자매 넷의 생계를 맡게 되었다.

1946년부터 선상에서 근무하고, 업무 틈을 이용해 3등에서 1등까지 항해사 자격을 차례로 취득한다. 친구와 해운 회사를 설립했던 적도 있지만 시기상조로 결실을 맺지는 못했다.

당시를 회상하며 장룽파는 말한다.

공동 경영 기업은 규모의 크고 작음에 관련 없이 의견 차이가 회사의 경영과 발전에 영향을 미친다. …… 경영을 성공시키기 위해서는 초기에 전문 경영가 1명인 독재 형태로 중요한 전략을 결정해 힘을 다해 밀고 나가고, 철저하게 실행하지 않으면 안 된다.[9]

---

9 張榮發, 『張榮發自傳』(東京: 中央公論社, 1999).

장룽파는 '자유경쟁'을 무기로 운임 동맹의 해운계에 뛰어들었고 발송인, 화물 주인에게 환영을 받으며 차차 세계의 바다를 향해 항로를 증설했다.

1980년대가 되자 '에버그린'의 선박들은 7개의 바다를 돌아다녔다. 1984년에 컨테이너 선박으로서는 사상 최초로 동쪽과 서쪽 루트를 잇는 세계 일주 정기항로를 개설했다. 서비스의 질뿐만 아니라 세계무역에서의 확실한 확대를 밑받침 삼아 급성장을 거두었던 것이다.

1991년 걸프전쟁 직전, 일본항공(JAL)이 체류 일본인 구출에 구원기 파견을 거부했을 때였다. 장룽파는 "고객은 신이다"라고 말하며 구원기 전세기를 냈다.

장룽파는 기존의 화물선(산적화물선)이 컨테이너 선박으로 대체될 것이라고 예견하고, 1973년에 '창룽해운'을 설립하여 컨테이너 수송에 진출했다. 컨테이너는 기계로 운반하기 때문에 항만 노동자에게 의지하지 않아도 되는 장점이 있다. 컨테이너를 양륙하면 컨테이너 야드에서 대형 트럭에 옮겨 싣고 고객의 창고까지 육송한다.

이와 같이 열어온 운명을 종합적으로 시험할 기회가 찾아온다. 공중 운송으로의 진출이다.

장룽파는 자신만만하게 해상, 육상, 공중 전 분야에 진출해 '에버그린그룹'을 대기업으로 성장시켰다. 논의가 많았던 대륙으로의 진출도 가장 먼저 이루었다.

쉬원룽(許文龍) | 치메이실업 창시자

미술품 수집가로서도 유명

쉬원룽

플라스틱에서 액정 패널에 이르기까지 선견지명이 있었던 쉬원룽은 유창한 일본어를 구사한다.

쉬원룽의 아성은 플라스틱 성형 사업부터 액정 패널까지 종합적으로 다루는 타이난의 '치메이실업(奇美實業)'이다. 이곳 부지 내에는 세계에서 수집한 미술품들을 망라한 치메이미술관(奇美美術館)이 있다. 이 미술관은 일반에 무료 개방되고 있다.

쉬원룽은 1928년 타이완의 타이난시(台南市)에서 태어났다. 부친이 실업했을 때 쉬원룽의 형제는 10명이었다. 가족을 부양하기 위해 한동안 동네 공장에서 일했고, 전쟁이 끝난 후에는 일용 잡화와 완구의 제조를 시작했다. 완구 등의 재료가 플라스틱으로 변하려던 무렵이다.

1959년 쉬원룽은 '치메이실업'을 설립하고 가전 및 자동차 부품의 원료인 ABS수지로 세계 최대 기업이 되었다. 쉬원룽은 저명한 경영자로서 1989년에 제4회 '닛케이(日經)아시아상'을 수상했고, "아시아의 환경 보호에 진력한 사람과 단체에 기부하고 싶다"면서 황금 300만 엔어치를 니혼게이자이신문사에 위탁했다. 바다에 요트를 띄어 낚시하는 취미 외에도, 독서, 바이올린과 만돌린 연주에 많은 시간을 들이는 것으로 알려졌다. 세계에서 수집한 골동품, 그림, 조각, 도검(刀劍), 동물 박제 등을 치메이미술관에 소장하고 있다.

쉬원룽은 대단한 지일가(知日家)이다. 특히 고토
신페이(後藤新平)[10]에 대한 경도가 깊었으며, "일본
시대의 식민지 경영이 타이완의 인프라를 구축한
것이며, 일본의 업적이 있었기 때문에 오늘날 타이
완이 번영했다"는 것이 그의 지론이다. "고다마 총
독 시대에 민정장관으로 취임했던 신페이는 일본

고토 신페이

에서도 일류 인재이다. 독일에서 유학한 의학박사로 근대적 두뇌를 갖
고 있었다"고 기록하고 있다.

중국공산당은 대륙에 진출한 타이완 기업을 다양한 방법으로 괴롭혔
고 약속과 달리 새로운 세금을 과세했다. 나아가 타이완 독립에 대해
말하는 기업 간부를 체포했다. 이에 대해 뤼슈롄 전임 부총통은 "여왕
벌에 봉사하기 위해 움직이는 벌이 타이완 기업이 아닌가"라며, 중국에
진출한 타이완 기업들의 정치적 감각 결여를 격렬히 비판했다. 그중 그
최대 피해자가 바로 쉬원룽이었다.

---

10 고토 신페이(1857~1929): 의사, 관료, 정치가. 타이완 총독부 민정장관. 남만주
철도[滿鐵] 초대 총재. 체신대신, 내무대신, 외무대신을 역임했다. 타이완 총독부
민정장관으로서 현지를 철저하게 조사했다. 타이완의 관습, 풍토에 따르면서 필
요한 경제 개혁과 인프라의 부설을 지휘했다.

스전룽(施振榮) | 에이서[11] 창업자

친족 경영을 폐지하고 열린 기업을 창시하다

스전룽

세계 4대 컴퓨터 제조사의 일각을 차지하고 있는 회사가 타이완의 에이서이다.

아이비엠의 개인용 컴퓨터 부분을 매수하여 세계 1위 자리를 획득한 레노버, 염가판을 대량으로 판매하는 델, 그리고 휴렛패커드 3강을 바짝 뒤쫓고 있는 에이서는 항상 고전을 면치 못하지만, 처음부터 독자 브랜드를 과시했으며 중동과 남미에서는 점유율 1위이다.

에이서라는 기업명은 영문으로, 타이완 명칭은 '훙지(宏基)'이다. 이 기업명을 듣고 창업자가 바둑을 좋아할 것이라는 생각이 들었다. 넓게 다각적으로 바둑을 두는 사람이 아닐까 싶었다.

스전룽은 타이완 중부 루강(鹿港) 출신이다. 루강은 온화한 자연에 둘러싸여 있다. 빼어난 항구가 있고 산기슭에는 사슴도 서식한다. 타이완 재계 총리로 일컬어졌던 구전푸(辜振甫) 일족의 고향이기도 하며, 지금도 넓은 중정(中庭)이 딸린 구전푸 일족의 호화 저택이 건국 당시의

---

11 에이서: 영어 표기는 'Acer'이다. 타이완의 개인용 컴퓨터 및 주변기기 제조사이다. 2009년에는 개인용 컴퓨터 출하량에서 델을 제치고 세계 2위에 오른다. 미국 리서치 기업 가트너(Gartner)에 의하면, 2012년 7~9월 개인용 컴퓨터 출하 대수에서 세계 1위는 레노버그룹이며 근소한 차이로 2위 휴렛패커드, 3위 델, 4위 에이서 순이다.

원형대로 남아 있다.

스전룽은 일찍 양친을 여의고 힘들게 공부하여 국립교통대학(國立交通大學)을 졸업하고, 전자(電子) 중소 메이커에서 일했다. 젊어서 공장장에 선발되었지만 이 기업은 섬유산업이 주종이었던 친회사의 불황으로 폐쇄되었다.

스전룽은 독립을 결의한다. 31세였다.

에이서는 방 한 칸짜리 맨션에 모인 7명의 동료로부터 시작되었다. 차고 기업에서 세계 1위의 소프트웨어 업체가 된 마이크로소프트의 전설과 비슷하다. 스전룽은 몇 차례나 좌절했고 도산 위기와 싸웠다. 하지만 타이완 기업으로서는 '생각할 수 없는' 경영 방침을 도입하여 세계적인 기업으로 성장했다.

스전룽이 창사 초기부터 "자식을 회사에 들이지 않는다. 나는 60세에 은퇴하고 후진에게 길을 양보한다"고 말했고, 이를 실행했다. 그래서 주주로부터 신용을 얻었고, 동족 기업이 아니라는 점에서 타이완의 대기업으로서는 진귀한 존재가 된다.

일반적으로 중국 기업은 가내수공업의 한계를 갖고 있어 직원이 50명을 넘게 되면 외지인이 늘어나 경영 불능에 빠진다. 가족 친척 중심이기 때문에 외지인은 절대 최고경영자가 될 수 없다. 따라서 우수한 종업원은 기술과 노하우를 취득하면 바로 독립하든지 아니면 라이벌 회사로 이적한다. 일본과 같이 사내선발 제도도 종신고용 제도도 없었기 때문에 회사에 대한 충성심이 있을 리 없었다.

그렇지만 에이서는 사원 중 우수한 자를 해외 유학시키고, 권한을 주어 자회사를 맡기는 대담한 방법을 취했다. 사원에게 근성을 심어주기 위함이었다.

≪마이니치신문(每日新聞)≫의 논설부위원장 곤도 신지(近藤伸二)는 스전룽의 '홍지 이론'에 대해 다음과 같이 설명한다.

우선 거리가 떨어진 영역을 지키고, 그다음 주전장에 나가는 수법이다. 바둑은 외곽의 진지를 취한 이후 중앙으로 향해간다. 기업도 창업 초기에는 틈새시장에서부터 사업을 시작하고, 적지 않은 자산으로 최적의 지반을 점할 수 있다면 비교적 쉽게 생존할 수 있다. 그 이후 큰 시장에서 사업을 전개하면 좋다. 해외 사업을 전개할 때는 발전도상국에서 시작하고, 기반을 굳건히 한 다음 선진국으로 확대해간다. '농촌에서 도시로' 전략도 여기에 해당한다. 둘째는 바둑도 기업 경영도 포석이 중요하다.[12]

스전룽은 에이서의 경영이 궤도에 오를 무렵부터 정치에 눈을 뜨고, 타이완 독립을 제창했던 야당 민진당에 접근했다. 천수이벤[13] 정권에

천수이벤

서는 총통 고문으로도 활약했다.

당시 재계 총리인 구전푸가 양안관계 교섭을 담당했는데, 스전룽은 미국도 참가하는 APEC의 타이완 제3대 대표였다. 이처럼 정치에 가까웠기 때문에 중국으로부터 백안시되었다. 대륙에 진출한 에

---

12 近藤伸二, 『アジア實力は企業のカリスマ經營者』(東京: 中公新書ラクレ, 2012).
13 천수이벤(1950~): 제10·11대 중화민국 총통이다. 타이난의 빈곤한 가정에서 출생하여 어렵게 공부하여 변호사가 되었다. 창룽해운의 고문변호사를 맡았던 적도 있다.

272 중국을 움직이는 100인

이서 공장이 폐쇄 위기에 내몰리는 등 공갈을 당하기도 했다.

【 샤프 매수를 획책한 저돌적인 기업가 】

궈타이밍(郭台銘) | 홍하이정밀공업 창업자

타이완이기보다는 중국의 기업

궈타이밍 은 변화구를 몇 개나 가진 수완가이자 폭군이며, 타이완에 본사가 있는 홍하이정밀공업 의 창업자이다. 지금은 세계 1위의 전자 부품 제조 사이다.

궈타이밍

타이완에서는 '칭기즈칸'이라는 별명이 있을 정 도로 호걸이며, 또한 언론 조작에 능수능란하다. 일본에 자가용 비행기 로 올 때 언론에 몹시 시달렸다.

궈타이밍은 고등학교를 졸업한 이후 동네에 공장을 세웠는데 이것이 크게 성장했다. 미국의 대형 전자 부품부터 액정 패널에 이르기까지 하나에서 열까지 제조사의 제품을 수탁 생산하여 궤도에 올려놓고 그것을 기반으로 라이벌을 매수하여 비대화했다. 애플의 아이패드(iPad), 아이폰(iPhone)도 홍하이가 생산하고 있다. 중국의 자회사 푸스캉과학기술그룹(富士康科學技術集團, 폭스콘)은 전 세계적으로 100만 명의 종원업을 거느린 대기업으로 성장하여 홍콩 주식시장에도 상장되어 있다. 다만 본사 등기는 조세회피지역(tax free zone)인 케이맨제도(Cayman Islands)이다.

홍하이그룹 총사인 궈타이밍은 현재 타이완 재계의 얼굴이라기보다 세계 비즈니스계의 얼굴이다. 궈타이밍 일가는 원래 중국 산시성(山西

省) 출신으로 외성인이다. 따라서 하는 짓은 거칠다. 타이완 기업이라는 인상으로 이 기업 그룹을 판단하면 오산이다.

귀타이밍과 만났던 일본 기업의 비즈니스맨 대다수는 "그 남자는 하는 짓이 더럽다"라고 비판한다.

실제로 2010년에 폭스콘의 선전 공장에서는 연속 13건이나 종업원 투신자살이 발생해 세계의 저널리스트가 주목했다. 폭스콘은 가혹한 노동조건, 열악한 복지 환경 등으로 비판받았다. 투신자살 사고로 11명이 사망하고 2명이 중상을 입었다. 조잡한 관리 체계가 도마에 올랐다. 스파르타식 사원 교육도 지탄받았다.

그러나 폭스콘은 굴하지 않고 그 이후에도 중국 국내에서 공장을 증설해 증산에 증산을 거듭했다. 대륙에만 종업원 80만 명을 보유하고 있고, 어느 이코노미스트는 "매년 2만 명이 사직하고 2만 명 이상을 고용한다. 이 회사 인사부는 거의 매일 공공직업안정소와 같이 붐빈다"고 말했다.

훙하이그룹의 느닷없는 대약진은 베이징이 '타이완 독립운동의 원흉' 치메이실업을 협박한 정치적 해프닝과 연관이 있다. 지일가로 타이완 독립운동의 강력한 지원자이자 리덩후이의 지원자이기도 했던 쉬원룽의 치메이실업이 액정 패널 생산에 진출하여 중국에 공장을 열었다. 당초 중국 정부는 두 손을 비비며 저자세로 접근했었다. 중국 공장에서 치메이실업의 생산이 궤도에 오르자 트집을 잡아 공장장을 체포해 인질로 삼고 쉬원룽에게 "'타이완 독립운동은 잘못되었다'라고 신문에 광고하라"고 명령했다. 베이징은 또한 타이완 독립운동을 봉쇄하기 위해서 2005년 3월에 '반국가분열법(反國家分裂法)'[14]과 같은 법률을 갑자기 제정하고 대륙에 진출한 타이완 기업 6만 개, 주재 타이완인 100만 명을 관할 아래 두었다. 이에 염증을 느낀 치메이실업은 액정 패널의 권익을 귀타이밍에게 매각했던 것이다.

액정, 전자 부품으로 급격하게 성장해온 홍하이정밀공업도 처음에는 소규모의 플라스틱 성형 공장이었다. 자본금은 겨우 230만 엔에 불과했다. 그것도 계에서 긁어모았다. 수차례나 도산했고 동료는 도주했다. 호되게 고생한 끝에 일본으로부터 기술을 도입해 성공했다.

홍하이의 탐욕스러운 손길이 샤프에도 미쳤다. 홍하이는 샤프 주식 10%를 취득한다고 발표한 후 발전했다. 사실 샤프의 사카이 액정 공장은 귀타이밍이 개인적으로 50%를 출자했다.

그러나 호탕한 자세는 계속되지 못하고, 샤프의 주가가 28%나 하락하자 귀타이밍은 "재교섭한다"면서 취득금액 인하 교섭에 들어갔다. 그 배경에는 샤프 측의 교섭이 서툰 점도 있지만, 최대 이유는 '불황 예감'이었을 것이다.

아이패드, 아이폰 붐은 정점을 찍어 미래 수요가 보였다.

그리고 쓰촨성 청두의 로봇 설비 공장에 쏟아부은 막대한 투자 자금도 유이자 금리 부담으로 작용했다.

2012년 8월 9일, 타이완 정부는 "투자가의 이익을 보호한다"면서 홍하이에게 샤프에 대한 출자 재고를 촉구하는 기묘한 수단을 냈다. 정부가 움직인 활발한 로비 공작이다. 자유주의 경제국가에서 정부가 일개 민간기업의 투자 보호를 이유로 기업 활동에 개입하는 것은 납득하기

---

14 반국가분열법: 정식 명칭은 '반분열국가법(反分裂國家法)'이다. 2005년 제10기 전국인대에서 성립되었다. 타이완이 독립을 선언할 경우 타이완에 '비평화적 수단' 행사, 즉 무력행사를 합법화한 법률이다.

어려운 행위이다.

같은 해 9월에 개인 비행기로 방일한 궈타이밍은 샤프와 빈틈없는 재교섭을 계속하는 한편, 종적을 감춰 언론을 어리둥절하게 만들었다.

각지 공장은 가혹한 노동조건 아래 하루 10~11시간을 일하지만 강제된 '잔업' 노임은 이런저런 이유를 붙여 삭감한다고 한다. 사원은 거의 전원이 회사 기숙사에 들어간다. 소등 시간을 지키지 않으면 지하실로 불러 힐문한다. 밤에 트럼프 놀이도 금지한다. 군대식 사내 규율로 젊은 종업원들의 불만이 쌓였다.

커다란 난투 사건이 일어난 타이위안 공장에만 7만 9000명이나 되는 종업원이 있다. 난투는 술에 취한 종업원을 경비원이 때린 데서 시작된 듯하다. 금세 2000명이 이 난투에 가담해 40명이 부상을 입었다. 당시 상황이 너무 심각해서 궈타이밍은 "폐쇄, 철수"라고 말했다. 종업원을 위협한 것이다.

결국 난투가 수습될 때까지 경찰관 5000명이 동원되었다. 아이폰 부품 공급에 대한 불안감도 확대되었다.

10시간 이상인 노동시간은 입사 시 급여 조건과 다르며, 게다가 언제 다른 근무지로 전출될지도 모른다. 안정성은 보장되어 있지 않다. 젊은 세대는 특히 군대식 관리 방식을 참지 못한다. 세상이 변화하고 있음에도 경비원과의 분쟁이 온종일 일어난다.

향후에도 궈타이밍은 타이완 기업인 중에서 '태풍의 눈'이 될 것이다.

차이옌밍(蔡衍明) | 왕왕그룹 CEO

일본 제과 회사의 협력으로 중국과 타이완 시장을 과점

차이옌밍

2012년 9월 25일, 타이완의 어선 40척과 해상보안청 선박 12척이 센카쿠 열도에 나타났다. 그중 대다수는 일본 영해를 침범하고 일본 경비정과 요란하게 공방을 벌이는 전투를 연출했다.

이 소동은 통일파, 중화사상 지지파가 마잉주 정권에게 압력을 가했기 때문에 발생한 것으로, 타이완 정부로서도 김 빼기 퍼포먼스를 연출한 기색이 농후하다. 그래서 어선들의 집단적 시위 항해는 타이완 정부의 생각과 명확한 의사 표시라고는 볼 수 없다. 타이완 국민의 반응은 냉담하고 또한 냉정하다.

우선 영해를 침범한 타이완 어선단이 이란현 쑤아오의 난쑤(南蘇)라고 하는 항구에서 집단 출항했다는 사실에 주목해야 한다. 쑤아오는 지리상 지룽(基隆)의 남쪽에 위치해 센카쿠와는 다소 거리가 멀고, 실제 위도상으로는 이시가키섬(石垣島)과 같은 지점이다. 무엇보다 쑤아오의 어민들은 센카쿠 부근에서도 어업에 종사해왔다.

반세기 전인 1962년, 이 항구에서 잡은 어패류를 가공하여 통조림 공장을 경영했던 인물이 있었다. 보잘것없는 통조림 공장은 몇 차례나 경영 위기에 빠졌고, 종업원에게 급료도 제대로 지불할 수 없을 정도로 가난한 살림이었다고 한다.

이 통조림 공장은 '이란식품공업(宜蘭食品工業)'이다. 차이옌밍의 부친 차이아스(蔡阿仕)와 동료가 경영했다. 14년 후 반차오(板橋, 현재 신베이시)중학을 졸업했을 뿐인 아들 차이엔밍이 회사 경영에 가담했다. 차이엔밍은 아이디어맨이었다.

일본의 '갓빠에비센(かっぱえびせん)'[15]과 유사한 어패류 가공 간식을 만들기 시작하더니, 다음에는 전병에 진출했다. 차이엔밍은 일본을 찾아와서 늘 이와쓰카제과(岩塚製菓)를 방문했다. 이와쓰카제과는 니가타현(新潟縣) 나가오카시(長岡市)가 본거지이다. 일본의 전통 과자인 누레센베이(ぬれせんべい), 오카키(おかき), 구로고마센베이(黑ごませんべい) 등 베스트셀러 제품은 일본 슈퍼마켓에서는 낯익은 제품이다. 사족을 덧붙인다면 나는 해외여행 때 반드시 이 회사의 누레센베이를 지참한다. 차이엔밍은 이와쓰카제과로부터 노하우를 전수받아 맛을 더한 전병을 대량생산하고자 이와쓰카제과에 제휴를 제의했던 것이다.

이와쓰카는 그 열의에 끌려 결의했다. "그렇다면 회사의 명운을 걸고 함께 해보지 않겠습니까."

차이엔밍의 운명이 열렸다.

과자류에서 큰 성공을 거두어 즉석면·음료수·만두·간편식 분야에도 진출하고, 1983년에는 회사 간판을 '왕왕그룹'으로 개칭하고 중국에 진출했다. 차이엔밍은 "이와쓰카제과 쪽으로는 발을 뻗고 잘 수 없다"고 입버릇처럼 말했다. 일본의 맛과 가공 기술이 없었다면 왕왕집단은 이처럼 단기간에 시장을 석권하지 못했을 것이다. 왕왕집단은 타이완 시장의 95%를 과점하는 대기업으로 성장했다.

---

15 한국 과자 '새우깡'의 원조이다. _옮긴이 주

중국공산당과의 밀약인가? '타이완 미디어'를 매수

차이옌밍의 야심은 여기에 머물지 않았다. 그는 대륙의 커다란 시장으로 눈을 돌렸던 것이다. 푸젠성·저장성·광둥성 등의 중국 연해 지역은 이미 과자 공장이 넘쳐났고, 일부 타이완 식품가공기업도 진출해 있었다. 차이옌밍은 연해 지역을 뛰어넘어 바로 내륙 깊숙이 후난성 창사에 공장을 건설하기로 결단했다. 중국 오지 사람들의 입맛에 딱 맞게 골똘히 궁리했다. 원칙은 두 가지였다. 첫째, 절대로 깎아주지 않는다. 둘째, 선금을 받아야만 물품을 납입한다.

중국 후난성에서 선금이라는 비즈니스 방식은 희소했기 때문에 어디에서도 주문이 없었다. 아니, 정확하게 말하자면 대량 주문이 있었지만 선금이라는 말에 모두 단념했다. 그러자 재고를 초등학교에 기부하여 입소문에 의한 평가를 높이고, 판매원을 고용하여 직접매매에 나서는 전법을 취했다. 대륙에서 상업 매매가 궤도에 오르기까지는 시간이 걸렸다. 하지만 판매력이 붙자 다음은 일기가성(一氣呵成)이었다. 지금은 중국 대륙에서 85% 비중을 과시하는 데까지 이르렀다.

이어서 라이벌 기업을 매수하여 산하에 두고, 마침내는 보험과 호텔 경영에도 손을 뻗어 홍콩 주식시장에 상장했다.

차이옌밍과 중국공산당 사이에 어떤 묵계 혹은 밀약이 있는 것인지 분명하지는 않지만, 그 이후 그가 무엇을 했는지 살펴보면 대략 짐작은 간다.

신문, TV, 라디오를 매수해 산하에 두고 야당 언론을 무너뜨리고자 획책을 했다. 2008년 타이완의 양대 신문 중 하나로 일컬어지는 ≪중국시보≫를 산하에 두고 '왕왕중스그룹(旺旺中時集團)'으로서 ≪공상시보(工商時報)≫, ≪중시만보(中時晚報)≫ 등 미디어를 매수한 것은 무엇을

2012년 9월 센카쿠 열도에
몰려든 타이완 어선단

의미하는가. 이 매체들은 중화사상, 통일 추진과 같은 주장만 한다.

그리고 2012년 9월 25일, 센카쿠 열도 영해에 대거 몰려들었던 타이완 어선단의 연료비 약 1350만 엔을 차이옌밍이 부담했다. 뉴스를 보면, 어선단 가운데에 왕왕중스의 보도 전용선이 있는 것을 알 수 있다.

타이완 어선의 영해침범 사건으로 유의해야 할 점은 친일 국가 타이완의 친일 기업인이 중국공산당의 정치적 영향력에 잠식되어 버렸다는 점이다.

그는 '망은지도(忘恩之徒)'로서 일본에서 오래도록 기억될 것이 틀림없다.

제8장

재야 및 반정부 지도자들

달라이 라마 14세
Dalai Lama XIV

티베트 민족자치운동의 상징

1935년 출생(재위 1940~). 티베트 불교 최고지도자. 티베트 망명정부의 수장으로서 중국의 인권침해를 호소하고 자치를 획득하기 위해 진력하고 있다.

독살 위기를 고백

2012년 11월 13일, 일본 수도 한가운데에 있는 참의원 회관에서 '일본·티베트 의원 연맹'이 깃발을 올렸다. 아베 신조(安倍晋三) 외에 국회의원 200여 명이 모였고, 이로써 중국은 새파랗게 질리게 되었다. 베이징 정부는 달라이 라마의 영향력을 지나치게 과소평가했다.

그런데 티베트 각지를 다녀봐도 달라이 라마 예하(猊下)[1]의 사진, 초상이 전혀 눈에 띄지 않는다.

가공할 만한 문화 말살이다! 이렇게 야비한 행위를 태연하게도 저지르는 것은 중화사상의 병리, 애국양이(愛國攘夷)의 왜곡 때문이다.

'템플턴 상' 수상식을 위해 런던을 방문한 달라이 라마 예하는 2012년 5월 13일 자 ≪선데이 텔레그래프(Sunday Telegraph)≫와의 독점 인터뷰에서 "나는 독살될 뻔했다"라고 충격적인 내용을 말했다. 그것은 2011년의 일로, 어느 티베트 여성이 가까이 다가왔는데 그녀의 머리카락과 의복에 독이 포함되어 있었다. 이 여성은 중국공산당에게 훈련받은 요원이었다.

그럼에도 달라이 라마 예하는 "티베트 독립을 요구하지 않고, 고도의 자치를"이라며 세계 여론에 호소하고, 이 비폭력주의는 거의 모든 티베트인의 찬동을 얻고 있다.

중국은 적어도 티베트의 종교 활동에 참견을 중단하고, 역사교육과 언어에 관해 자치를 부여하라, 그렇지 않으면 '문화 학살'이 아닌가.

---

1 고승(高僧)을 높여 이르는 말이다. _옮긴이 주

달라이 라마는 세계를 향해 메시지를 발하고 있는데, 불교도가 많은 일본에서 달라이 라마의 호소가 심금을 울렸다. 나가노(長野)의 선광사(善光寺) 외의 절에서는 연속적으로 티베트 불교의 회합이 이루어졌다.

2012년 11월에 달라이 라마는 방일해서 전국을 걸으며 강연했다. 이때 매우 많은 일본인이 달라이 라마의 설교를 배청(拜聽)하러 나왔다. 중국 정부는 불쾌감을 표명했지만 그 어떤 효과도 없었고, 도리어 일본 국민의 반발을 심화시켰다.

티베트의 젊은 층 일부에서는 달라이 라마의 평화 노선에 만족하지 않고, 실력 행사도 필요하다고 주장하는 민족자결그룹(티베트 청년회의)이 존재한다.

세계로 확산된 티베트인의 활동에 의해 미국에서 티베트 독립의 목소리가 갑자기 거세졌다. 연방의회 외에도 리처드 기어, 조지 클루니 등 할리우드에 유력한 이해자가 많기 때문에 티베트 '민족자결'의 우렁찬 외침은 계속될 것이다.

라비야 카디르
Rebiya Kadeer

인권 옹호를 계속 제창하는 '위구르의 어머니'

1947년 출생. 신장위구르자치구에서 사업가로서 성공했다. 정협 위원을 역임했지만 정권을 비판해서 실각·투옥되었다. 2005년에 미국으로 망명했다.

중국공산당의 비도(非道)를 세계에 발신

일본 정부는 신장위구르자치구의 '동투르키스탄 독립운동'²을 '내정 문제'라고 회피하면서 정치 논쟁에서 벗어나고자 시치미를 떼왔다. 세계에서는 이미 중국에 대한 비판의 목소리가 한데 모였고, 인권 문제에 민감한 구미 국가들은 일본의 반응을 '기대'하고 있었다. 말할 필요도 없지만 티베트·위구르·타이완 독립문제, 네이멍구 문제는 지하 연대 세력이 있다.

2012년 5월 14일은 '역사적인 날'로서 기억될 것인데, 일본 국회 앞 정원에 자리한 헌정회관에서 제4차 세계위구르회의가 개최되었다.

세계 20개국 대표, 일본의 여러 국회의원, 지원자 들이 모였다. 이전 회의는 3년 전 미국 워싱턴에서 개최되었다. 도쿄 회의장에는 국내외 기자단이 약 200명이었고, TV 중계를 위해 50대 전후의 카메라가 늘어섰다.

실제로 일본에서 열린 위구르회의는 세계적 관심사이자 빅뉴스였다.

위구르 사회로부터 경애를 받고 있는 '위구르의 어머니' 라비야 카디르 여사(노벨 평화상 후보에도 올랐었다)가 등단했다. 그녀는 우아한 미소를 지으며 연설을 시작했다.

위구르인의 제반 권리를 요구하는 목소리를 지원해주셔서 감사 드리며, '아랍의 봄'이나 세계에서 자유를 위해 싸우다 목숨을 잃은 이들의 명복과 그들의 유족에게 진심 어린 위로와 동정의 말씀을 전합니다. 중국

---

2 동투르키스탄 독립운동: 신장위구르자치구에서 위구르인, 카자흐인, 키르기스인 등의 소수민족에 의한 자치독립을 목표로 하는 운동을 지칭한다.

의 관헌이 동투르키스탄에서 강행하고 있는 위구르인에 대한 불법 살인 및 폭력 진압, 티베트의 연속적인 분신자살을 볼 때 중국의 탄압에 대한 항의와 자유를 향한 움직임이 존재한다는 것을 알 수 있습니다. 또한 중국의 정치 방향에 관해서 지도부 내부의 격렬한 대립을 확인할 수 있습니다. 가까운 장래에 중국에서도 '예기치 않은 변화'가 일어날 가능성이 뚜렷합니다. 최근의 왕리쥔 망명 미수, 보시라이 실각 등이 그러한 가능성을 시사해줍니다.

장춘젠(張春堅) 신장위구르자치구 서기는 2010년 7월 방미를 마치자 호탄, 카슈가르 등에서 탄압과 학살을 재개했습니다. 전임 왕러취안보다 다소 나은 지도자일까 기대했지만 그 기대는 배반당했습니다. 그러나 국제사회가 위구르의 인권 활동을 인지하게 되었고, 일본에서는 아베 신조 선생 등이 지원하는 '일본·위구르 국회의원 연맹'[후루야 게이지(古屋圭二) 회장, 니시다 쇼지(西田昌司) 사무국장]이 설립되었습니다. 터키의 에르도안 총리는 방중 첫걸음을 신장위구르자치구의 우루무치부터 시작했습니다. 위구르 문제는 현재 국제적인 자유운동의 일부가 되었습니다. 중국은 위구르와 티베트 문제를 해결하지 않는 한, 그들이 바라는 것과 같은 국제사회에서의 지위를 확립할 수 없을 것입니다.

라비야 여사는 일본에 산뜻한 인상을 남기고 미국으로 돌아갔다.
위구르 독립을 지향하는 이슬람의 각파는 뮌헨과 이스탄불을 거점으로 세계인들에게 계속 호소하고 있다. 그 상징적 지도자가 카디르 여사이다.

류샤오보

劉曉波

노벨 평화상 수상자임에도 감옥에서 복역 중

1955년 출생. 작가. 전 베이징사범대학 강사. 민주화 활동에 참가함으로써 수차
례에 걸쳐 투옥되었다. 2010년에 노벨 평화상 수상.

천안문 사건[3]의 전사

노벨 평화상을 수상한 작가인 류
샤오보는 중국 민주화의 상징, 희망
의 별이다.

류샤오보는 1955년 지린성에서
출생하고 지린대학에서 문학 박사

천안문 사건

학위를 취득했다. 베이징사범대학에서 교편을 잡았고, 문학 평론으로
높게 평가받아 하와이대학·오슬로대학·컬럼비아대학에 초청되었다.
천안문 농성에 적극적으로 참가하여 네 차례 투옥되었고, 노동개조소
에 보내져 가혹한 노동을 견뎌야 했다. 말하자면 확고한 신념을 가진
투사이다.

류샤오보가 중심이 된 중국 민주화의 「2008년 헌장」으로 2010년 노
벨 평화상을 수상했다. 중국의 지식인들은 조용히 축배를 들었다.

1977년 공산당 독재 아래 있던 체코의 지식인 등은 「77 헌장」을 호
소했다. 시인 바츨라프 하벨(Václav Havel) 등이 투옥되고 형무소 생활

---

3 천안문 사건: 6·4 천안문 사건 혹은 제2차 천안문 사건이라고도 불린다(1976년 4
월 5일 저우언라이의 사망에 발단하는 시위대와 시민의 충돌을 4·5 천안문 사건
혹은 제1차 천안문 사건이라고 부른다). 1989년 6월 4일 개혁파의 상징으로 간주
된 후야오방의 사망을 계기로 베이징의 천안문 광장에 민주화를 요구하는 학생과
시민이 쇄도했다. 대규모 시위 소동이 되었다. 중국 정부는 시위를 진압하기 위해
서 경찰뿐만 아니라 인민해방군을 동원했다. 현장은 시민에 대한 무차별 발포와
장갑차로 사람을 치어 죽이는 일이 행해져, 끔찍한 상황이 되었다. 수백 명의 시민
이 희생이 되었다고 말해진다. 사건 당시 학생에 대한 동정을 표명했던 자오쯔양
총서기(당시)는 모든 직책에서 해임되고 그 이후의 여생을 자택 연금 속에 보내게
되었다.

을 한다. 1989년 체코에 벨벳 혁명(Velvet Revolution)이 일어나 소련 괴뢰정권이 붕괴하고 하벨이 체코의 대통령이 된다. 도쿄 올림픽에서 대활약했던 체조 선수 차스라프스카는 대통령 고문이 되어 일본에서 강연한 바 있다. 나도 만난 적이 있다. 민주의 바람이 약동했다.

한편 중국에서는 1989년 6월 4일 민주화를 호소하는 지식인, 학생 등이 천안문 과장에서 집회를 계속했다. 중국공산당의 지령으로 군이 투입되었고 다행히 학살을 피한 사람들은 부당하게도 체포되어 옥에 갇혔다. 우얼카이시(吾爾開希), 차이링(柴玲), 리루(李錄), 팡리즈(方勵之) 등은 미국으로 망명하고, 웨이징성(魏京生), 왕단 등은 질병 치유를 이유로 미국으로 출국한다. 공식석상에서 민주화를 부르짖는 목소리는 사라지고, 당은 "그것은 외국의 음모, 평화적 전복[和平演變]이다"라고 말했다.

류샤오보가 기초를 다진 「2008년 헌장」은 인터넷에 유포되었고, 찬동자가 금세 1만 명을 넘었다. 당국은 류샤오보를 '국가 전복 선동죄'로 구속했다. 가족과 변호사와의 면회도 불허했으며 11년 형을 언도했다.

체코의 하벨 전임 대통령 등은 노벨상 선정위원회가 류샤오보에게 노벨 평화상을 수여해야 마땅하다고 했다.

중국은 탈공산화한 것처럼 보이지만, 자유도 민주도 박탈당한 그대로 이다. 류샤오보는 죄도 없는데 옥중에 있다. 그 자체로도 노벨 평화상이 어울린다(≪헤럴드 트리뷴(Herald Tribune)≫, 2010년 9월 21일 자).

수상이 결정된 직후인 2010년 10월 9일 자 ≪환구시보≫(인민일보 계열)에는 굉장한 분석이 게재되었다.

류샤오보의 노벨 평화상 수상은 '서방 측의 정치적 도구'이며, 중국의 발전과 평화 지향을 파괴하고, 중국의 단결을 무너뜨리고 소련형의 중국 분열을 고취하고 있다.

분열주의자 달라이와 이번과 같은 범죄자에게 노벨 평화상을 수여하는 것은 노벨의 취지와 모순되며, 그를 모독하는 것이다. 이에 선량한 중국 인민은 불쾌감을 갖고 있다. 이와 같은 서방 측의 오만함을 인민의 의지로 반격하고 진실을 추구하지 않으면 안 된다.

중국공산당은 1989년 6월 4일 천안문 사건에서 "사망자는 없다"고 우겼으나, 거짓말이 들통나자 "서방 측의 음모"라고 역선전을 시작하고 말단 행정단위에 책임을 전가했다. 그래서 젊은 세대는 이런 사건이 있었다는 것조차 알지 못한다.

달라이 라마 14세는 "적당한 때에 적당한 사람이 선정되었다. 류샤오보 뒤에는 수천 만 명의 시민이 있고, 그는 중국의 변화에 크게 기여할 것이다. 중국은 변화하지 않으면 안 된다"라고 성명을 냈다.

중국인 천문학자이자 반체제 인사인 팡리즈는 "류샤오보의 수상은 중국 민주화에 즉적인 역할을 가져올 것으로 생각한다"고 발언했다. 타이완 각지에서는 류샤오보의 노벨 평화상 수상을 축하하는 집회가 열렸고, 마잉주 총통은 "류샤오보의 조기 석방을 요구한다"고 베이징에 말했다.

홍콩에서는 시내 수십 개소에서 팬클럽이 설립되고, 번화가에서는 '조기석방'을 위한 서명활동이 시작되었다. 또한 대학 몇 곳에서는 연일 밤낮으로 집회가 개최되었다. 홍콩 미디어에 의하면, 랴오닝성 진저우

(錦州) 형무소에서 부인과 친동생이 류샤오보와 면회했다. 그는 "수상 소식은 간수로부터 들었다. 이 상을 천안문 희생자들에게 바친다"고 말하며 눈물을 흘렸다고 한다.

중국공산당은 류샤오보가 옥중에 있는 한, 오히려 그의 카리스마가 높아지는 딜레마를 떠안게 된다.

왕단
王丹

당국이 지명수배를 내린 거물

1969년 출생. 1989년 제2차 천안문 사건의 학생 지도자(당시 베이징대학 1학년).
미국에 망명한 이후 현재는 타이완에서 교편을 잡고 있다.

팡리즈 박사의 유지를 계승한 활동가

왕단은 세계 각지로 흩어진 민주화 지도자 가운데에서도 뛰어난 지도력을 갖고 있다. 왕단을 말하기 전에 2012년에 급서(急逝)한 팡리즈[4] 박사에 대해 다룰 필요가 있다.

왕단은 홍콩에서 2012년 8월부터 시작된 학생 등의 '세뇌 교육 반대' 운동에 참가하고, 단식투쟁에 응했다. 이 운동은 지금도 민주화 운동의 상징으로서 세계적으로 유명하다. 직전의 4월, 중국 민주화 운동의 상징적 존재였던 팡리즈 박사가 사망했다. 망명지 미국 애리조나주에서

팡리즈

향년 76세였다. 팡리즈는 천체물리학자로 핵물리에도 밝으며, 중국과학기술대학의 부학장이었다.

팡리즈의 사망 뉴스는 민주화 운동의 이론적 지도자로 현재 타이완에 있는 왕단이 트위터로 유포함에 따라 금세 세계에 전파되었다. 영국 BBC가 소식을 전하자 중국 국내의 인터넷 정보에도 소식이 떴다. 중국 당국은 즉시 중국판 트

웨이보의 첫 화면

---

4 팡리즈(1936~2012): 천문학자. 중국의 민주활동가. 1955년 중국공산당에 입당했다. 당 방침을 비판해서 제명되고 문혁 때는 투옥된다. 그 이후 당원으로 복귀하지만 그의 민주화 표방 자세를 위험시한 덩샤오핑이 다시 제명시킨다. 1989년 천안문 사건의 흑막으로 간주되어 당국의 추적을 받는다. 미국 대사관에 보호를 요청하고 중미 교섭에 의해 중국 정부로부터 출국을 허가받는다. 2012년 미국 애리조나주 투손에서 사망했다.

위터라고 불리는 '웨이보(微博)' 등의 인터넷을 봉쇄했다.

지금이나 옛날이나 중국공산당에게 '민주화'는 곧 악몽을 의미한다. 1989년 봄부터 중국의 민주화 운동은 정점에 도달하려고 했다. 천안문 광장은 100만 명의 학생, 노동자, 지식인이 농성하고 자유의 여신상이 세워졌다.

"그 과정에서 팡리즈 박사는 자유, 인권을 강하게 고취시켰다. 우리의 정신적 지주였다. 지금도 민주화를 바라는 중국인의 지주이며, 이러한 인물이 있었던 것을 미래의 중국인은 자랑스러워할 것이다"라고 왕단은 팡리즈 박사에게 찬사를 아끼지 않는다.

그런데 팡리즈 박사에 대해서는 역사적 사건이 존재한다. 초점은 팡리즈 박사 부부가 어떻게 해서 미국으로의 망명을 실현했는가이다. 어떻게 해서 미국과 중국이 비밀리에 행했던 교섭이 도중에 좌절되고, 그 이후 왜 일본이 개입하고 일본의 돈이 정치적으로 거래되어 미중 간 교섭이 정리된 것인지에 대한 경위가 있다.

그 수수께끼를 상당수의 중국어 신문이나 ≪월스트리트저널≫ 등이 적고 있다. 팡리즈는 결국 천안문 사건으로부터 1년이 지난 1990년 6월 25일에 미국이 비밀리에 보낸 군용기로 '제3국'을 경유하여 미국으로 도주했다. 베이징의 '난위안(南苑) 군사 비행장'은 1971년에 키신저가 비밀 방문했을 때의 착륙 지점이며, 팡리즈 부부는 여기서 미군기를 타고 알래스카로 날아가서, 당시 단 쿠엘 부통령 전용기(US 에어포스 2)로 환승하여 영국군 헤이포드 기지에 한 차례 착륙했다. 이곳은 미군이 관리하고 있었지만 영국 영토로서, '제3국'을 경유한 입국이라는 조건을 충족시킨 것이다.

사전에 중미 간에는 중국이 팡리즈의 미국 망명을 묵인하는 조건인

'질병 요양', '미국에서 정치 활동을 하지 않고 천체물리학에 전념한다', '제3국으로 출국한다' 등이 논의 마무리 단계였다. 그런데 같은 해 11월, 베를린 장벽이 무너지고, 12월에는 동유럽 최후의 독재자 니콜라에 차우셰스쿠(Nicolae Ceauşescu) 부부가 처형됨에 따라, 중국은 충격을 받았고 교섭은 일시 중단되었다. 중국은 평화적 전복을 부르짖고, 구미의 개입을 음모라고 해석하며 경계했다.

이 무렵 일본이 움직였다. 전년의 다케시타(竹下) 방중으로 1990년부터 5년 동안 엔화 차관 8100억 엔이 결정되었다. 그렇지만 일본은 G7의 멤버이며 중국에 대한 경제제재에 동조하고 있는 이상, 차관 실시는 지연되었다. 이를 긴급하게 재개하는 '조건'으로 팡리즈 부부의 미국 망명 요구가 성사되었다.

그 이후 중미 회담은 베이징에서 단속적으로 계속되고, 1990년 6월 21일에 최종 문서가 정리된다. 그리고 6월 25일 순찰차가 베이징 시내를 둘러쌌다. 이런 계엄 상태에서 팡리즈 부부는 난위안 군사기지로 향해, 미국 대사의 송별을 받고 중국을 뒤로 하며 떠났다.

왕단은 팡리즈의 뜻을 계승하여 세계 각지의 민주 단체를 돌아다니고 있다.

왕빙장
王炳章

중국의 넬슨 만델라

1948년 출생. 의학을 전공했으며 1980년에 유학했다. 1982년 미국에서 ≪중국의 봄中國之春≫을 창간했다. 현재 투옥 중이다.

중국에 밀입국 시 함정수사로 체포되어 투옥된 불운

왕빙장은 의학박사이며, 그런 의미에서 현대의 쑨원이라고 말할 수 있다.

웨이징성은 옥중에서 20여 년을 보내고, 질병 요양을 목적으로 미국으로 출국했다. 그 이후에는 노벨 평화상 후보에도 올랐지만 중국의 맹렬한 반대로 수상은 좌절된다. 신장위구르의 어머니로 일컬어지는 라비야 카디르 여사의 노벨 평화상 수상도 무산되었으며, 결국 류샤오보가 「2008년 헌장」으로 수상했던 것은 앞서 논했다. 중국에서는 민주·인권 활동가에게는 가혹한 운명이 기다리고 있는 것이다.

2008년 5월 7일, 홍콩에서 기자회견에 임했던 왕위환(王玉環) 여사는 왕빙장 박사의 누나이다. 캐나다에서 동생의 면회를 왔다. 전년에는 남동생이 캐나다에서 날아와 광둥성 사오관(韶州) 감옥에서 형과 면회했다. "왕빙장은 체력이 매우 떨어져 중풍을 앓고 있다." 매회 30분밖에 면회가 허락되지 않기 때문에 왕위환 여사는 광둥에 체류하며 수차례 면회했다. 왕빙장 박사는 장시간 이야기를 나누는 것이 불가능하고, 중풍 증상이 심한 데다 불면증과 두통으로 고통을 겪고 있으며, 콧물을 계속 흘렸다고 한다. "인도적 차원에서라도 외부에서 의사를 불러야 한다"고 당국에 호소했지만 받아들여지지 않았다. 왕위환 여사는 국제사회에 호소하고자 홍콩에서 기자회견을 열었던 것이다.

그렇다면 이러한 왕빙장 박사는 어떤 사람인가.

우수한 의사로서 1980년 중국을 출국해 국비 유학생의 신분으로 캐나다로 유학해서, 그곳에서 의학박사 학위를 취득했다. 당시 중국은 후야오방 총서기의 시대이다. 1982년에 뉴욕으로 나가서 반체제 이론지 ≪중국의 봄≫을 창간했다.

반정부적인 입장을 공개적으로 표방하고, '자유, 민주, 인권, 법치'의 기치를 높게 내세우며, 혁명 후 중국인 유학생에 의한 최초의 민주 단체 탄생이어서 세계의 주목을 모았다. 나는 ≪타임≫이 게재한 특집 기사를 읽고서야 알았다. 만약 중국이 민주화되었다면 왕빙장 박사는 '현대의 쑨원'으로 평가되었을지도 모른다. 왕빙장 박사의 행위에 감동하여 일어선 해외 유학생이 급증하고, 민주의 횃불은 요원의 불처럼 금세 전 세계로 확대되었다. 캐나다에서 오스트레일리아, 유럽 각국, 홍콩, 싱가포르, 일본에도 지부가 만들어졌고, 이는 중국공산당에게 위협이 되었다.

1983년 8월, 나는 뉴욕에서 왕빙장 박사를 만나서 3시간 정도 인터뷰했다. 내가 "일본에서 온 첫 저널리스트"라고 했다. 같은 해 말에 '중국민주당'을 결성하고, 뉴욕에서 열린 결성 대회에 세계 34개국 대표가 모여 자유, 민주, 인권, 법치의 중국으로 변화시킬 것을 함께 맹세했다[상세한 경과는 『중국의 비극(中國の悲劇)』을 참조하기 바란다]. 1984년에는 뉴욕과 워싱턴에서 두 차례 만나 추가 인터뷰를 했다.

1989년 천안문 사건 이후 왕빙장 박사는 베이징으로 날아갔는데, 경유지인 나리타 공항에서 탑승이 거부되어 도쿄에서 숙박했다. 그때 도쿄에서는 왕빙장 박사를 '현대의 쑨원'으로 환영하는 집회도 열렸다. 2004년 왕빙장 박사는 중국 국내의 '중국민주당' 조직 확대를 위해 베트남에서 비밀리에 광시성(廣西省)으로 입국했으나 스파이망과 함정수사에 걸려 구속되었다. 그 이후 '무기징역' 판결을 받고 광둥 감옥에 수감되었는데, 어떠한 대우를 받고 있는지 알 수 없다. 가족에게도 몇 차례 면회밖에 허가되지 않고, 박사에 대한 소식은 두절되었다.

캐나다 정부와 수많은 인권 단체는 왕빙장 박사의 석방을 요구하고 있고, 홍콩에서는 때마다 시위와 집회가 행해지고 있다. 그러나 미국의 전임 부시 정권도 오바마 정권도 왕빙장 박사의 석방을 베이징에 요구하고 있지 않고, 왕빙장 박사는 석방이 지연되어 체력 및 신경 소모가 심각하다고 한다. 그런데 일본 정부는 '인권'을 드높이 외치면서도 이 문제에는 한 차례도 참견한 적이 없다.

모옌

莫言

중국인 작가로서 최초의 노벨 문학상 수상

1955년 출생. 작가. 산둥성 출생. 1976년 인민해방군에 입대했으며, 제대 이후 집
필 활동을 시작했다. 2012년 노벨 문학상을 수상했다.

국내에서도 무명의 문사(文士)가 수상한 괴이함

중국에 거주하는 중국인 작가에게 최초로 노벨 문학상이 수여되었다. 프랑스에 거주하는 가오싱젠(高行健)도 이전에 노벨상을 수상했지만 그는 프랑스 국적이었다. 미국으로 사실상 망명했던 정이(鄭義)는 자유세계에 적을 두고, 창작 의욕이 감퇴했기 때문인지 그 이후에는 뛰어난 작품이 없다. 이 두 문호 사이에 있던 모옌은 전문가 외에는 그 이름도 알지 못했다.

그럼에도 2012년도 노벨상 문학상은 절대적 후보로 꼽히던 하루키에게 가지 않고, 중국의 무명작가에게 수여되었다. 아시아계 작가는 전체의 균형을 고려해서 선발되는 일이 많기 때문에 중국인 작가가 이미 수상한 이상 같은 아시아인인 일본인 작가가 바로 다음해인 2013년도에 수상하는 일은 없을 것이다. 사정을 잘 아는 사람은 하루키의 수상이 5년 이상 뒤로 미루어졌다고 말한다. 모옌의 수상은 그 정도로 예상 외의 결과였다.

수상한 본인도 도깨비에게 홀린 것 같은 표정으로 기자회견에 임하는 광경이 인상적이었다. 중국 국내에서조차 모옌의 이름을 알고 있는 사람은 상당한 지식인이며, 또한 수상을 기뻐한 중국 미디어도 왜 그런지는 모르지만 아주 열광적이지는 않았다. 서점을 살펴보면 모옌의 코너도 확실히 있지만 단연 가장 판매량이 많은 쪽은 센카쿠 문제 코너이다. 모옌의 한자 성명을 영어 음가로 적으면 'Mo Yan'이다. 그의 소설은 영문판으로도 나와 있지만 하루키 정도로 유명하지는 않다. 무명에 가깝고, 중국의 젊은이들도 거의 대부분 그의 이름을 알지 못한다. 신화서점(新華書店)에 수북이 쌓여 있던 책은 (반일 시위 전까지는) 하루키, 히가시노 게이고(東野圭吾), 와타나베 준이치(渡辺淳一)의 것이었다.

모옌은 중국 국내에서 16권을 출간했는데 잘 팔리지 않았다. 본명이 지안모예(菅謨業)이며, 60세이다. 산둥성의 시골뜨기로 가난한 집안에서 자라 청소년 시절에는 만두를 1일 3회 먹고 싶다고 생각했다고 한다. 현재 산둥과학기술대학 객원교수로 "『붉은 수수(紅高粱)』의 영화 원작료가 고작 4000위안이었다"라고 불만을 쏟아낸 일화 정도 외에는 알려져 있는 것이 없다.

모옌은 인민해방군을 제대하고 창작 활동을 시작했다. 영향을 받은 작가로 윌리엄 포크너(William Faulkner)를 든다. 히트작 『붉은 수수』는 장이모(張藝謀) 감독이 영화로 만들어서 사람들에게 회자되었는데, 다른 소설은 중국 농촌의 풍속과 민화를 현대적이면서도 환상적으로 그려내 중국판 가르시아 마르케스(Garcia Marquez)라고도 한다.

스웨덴 아카데미의 수상 선정 이유도 석연치 않다. 즉, 적극성이 없었다. 중국 배후에서 상당한 뇌물을 증정했다고 홍콩 신문이 보도했는데, 모옌은 "정치적 의도는 없다"고 일부러 코멘트를 했을 정도로 곤혹스러워했다. "노벨 아카데미는 중국에 매수되었는가"라는 비판이 일어나는 것은 당연한 일일 것이다.

이것은 2년 전 류샤오보의 노벨 평화상 수상에 대해 중국이 취했던 믿을 수 없는 방해 공작 뒤의 일이다. 그 이후 경제 제재와 중국의 이미지 개선을 도모하기 위해 모옌의 수상이 거래된 것은 아닌가 하는 의문이 세계 각국의 지식인 사이에 확대되었다. 전위예술가 아이웨이웨이(艾未未)도 "뒷맛이 나쁘다"고 발언했고, 란윈페이(苒雲飛, 쓰촨성 편집자로 「2008년 헌장」을 정리했다)는 "수상할 가치가 없다"고 차가운 감상을 전했다.

또한 이뿐만 아니라, 웨이징성도 모옌의 작품에는 노벨상에 걸맞는

**모옌의 『붉은 수수』는
영화로 제작되었다**

것이 없다고 매정하게 비난했고, 많은 화교 독자를 지니고 있는 둬웨이와 보쉰신문망 등 재미 중국어 매체의 반응도 냉담하기 그지없었다.

블로그와 인터넷에는 "스웨덴은 공산당원 작가에게 왜 명예를 주었는가"라는 격노한 투서가 집중되었고, 또한 인권 단체는 "모옌은 공산당원이며 인권 탄압에 항의 성명도 내지 않는 자이다"라고 비판 성명을 냈다.

모옌이라는 필명은 중국어로 '말하지 마라'는 의미이며, 실제로 은유적인 것이다.

한한
韓寒

당당하게 당을 비판하는 오피니언 리더

1982년 출생. 작가, 잡지 편집자, 카 레이서, 가수, 카리스마 블로거 등으로 활동하며 다양한 재능을 발휘하는 청년 문화인이다.

중국 국내에 자리 잡고 있는 이단아

한한은 작가이지만, 동시에 카 레이서이다. 아직 33세로 빛나는 재능을 갖고 있다. 데뷔작 『삼중문(三重門)』은 200만 부가 팔렸고 세계 각국에서 번역본도 나왔다. 《타임》이 뽑은 '앞으로 세계를 움직일 100인'에 선발되기도 했다. 대작(代作) 문제 등으로 소송에 휘말릴 뻔했지만 이는 공산당 계통의 괴롭힘이었다. 결국 재판에는 이르지 않고, 한한은 지금도 의기양양하게 블로그를 쓰고 있다. 그의 블로그 독자는 족히 100만 명에 가깝다.

내가 그에게 관심을 갖게 된 것은 다음 발언 때문이다.

역사 교과서에 쓰인 일본군 침략과 역사 속 진실은 다르다. 우리는 공산당이 일본군을 패배시켰다고 배웠지만, 실제로 일본군과 싸운 것은 국민당이라고 한다. 즉, 관제(官製) 정보와 진실은 전혀 다르다.

《파이낸셜타임스》가 상하이 교외 쑹장(松江)에 거주하는 한한을 인터뷰하러 나섰다(2012년 4월 21일 자). 한한 부부는 가까운 레스토랑(예술가 반점)에서 인터뷰에 응했다. 한한의 부친은 공산당원이지만 작가이기도 하고 모친은 복지 쪽 업무를 하고 있다. 한한 부부에게는 딸이 있다.

중국의 언론 상황은 서방 정도의 언론 자유는 아니지만, 상당히 자유가 확대되었다. 우리에게는 무엇이라도 쓸 수 있는 자유가 있지만, 정부에게도 블로그 등을 마음대로 삭제할 수 있는 '자유'가 있다. 미묘한 화제에 대해서는 논쟁이 일어나지 않도록 하고 있다. 애국자로부터는 (나의 글이) 매국노라는 비판도 있고, 자유파로부터는 개혁에 대한 자세가 약하다고 하는 꾸중도 들었다. 보시라이 실각에 대해 우리는 어떤 한 가지 진실을 접하고 있지는 않다. 많은 중국 지식인이 보시라이의 정치적 자세와 행동 방식을 싫어하는 것은 사실이지만, 그는 포퓰리즘을 적으로 돌리지는 않는다. 마오쩌둥은 원래 포퓰리즘적이며, 대중을 선동해 문혁을 시작하지 않았는가?

가까운 장래에 이 공산당 독재를 전복시키는 것은 불가능하지만 인민이 변하면 결국 당이 변한다. 중국 민주화가 중국인에게 맞지 않는다고 말하지 않겠다. 광둥성 우칸촌의 촌 당 위원회 서기 선거에서 처음 자유선거가 이루어졌다. 이것이 내일의 민주화를 향한 이정표이다.

한한은 중국의 미래에 낙관적이며, "외국에서 사는 것보다, 나는 중국에서 산다"라는 명언을 남겼다. 이 인터뷰 기사의 행간에서 그 나름대로의 살아가는 한한의 지혜가 느껴진다. 시대는 극적으로 변한다.

제9장

홍콩과 마카오를 움직이는 사람들

량전잉

梁振英, Leung Chun-Ying

금융 센터 홍콩의 1인자

1954년 출생. 홍콩특별행정구 행정장관. 공청단파에 가까운 것으로 간주되고 있다. 장관 선거 때 라이벌인 탕잉녠唐英年, Henry Tang 측의 스캔들이 발각되어 역전 승리를 거두었다.

공산당 간부는 홍콩을 자금 세탁지로 이용한다

2012년 3월 25일의 홍콩 행정장관 선거는 반(反)장쩌민파의 대리인이었던 량전잉이 압승했다. 사전 조사에서는 그가 근소한 차이로 진다고 예측되었기 때문에, 예상외의 결과였다.

선거인 정원 1200명 중 1193명이 투표했다. 이 중 유효 투표는 1132표였다. 무기명 백표(白票)도 섞여 있고 기권도 두드러졌다. 선거권이 없는 홍콩 시민은 '짜고 치는 고스톱'이라고 비판했다.

량전잉은 당선 이후 기자회견에서 "이제까지 홍콩 시민이 향유해온 모든 자유에 변화는 없다"라고 성명했다. 동시에 일부 미디어로부터 공격받았던 '중국공산당 비밀 당원설'을 부정했다. 량전잉은 공약으로 내세운 '저소득자용 주택 건설'을 실행하겠다고도 말했다.

그러나 생각해보면, 1997년의 홍콩 반환 직전까지 영국으로 이주했던 홍콩 시민이 23만 명 전후이며, 오스트레일리아로 이주하고 여권을 바꿔 되돌아온 홍콩 시민도 많다. 남은 부자의 대다수는 캐나다 밴쿠버로 이주했다. 밴쿠버는 '홍쿠버'[1]라는 이름을 지금도 갖고 있다.

≪포브스≫는 1995년에 특집 호를 내고 '홍콩의 죽음'이라고 야유했다. 공산주의 독재에 대한 공포와 불안이 시민들의 해외 이주를 촉진시켰다. 1997년 7월, 중국인민해방군이 홍콩에 입성하고 군인 약 900명이 주둔했기 때문에 홍콩의 언론 자유는 사라질 것이라고 예측되었다.

그러나 표현의 자유는 간신히 잔존하고, 베이징을 공격하는 미디어는 소수일지언정 건재하다. 이는 중국공산당이 금융 허브라는 홍콩의

---

1 홍쿠버: 홍콩과 벤쿠버의 합성어. 홍콩 이민자들이 많은 것에서 유래했다. _옮긴이 주

2005년 디즈니랜드가 개원되는 홍콩(왼쪽)
홍콩의 마천루들(오른쪽)

특징을 활용하고 나섰기 때문이다. 국제금융센터인 홍콩은 자금 세탁
지로서 절호의 장소이기도 하고, 자유로운 시장을 속박하는 것은 스스
로 목을 조르는 행위와 매한가지인 것이다.

또한 홍콩 시민은 베이징이 강요한 '애국 교과서'는 역사 개찬이며 수
용할 수 없다고 거부했다. 2010년 7월 후진타오가 홍콩을 방문했을 때
40만 명이 항의 시위에 나서, 체면을 상실한 량전잉을 떨게 만들었다.

홍콩 주재의 영국인은 격감했지만, 대신 프랑스인이 들어왔다. 홍콩
의 프랑스인 커뮤니티는 1만 명을 넘어, 주재 일본인 수에 육박한다.
2011년 가을에도 나는 홍콩에 머물렀는데, 소호지구에는 멋진 레스토
랑, 바, 펍이 증가했다. 특히 프랑스 요리점이 급증했다.

중국 대륙에서 홍콩으로 출입하는 중국인은 2010년 통계로 연간
2600만 명이다! 이들의 목적은 관광뿐만이 아니다. 옛날에는 서류와 현
금 운반책도 있었지만, 지금은 합법 비즈니스 목적이 대부분이다.

상하이는 세계의 금융 허브, 아시아의 금융 센터로서는 홍콩에 대적
할 수 없다. 중국 기업은 홍콩에서 주식공개상장(IPO)이라는 연금술을

행사하여 거액을 거머쥐었다. 그리고 이 기반 아래 인민폐(RMB)로 국채를 모집했다.

공산당 고관 등은 홍콩에 유령 회사를 등록하고 있다. 그 수도 매우 많다. 홍콩은 과거 영연방(英聯邦)의 특권 때문에 버뮤다제도, 케이맨제도, 영국령 버진제도로 수상한 회사를 등기할 수 있는 편리성이 있다. 실제로 홍콩에서 흘러들어 오는 정체불명의 돈이 이런 과세회피천국(tax heaven)으로 향했다. 즉, 공산당의 '다른 얼굴'이 홍콩의 금융 허브를 활용하고 있는 것이다. 보시라이의 가족과 시진핑의 형제들이 홍콩에서 회사 경영을 하고 있는 것처럼 말이다.

중국 대륙에서 홍콩으로 향하는 임신부도 대거 몰려들었다. 홍콩에 있는 서양의 선진의료기관에 들어가 아이를 출산하면 홍콩 적(籍)을 취득할 수 있기 때문에 임신부들이 계속 찾아오고 있어, 산부인과는 만원 사태이다. 현재 홍콩 당국은 국경 부근에서 중국 임산부 입국을 제한하고 있다.

이런 환경 아래 량전잉은 공청단파의 지원으로 역전 승리를 거둔 것이다. 그러나 홍콩은 이제까지 장쩌민파의 아성이었다.

량전잉의 당선은 선거 막바지에 후진타오의 대리로서 류옌둥이 선전에 진을 치고 선거인을 불러들여 화려하게 공작한 결과였다. 그리고 공청단파가 홍콩의 금융 이권을 본격적으로 억제하는 효시가 될 것이다.

그러나 량전잉 당선 이후에도 홍콩 미디어는 이 행정장관을 '무능'하다고 하며 통렬한 매도를 계속하고 있다.

리자청

李嘉誠, Li Ka-Shing

홍콩 4대 재벌의 필두

1928년 출생. 홍콩 4대 재벌의 필두이며 창장실업그룹長江實業集團의 창시자. 2012년 7월 장남 빅터 리李澤鉅, Victor Li Tzar-Kuoi에게 막대한 재산을 분여했다.

총 자산 280억 달러를 가진 '아시아 제일의 부호 일족'

홍콩 4대 재벌은 부동산 대기업인 신훙지(新鴻基, 순훙카이), 헝지디찬(恒基地産, 헨더슨랜드), 신스제그룹[新世界集團, 뉴랜드, 저우다푸(周大福)는 계열사], 창장실업[長江實業, 허지황푸(和記黃浦)는 계열사]이다. 즉, 4대 재벌은 모두 부동산 투자로 성공했다.

그중에서도 최대 재벌인 창장실업과 허지황푸를 이끄는 초거물이 리자청이다. 87세의 고령이기도 해서, 후계자를 지명해 일대 비즈니스 왕성(王城)의 주인이 세습되었음을 인정했다.

2012년 5월에 리자청은 장남 빅터 리를 경영 후계자로 지명했던 것이다. 빅터 리는 부친의 보좌역으로서 이미 창장실업과 허지황푸의 '총경리(사장)'였기 때문에 급작스러운 후계 지명도 아니었던바, 홍콩 재계는 놀라지 않았다. 주가도 요동치지 않았다.

두 회사의 자산은 홍콩 주식시장의 시가총액 33%를 차지한다. 리자청 일족의 자산은 280억 달러로, 아시아 1위라고 일컬어지고 있다.

입지전적 인물인 리자청은 광둥성의 동쪽 외곽에 있는 차오저우(潮州) 출신이다. 홍콩에는 '차오저우 요리' 간판이 몇 개나 있는데, 리차청의 출신지 차오저우시(潮州市)를 걷던 나는 놀란 적이 있다. 모든 사진관에 리자청의 사진이 장식되어 있었던 것이다. 출신지에서 그는 영웅 취급을 받는다.

리자청의 차남 리처드 리(李澤楷, Richard Li Tzar Kai)는 스탠퍼드대학에 유학한 이후 캐나다 투자 펀드에서 일한 경험이 있다. 홍콩에 돌아온 이후에는 통신핵심기업 PCCW를 설립하고, 또한 젊은 날에 설립했던 스타TV를 뉴스코프(News Corp)에 매각하여 큰돈을 벌었다.

리처드 리는 다각적 경영에 나서, 통신사업으로는 홍콩 최대인 구

탕잉녠

(舊)홍콩텔레콤(Cable & Wireless HKT)을 매수했다. 일본에도 진출하여 야에스(八重洲)에 거대한 건물을 세웠다(그 이후 매각했다).

동생도 그런 대로 크게 성공하여 개인 자산만 12억 달러에 이른다고 한다.

2012년 3월, 홍콩에서는 정치 환경의 변화가 있어서 리자청 및 홍콩 재계가 강하게 지원했던 행정장관 후보 탕잉녠[2]이 낙선하고 후진타오파의 량전잉이 큰 차이로 취임했다. 리자청 일족은 초조해졌다.

투표일 직전에 후진타오, 리커창 등의 공청단이 색다른 조처를 행하지 않고 장쩌민파로부터 홍콩 이권을 탈취했다. 직후 신흥지의 CEO 2명이 '뇌물 수뢰'로 체포되었다. 홍콩 실업계는 크게 요동쳤다. 리자청이 후진타오파의 복수를 두려워한 나머지 해외로 이주한다는 소문까지 나왔다.

맥킨지 보고서에 의하면 아시아적 경영은 세습으로 경도되기 쉽다. 구미, 특히 미국에서는 창업자 일족은 홀딩 기업이나 주주로서 남더라도 경영은 제3자에게 맡기는 사례가 보편적이다. 록펠러 가문도 모건 가문도, 최근에는 부시 가문도 그러하다.

홍콩 재벌 2세 중 대다수가 하버드대학에 유학하고 비즈니스 스쿨에서

---

2 탕잉녠(1952~): 기업가를 중심으로 구성된 자유당(홍콩 정당)의 정치가. 현재는 무소속. 홍콩 정부의 2인자. 2012년 3월, 홍콩 행정장관을 결정하는 선거에서 량전잉에게 패했다. 장쩌민파 쪽에 가깝고, 태자당과의 관계도 좋다.

구미식 경영을 배우고 귀국했다. 그렇다면 향후 경영의 기본 자세가 변동할 것임은 필연적이다. 2대째부터 3대째가 되면 문화적으로도 서방 측의 영향이 강하고, 동양적 감성은 돌출되지 않은 채 세습 제도화에 대한 저항이 나타날 것이다(맥킨지 보고서).

신흥지는 홍콩 1등 지역에 호화 맨션을 건설하여 큰돈을 벌었다. 3형제 간 싸움으로 장남은 다른 회사로 내몰리고, 차남과 삼남이 수장이다.

헨더슨랜드는 착실하고 견실한 개발, 부동산 투자의 외에도 에너지와 운반업에 진출하고 있다. 일시적이나마 일본에서도 상장했지만, 바로 철수했다. CEO인 리자오지(李兆基)는 광저우 남쪽의 순더(順德) 출신이다. 20년 전쯤에 홍콩 본사를 방문했지만 만나지 못했었다.

내가 "일본에서 거래를 확대할 계획은 없는가"라고 묻자, "그렇게 세금이 높은 나라와의 비즈니스는 성립되지 않는 게 아닌가"라는 즉답이 돌아왔다.

어쨌든 최고의 홍콩 재벌이 부동산 비즈니스로 성공한 경위를 보고 중국 대륙의 기업가 등이 흉내를 냈던 것이다.

정쯔춘

鄭自純, Henry Cheng Kar-Shun

금 가게 '저우다푸' 체인의 본사 진출

1946년 출생. 신세계발전그룹新世界發展集團을 이끌고 있다. 3대째인 정즈강鄭志剛이 계열사인 금 가게 '저우다푸'의 책임자이다.

국가 전체의 금 편중 노선에 편승하다

귀금속 소매 대기업 '저우다푸' 체인의 주식을 공개상장하여 20억 달러 투자를 긁어모으고, 세계시장 관계자 사이에서 화제를 불러일으켰던 신세계발전그룹은 창업자 정단퉁(鄭丹彤, 자산 100억 달러)이 일찌감치 은퇴를 선언하고(2012년 당시 86세) 아들 정쯔춘(65세)에게 권한을 이양했다.

중국에서는 거리 곳곳에 저우다푸의 가게가 있다

정단퉁의 손자 정즈강(32세)은 저우다푸의 중국 본토 진출 책임자이다. 그의 3년 전 결혼식에 정계, 재계, 관계 주요 인물이 모두 모여 화제가 되었었다.

정즈강의 세례명은 아드리안이다. 하버드대학 유학 경력이 있고, 미국식 경영을 받아들이는 데도 주저함이 없다. 2012년 5월에는 그랜드 하이엇 호텔에서 대연회를 개최했다. 그때는 중국 대륙의 관계자, 투자가를 초대하여 홍콩 미디어의 화제가 되었다.

홍콩의 전통적인 자금 모집을 초월해 미국식 주식공개상장을 전개한다. 기세 강한 매수 작전과 관리 방법도 미국에서 배운 것이다. 4대 재벌 중 신세계그룹이 변신의 선두에 서 있다. 정씨 일족의 선견지명은 금 폭등에 있다.

그렇다면 왜 중국에서는 금 장사가 성장할까?

첫째, 중국은 거국적으로 금 비축에 여념이 없다. 국유기업인 '중국황금그룹'은 세계 80개 거점에 금광, 동광 채굴권을 가지고 있고, 나아가 세계 최대의 금광 기업인 배릭골드의 아프리카 자회사를 매수했다. 국가 차원에서 '금 편중' 정책을 펼치고 있다.

둘째, 중국은 인민폐의 국제통화화를 지향하고 있다. 하지만 서민들은 전혀 정부를 신용하고 있지 않으며, 인민폐 예금은 위험하다고 여겨 일부 재산을 금으로 바꿔 보관하고 있다. 이 때문에 중국의 금 수요는 세계 1위이다. 금 생산도, 금 소비도 세계 1위이다. 금 보유고는 미국, 독일, 프랑스에 이어 세계 4위이다. 저우다푸는 이런 움직임을 기본으로 중국 전역에 1500개의 금 가게 점포를 만들겠다고 호언하고 있다. 각지에 이미 지점이 있는데, 나는 변방인 후허하오터와 바오터우(包頭)에서 직접 두 눈으로 이를 확인했기에 저우다푸의 '진심'을 느꼈다.

저우다푸의 라이벌로는 '저우성성(周生生)', '루터스세븐' 등의 강호 체인도 있지만, 자금력이 위력을 발휘하는 데는 골드 머니(gold money) 상전(商戰)을 전개할 수 있는 저우다푸가 유리하다.

나는 신세계발전그룹의 총사 정단퉁을 인터뷰를 했던 적이 있다. "인권을 무시하고, 서민을 탄압하는 독재 정권의 시장에서 비즈니스를 할 것인가"라고 도발하자, "우리는 중국인이다. 비즈니스하는 법은 알고 있다"라고 유연하게 반격해왔던 것이 생각난다.

지미 라이

黎智英, Jimmy Lai

과격한 스캔들 노선으로 당국을 자극

1948년 출생. 1995년에 홍콩에서 일간지 ≪빈과일보≫를 창간. 스캔들 노선으로 대히트를 쳤다. 2001년에 타이완에도 진출했지만, 철수한다.

타이완 철수를 강요받다

《빈과일보》

홍콩과 타이완의 '신문왕'으로 일컬어지던 지미 라이. 중국명은 리즈잉이다.

지미는 광둥성 순더시(順德市) 출생으로 67세이다. 삭발에 점퍼가 그의 트레이드 마크이다. 지면에서 베이징 정부를 신랄하게 비판한다. 이른바 반공(反共) 전사이다.

원래 1980년대 후반, 홍콩에서 캐주얼 패션 '지오다노'를 전개한 장사꾼이었다.

1995년 홍콩에서 모든 페이지를 컬러 인쇄한 《빈과일보》를 발행하기 시작했다. 중국공산당을 맹렬히 비판함으로써 시민의 공감을 얻었고, 갑자기 30만 부를 인쇄(홍콩 인구는 700만 명이다)해 구(舊)신문을 쫓아버렸다. 처음부터 예능과 스캔들 중심으로 지면을 작성하고, 딱딱한 이념은 제로이다. 게다가 라이벌 신문보다 가격도 싸다. 주간지 《일(壹)》도 농후한 예능란이 있고, 영화배우와 가수들의 추문이 가득 실려 있다. 일본의 사카이 노리코(酒井法子), 마쓰시마 나나코(松嶋菜々子), 고유키(小雪), 요네쿠라 료코(米倉涼子)의 동향도 자세히 보도된다. 스포츠와 스캔들 특집으로 매상을 배증시켰다.

장쯔이와 보시라이의 섹스 스캔들을 폭로했던 것도 《빈과일보》였다. 이 기사로 홍콩에서 '명예훼손', '영업 방해'로 재판이 일어났다.

1989년 천안문 사건 전후에 지미 라이는 "리펑의 머리는 거북 알이다"라고 발언했는데, 그가 경영하던 지오다노 2개 지점이 불탔다. 이를 계기로 지미는 지오다노는 매각해버리고 미디어 사업에 전념한다.

지미는 자유경제의 신봉자로 "어쨌든 중국이 시장경제를 중시하게 된다면 정보를 자유화하지 않으면 안 된다"라고 프리드리히 하이에크(Friedrich Hayek)의 이론을 설파하는 구미 유학 경력자이기도 하다.

2001년에는 타이완에 진출하여 ≪빈과일보≫, ≪일≫을 발행하고 큰 성공을 거두었다. 그러나 팔기 위해서는 뭐든지 하기 때문에 여성의 나체, 꺼림직한 사체 사진도 게재한다. 가장 선호하는 것은 정치가의 여성 관계와 예능인의 불륜이다. 타이완에서도 폭발적으로 팔렸는데, "매우 저질이며 이 신문이 등장한 이후 타이완 미디어의 질이 떨어졌다"는 비난에서 자유로울 수는 없었다.

게다가 너무 우쭐한 나머지 TV 방송국을 개설하는 등 자금 과잉투자로 경영 압박을 받았고, 결국 타이완에서의 TV 사업은 몰락했다.

스탠리 호
河鴻燊, Stanley Ho

세계 최대의 '카지노 제국' 마카오의 수령

1921년 출생. 2002년까지 마카오의 도박 권리를 독점했다. 오락, 관광, 선박, 부
동산, 항공, 은행 등의 사업을 전개 중이다.

라스베이거스를 제친 불야성의 주인

마카오는 말할 필요도 없이 '카지노 제국'이다. 24시간 불야성이다. 호화 호텔에는 룰렛이 있고 바카라가 있으며 지하에는 VIP 룸도 무수하다. 하룻밤에 수억 엔이나 손해를 본 사

마카오의 카지노

람이 있는가 하면, 약간 얻어 가는 사람도 있다.

호텔 로비에는 필리핀의 밴드, 국적불명의 가수, 러시아의 미인 댄서가 날뛴다. 무료 쇼를 보아도 유쾌하다.

포르투갈령이었던 마카오는 1999년에 중국에 반환되었고 2002년부터는 외국자본의 카지노 호텔 경영이 인정되었다. 그렇게 되자 본고장 라스베이거스로부터 MGM, 윈(Wynn), 샌즈(SANDS)가 들어왔다. 홍콩 자본도 참가하고 현재 공인 카지노 호텔은 23개이다. 매상은 이미 라스베이거스를 제치고 세계 1위이다. 마카오 세입의 50% 정도가 이 도박판의 자릿세이다.

마카오에는 일확천금을 노리고 오는 중국 노름쟁이가 연간 1600만 명 정도 있다. 호텔은 만원이며, 투숙비를 깎아주지 않는다. 홍콩에서 페리로 들어오는 인원이 연간 400만~500만 명 정도이고, 그다음으로 많은 것이 한국 노름쟁이, 일본에서 오는 이들도 적지 않다.

그렇다면 이 마카오의 제왕은 누구인가. 그는 누구나 아는 스탠리 호이다.

호의 증조부[3]는 네덜란드계 유대인이다. 호의 증조부는 흘러흘러 들

---

3 찰스 H. M. 보스먼(Charles H. M. Bosman)을 지칭하며, 정확하게는 영국 국적의

어온 광둥에서 중국 여성과 결혼해 조부를 낳았다. 호의 큰숙부는 홍콩 경제를 스와이어그룹과 양분했던 자딘매디슨(Jardine Matheson)의 대간부 로버트 호턴(Robert Horton) 경이다. 따라서 호의 풍모는 어딘지 모르게 서구적이며 중국인과는 거리가 멀다.

이 화려한 가정에서 1921년 출생한 호는 13형제 중 아홉째이다. 홍콩대학에서 영어, 일본어, 포르투갈어를 배워서 유창하게 구사한다.

그의 운명을 바꾸었던 사건은 1941년의 일본군 진출이다. 무일푼이된 호는 홍콩에 희망을 발견하지 못하고 마카오로 도항했다. 21세 때 일이었다.

마카오에서 찢어지게 가난한 생활을 하다가, 먹고살기 위해 선박 회사에 들어갔는데 화술이 빛을 발했다. 호가 승선했던 배가 어느 날 흉폭한 해적에게 습격을 받아 재산을 약탈당하게 되었다. 기회를 노리던 호는 피스톨을 들고 홀로 해적 수령에게 도전하여 난국을 헤쳐나갔다. 이 기적과도 같은 전설이 사람들에게 회자되고 있는데, 해당 선박의 소유주는 호에게 사례로서 100만 달러를 주었다고 한다. 이로써 그의 운명이 열린다.

호는 1962년부터 마카오에서 카지노 호텔인 리스보아를 경영한다. 호텔 이름은 종주국인 포르투갈의 수도명에서 따왔다. 그에게는 유럽의 피가 흐르고 있는 것이다.

리스보아 호텔은 대성공이었다. 계속해서 몰려드는 노름꾼들은 마카오에 큰돈을 떨어뜨렸고 호는 페리 회사로부터 보험 회사까지 상권을 넓혀 마카오의 제왕으로서 군림한다. 호는 홍콩에서 일상생활을 하는

네덜란드계 유태인이었다. _옮긴이 주

데, 그의 하얀 롤스로이스 리무진의 번호판은 'HK1'이다. 그래서 누구나 이 리무진이 지나가면 소리를 지른다. "아, 스탠리 호다!"

호화찬란한 리스보아 호텔

호는 본처와 첩을 합쳐 모두 4명의 부인[4]이 있고, 자손은 17명이나 되는, 여복이 많은 사람이다. 스탠리 호도 94세이다. 이 제국의 후계자 상속은 옥신각신을 거듭하는 가운데 여러 부인과 자손들의 피투성이 싸움이 이어졌다. 그리고 결국은 외국자본과도 손잡고 사업을 다각화하겠다고 한 둘째 부인의 딸 팬시 호(何超瓊, Pansy Catallina Ho Chiu-King)가 '신더그룹(信德集團, Shuntak Holdings Ltd., 핵심 지주회사)'의 CEO가 되었다. 차녀는 홍콩에서 인기 가수 조시 호(何超儀, Josephine 'Josie' Ho Chiu-Yi)이다. 셋째 부인은 '둥화삼원(東華三院, 유치원에서 대학까지의 단계 명문)'의 부원장이 되었다.

---

4 스탠리 호의 부인은 모두 4명으로 ① 클레멘티나 레이타오(黎婉華, Clementina Lei-tao, 1942~2004), ② 루시나 램(藍瓊瓔, Lucina Laam King Ying, 1957~), ③ 이나 찬(陳婉珍, Ina Chan Un Chan, 1977~), ④ 안젤라 렁(梁安琪, Angela Leong On Kei, 1988~)이다. _옮긴이 주

에필로그 중국이라는 국가의 정체

선전된 '화시춘'도 거짓이었다

중국 장쑤성 장인시(江陰市)의 '화시춘(華西村)'은 '중국에서 가장 풍요로운 마을'로 세계에 알려져 있다.

1인당 GDP가 1440만 엔이고, 자가용과 별장 보유는 상식이다. 마을에는 중국에서 여덟 번째로 높은 328미터의 고층빌딩(신사회주의타워)이 우뚝 솟아 있다.

중국 전역으로부터 시찰 투어를 위한 관광객이 끊이지 않고 마을에서 호화 호텔까지 운영한다. 입구의 고루(高樓)에는 '화서금탑(華西金塔)'이라고 한껏 멋을 낸 이름을 붙였다. 게다가 마을에서 경영하는 항공 회사도 있다. 각 가정에는 필리핀 가정부를 고용하는 여유 있는 세대도 눈에 띈다.

이런 '성공 스토리'를 접하게 되면 과거 '레이펑에게 배워라'는 캠페인이나 '대약진' 등의 거짓 선전을 연상하게 되는 것도 무리는 아니다.

원래 화시춘은 '둔전병(屯田兵)'이 개척한 마을로, 쉽게 말하자면 생활 방도를 잃은 군대가 모인 자작농 지구였다. 문혁 때 '비밀 공장'을 운영하여 금형이나 철제품 등을 만들어 많은 축재를 이루었기 때문에, 덩샤오핑의 개혁개방 모델로서 공산당의 선전에 이용되었다.

그러나 2011년 가을부터 중국의 버블 경제가 붕괴하기 시작해 수출이 주춤하면서 경기가 후퇴했고 이 불황의 파도가 화시춘을 직격했다.

마을 운영기업 '화시춘그룹(華西村集團)'은 주식을 상장하고 있었는데, 무려 매상 73% 감소, 순이익 58% 감소라는 참담한 재무 내용이 공개되었다. 특히 호화 호텔은 적자 경영에 빠져 있었다(≪개방≫, 2012년 9월 호).

그리고 더욱 경악할 만한 사실이 폭로되었다.

화시춘의 주 노동력은 북한에서 파견되어온 여성들로, 월 6000위안이라는 '고수입'에 3년 계약 조건으로 고용되고 있었다. 그런데 이들은 6000위안 중 대부분을 빼앗기고 실제로는 150위안밖에 받지 못했다. 아침부터 밤까지 중노동을 강요당하고 외출의 자유도 없어, 마치 노예와 같다(≪개방≫, 2012년 9월 호).

그런데 왜 북한 여성을 고용하는가? 소식통의 분석은 다음과 같다.

북한과 화시춘은 군국주의적 강제노동 지구라는 점에서 닮아 있다. 정신상의 유사성이다. 즉, 북한은 '실패한 화시춘'이고 화시춘은 '성공한 북한'인 것이다.

이 사실이 ≪남방인물주간(南方人物週刊)≫과 ≪남부주간(南部週刊)≫에 폭로된 이후 화시춘은 취재를 일절 받지 않게 되었다. 보도와 진실 정도의 차이쯤은 중국에서는 상식이다.

상인보다 관료가 돈 버는 나라

황원슝(黃文雄)은 "중국과 중국인은 '다섯' 문자로 이해할 수 있다"고 말했다. 그 다섯 문자는 '사(詐)', '도(盜)', '쟁(爭)', '사(私)', '오(汚)'로, 이로써 중국의 모든 것이 상징·집약된다고 논한 것이다. 이에 비해 일본의 다섯 문자는 '화(和)', '공(公)', '정(淨)', '성(誠)', '시(施)'이다. 요컨대 일본인과 중국인은 '지구인'과 '우주인' 정도의 차이가 있다. 쑨원은 "천하위공(天下爲公)"이라고 말했으나 중국인이 실천하는 것은 '천하위사(天下爲私)'이다.

이 책의 요점은 다음과 같다.

첫째, 중국의 역사는 개찬(改竄)의 역사이다. 사마천의 『사기(史記)』를 필두로 하는 '정사(正史)' 25사도 '거짓[詐]'이다. 역사 날조가 일관되게 이루어지고 있다.

둘째, '무관불빈(無官不貧)'. 즉, 부정을 저지르지 않는 공무원은 존재하지 않고, "중국인은 돈에 관련되는 한 사명을 다하는 민족이다. '신조차 돈으로 살 수 있다'는 속담도 있다"(관 속에 위폐를 대량으로 집어넣는 풍습이 있다).

셋째, 중국이 일본에 주목한 사실은 '비적(匪賊)이 없다'는 것이었다. 실제로 『위지(魏志)』 「왜인전(倭人傳)」에서 "훔치지 않고", 『수서(隋書)』 「동이전(東夷傳)」에는 "도적이 적다"고 특별히 기록하고 있다.

넷째, 신해혁명 이전의 입헌 유신파와 혁명파의 양대 세력 구조이다. 입헌파는 전통적 엘리트로, 신군(新軍)이 이들을 지지했다. 쑨원 등이 속한 혁명파에는 장빙린(章炳麟)과 같은 엘리트도 있었지만 대부분은 '녹림(綠林, 비적)'과 '방회(幇會, 중국 마피아)'가 주요 구성 멤버로, (중략) 바이(白) 원수 부하의 도당(徒黨)은 총 17만 명에 달하고 위안스카이(袁世凱) 총통은 수하를 거느려 겨우 평정했다[역시 쑨원도 비적의 힘을 빌렸다. 황싱(黃興)은 가로회(可老會)와 친밀했다].

다섯째, 공산혁명의 전위(前衛)가 농민을 이용해 지주로부터 토지, 국부를 빼앗고, 그 자제들(권문귀족)은 개혁개방을 이용하여 인민에게서 토지를 빼앗아 전매하고 국부를 수탈한다. (중략) 공무원은 부정부패로 인해 국부를 사부(私富)로 바꾼다. 모두가 초경제적·탈경제적인 방법으로 국부를 착취한 것이다. 권력이 금력[錢力]을 낳는다. 그것이 현재 중국인이 말하는 '권금변증법[權錢辨證法]'이다.

어쨌든 관이 되면 돈이 모이고 재산이 쌓인다.

명나라의 침만삼(沈萬三)과 같이 그 부가 국부에 필적할 정도였기 때문에 황제의 역린을 건드리고 나라의 위협이 되어 주살(誅殺)되어버린다. 아무리 재산이 있어도 군이나 권력이 없다면 반대로 신세를 망치게 된다. 그러므로 상인보다 관료가 돈을 번다.

중국 경제는 근대 경제나 근대 경영학과는 관계가 없다. 공산당에 인사하지 않고 뇌물이나 헌금도 하지 않았으며 당의 보호 세력이 없는 민간인으로서 거부를 쌓은 궈메이전기(가전 판매 2위)의 황광위 사장은 내부자 거래 혐의로 구속되었고, 중국판 ≪포브스≫의 고위직으로 들어간 여성 사업가 우잉(吳英)은 운용자금의 변제가 한때 늦었다는 이유로 사형 판결이 났다(원자바오 수상의 동정 어린 발언으로 이 판결은 유예된다).

이와 같은 체질을 가진 중국인, 그중에서도 눈에 띄게 농후한 성격을 드러내는 리더들이 앞으로의 중국을 이끌어가는 것이다. 그들의 과거를 바라보고 그 배경을 아는 것은 이 때문에 커다란 의미가 있다.

이 책이 100명 전후의 중국인 개개인에게 초점을 맞춰서 인명사전식으로 만들어진 이유이다.

이 책은 기획부터 사진 및 데이터 수집, 편집 작업에 후타바샤(雙葉社) 편집부의 구리하라 다카시(栗原大) 씨에게 많은 신세를 졌다.

옮긴이 후기

이 책은 제목과 목차에서 잘 드러나듯이 시진핑 시대의 중국 엘리트를 중심으로 한 인물사전이다. 지은이인 미야자키 마사히로(宮崎正弘)는 전문 저널리스트로서 1980년대부터 지금까지 무려 150권 이상의 책을 쓴 사람이다. 그런 만큼 저술에 능하다고 할 수 있으며, 시진핑 정권기의 주요 인물 일람을 시진핑 정권이 막 출범하려 하던 2012년 12월에 제시한다는 기획에서도 그런 면모가 유감없이 드러난다.

이 책은 2013년, 옮긴이 중 1명인 이용빈[한반도아시아국제관계연구회(韓亞會, KPAIR) 창립의장]이 일본 나고야에서 입수한 뒤 다른 옮긴이들에게 제안해 번역하게 되었다. 내가 이 책의 번역 제안을 받아들인 이유는 이 책이 일본 일각의 중국관을 잘 보여준다고 생각했기 때문이다. 일전에 내가 공역한 바 있는, 기타무라 미노루(北村稔)의 저서 『사회주의 중국은 행복한가』(2014)가 중국 현대사를 다루며 통시적으로 이를 보여준다면, 이 책은 현재 여러 분야의 중국 엘리트를 다루며 공시적으로 이를 보여준다.

나는 이 중국관이 균형 잡혀 있다고는 생각하지 않는다. 오히려, 이 책을 읽는 독자 중에는 내용이 편향되었다고 불편함을 호소하는 이도 있을 것이라 생각한다. 그러나 지금 일본의 대형 서점에서 국제관계 코너의 상위 랭킹을 차지하고 있는 수많은 반중·혐중 도서에 비하면 이 책의 수위는 아무것도 아니다. 게다가 이런 반중 도서의 대량 출간 역시 새로운 현상이 아니다. 이미 1990년대 중국위협론이 제기되었을 당시 있었던 현상이다. 그렇다면 이러한 시각이(비록 일본 사회 전체를 대표하지 않는다는 점은 강조될 필요가 있지만) 일본 사회 한편에서 강력한 영향력을 미치고 있음을 인정하고 냉정하게 그것을 관찰할 필요가 있다. 물론 이것은 현재 일본에서 절찬리에 출간되고 있는 반한·혐한 도서들에도 똑같이 적용할 수 있을 것이다(사실 혐한 도서와 혐중 도서의 저자는 많이 겹친다.) 다만 그렇다고 해서 프로파간다 외에는 아무 의미가 없는 책을 소개할 수는 없는데, 다행히 이 책은 나의 개인 관심사에 들어맞는다는 것 이외에도 장점이 많았다. 다른 옮긴이들이 번역에 참여한 이유도 이들 장점에 있다고 믿는다.

첫째, 정치계 인물 외에도 경제계, 외교계, 금융계, 재야·반정부, 홍콩·마카오·타이완 인사 등 현재 중화권을 이끌고 있는 이들을 총망라하여 한눈에 볼 수 있도록 했다는 것이다. 둘째, 인물사전이라는 특성상 사실 전달이 위주가 되어 프로파간다성이 감소하지만, 그러면서도 지은이의 관점이 분명하게 드러난다는 점 역시 특기할 만하다. 주로 정치계를 중심으로 중국 5세대 지도부 인사들을 단편적으로 분석한 기사는 한국에도 많이 나와 있지만, 이렇게 일관된 관점 아래 총체적으로 서술된 책은 찾기 어렵다. 셋째, 대부분의 항목이 사진 자료를 포함하고 있다는 것도 이 책의 특장점이다. 사진 자료가 책에서 상당 분량을 차지해, 이를 확보하지 못하면 번역을 포기하려고 했을 정도이다. 사진 자료 협상에 애써준 출판사 관계자 분들에게 감사 드린다.

이 책의 프롤로그와 제1~3장은 본인이, 제6장과 에필로그는 정강민이, 제4~5장과 제7~9장은 이용빈이 맡아 번역했다. 번역 과정에서 원서의 일부 오류를 수정하고, 최근 정보를 업데이트해서 좀 더 완성도 높은 책이 되도록 노력했다. 이후 한아회의 백승헌(서울대 경제학부), 손하늘(서울대 정치외교학부), 이동건(서울대 법학전문대학원 석사과정), 홍주표(서울대 노어노문학과) 회원이 번역 초고를 읽고 소중한 조언을 해주었다. 감사할 따름이다. 아울러 도서출판 한울에도 진심 어린 감사의 말씀을 전한다.

2014년 9월

구시로(釧路)에서 김동욱

지은이

미야자키 마사히로(宮崎正弘)

평론가 겸 작가이다. 1946년 출생이며 와세다대학을 중퇴했다. ≪일본학생신문(日本學生新聞)≫의 편집장, 잡지 ≪낭만(浪漫)≫의 기획실장을 거쳐 무역회사를 경영했다. 1983년 『또 하나의 자원전쟁(もうひとつの資源戰爭)』으로 논단에 데뷔했다. 국제정치와 경제의 이면을 독자적인 정보로 해석하는 평론과 르포르타주로 정평이 나 있으며, 중국 전문가로서도 왕성한 활동을 하고 있다. 이라크, 이란, 이스라엘, 튀니지, 파키스탄 등 위험 지역에서의 취재 경험도 풍부하다. 중국의 전체 성(省)을 답파했고, 관련 저작이 많다. 그중 5권이 중국어로 번역·출간되었다.

저서: 『출신지로 알 수 있는 중국인(出身地でわかる中國人)』(2006) 외 다수

옮긴이

김동욱

서울대 정치외교학부 정치학전공 졸업

한반도아시아국제관계연구회(韓亞會, KPAIR) 연구원

역서: 『북한과 중국』(공역, 2014) 외

정강민

일본 아이치대학(愛知大學) 중국학부 졸업, 선문대 통역대학원 석사

한반도아시아국제관계연구회(韓亞會, KPAIR) 연구원

이용빈

중국 베이징대학 국제정치학과 대학원 수학, 서울대 외교학과 대학원 수료

중국 '시진핑 모델(習近平模式)' 전문가위원회(專家委員會) 위원(2014.11~)

한반도아시아국제관계연구회(韓亞會, KPAIR) 연구원(창립의장)

역서: 『현대 중국의 정치와 관료제』(근간, 2015) 외

한울아카데미 1825

중국을 움직이는 100인
시진핑 정권의 주요 인물들

지은이 **미야자키 마사히로** | 옮긴이 **김동욱 · 정강민 · 이용빈**
펴낸이 **김종수** | 펴낸곳 **도서출판 한울** | 책임편집 **배유진**

초판 1쇄 인쇄 **2015년 10월 20일** | 초판 1쇄 발행 **2015년 11월 3일**

주소 **10881 경기도 파주시 광인사길 153 한울시소빌딩 3층** | 전화 **031-955-0655** | 팩스 **031-955-0656**
홈페이지 **www.hanulbooks.co.kr** | 등록번호 **제406-2003-000051호**

Printed in Korea.
ISBN 978-89-460-5825-5 03340 (양장)
ISBN 978-89-460-6068-5 03340 (반양장)
* 책값은 겉표지에 표시되어 있습니다.